JN148338

金子晴勇
KANEKO, Haruo

アウグスティヌス『神の国』を読む

その構想と神学

教文館

はしがき

わたしたちがこの世に生を享けた時代が進むと、世の常ではあるが、すべての人の関心と興味とは大きく変化していく。学問研究も同様であって、かつてわたしたちが情熱をもって関わったテーマも今日ではもはやあまり顧みられないようになった。「キリスト教古代」と言われた時代への関心も同様であって、その中の中心人物であるアウグスティヌスを研究する人も今日では少なくなった。ところがわたしの若かった頃はアウグスティヌスはみんなが注目し始めた憧れの人物であった。わたしがひと昔まえに書いた「キリスト教古代への関心」というエッセイには次のような覚え書きが記されている。

わたしが思想や世界観に初めて関心をいだいたのは終戦後の混迷を極めた時代であった。敗戦の挫折感が強く働いていたため、現代思想に対しては嫌悪感しかもたなかった。高校二年生のときであったが、たまたまアウグスティヌスの『告白録』を郷里の古本屋で見つけ、たいへん感激して読んだことを覚えている。そのころルターの著作集も出始めており、一食ぬいても入手せよと先輩に言われて購入し、熱心に読んだりした。このころから現在に至るまで同じ思想家を研究していることを想うと、青年時代における優れた思想との邂逅の意義を痛感せざるを得ない。この経験からアウグスティヌスによってわたしはキリスト教古代への憧憬をいだくようになった。……もちろん終戦当時に感じられた終末意識が古代末期の精神状況に相通じていることを予感させたのであろうが。そこでわたしはアウグスティヌスの『神の国』の歴史哲学を卒論のテーマに選んだ。このテーマを選んだ理由を西谷啓治先生に訊ねられたとき、わたしはマルキシズムと対決する歴史観を学びたかったからと答えると、先生は苦笑しておられたが、「だが君のは深みがない」と一言いわれた。これは痛かった（『創文』二〇〇号、一九八〇年八、九月号）。

それではわたしは何をアウグスティヌスの『神の国』でその当時学んだのか。卒論のテーマは「『神の国』の時間概念と救済史——アウグスティヌスの歴史哲学についての一考察」であった。このときのわたしの関心はキリスト教の創造思想における独自な「時間」の意義を捉えることであった。この点は論文の「はしがき」に次のように記されている。

世界史をその起源と終末の全過程を通して見渡すとき、キリスト教徒にとって世界・時間・歴史を導く神は、決定的な重要性をもってくる。世界の創造を述べた箇所でアウグスティヌスは「世界は時間のうちに造られたのではなく、時間とともに造られた」（一一・六）、「神は永遠であり、初めもないのであるが、時間に始まりを起こした」（一二・一四）と言う。この言葉の中に空間的世界と時間とが同時に一体を成したものとして神から造られたということが表明されている。神の力によって空間と時間とはともに始まりをもったという考えは、アウグスティヌスの歴史哲学の理解に決定的な重要性をもっている。したがって『神の国』の歴史哲学を成立させている基礎概念として、①歴史の空間的地盤をなすキウィタス（civitas）概念と、②そのキウィタスの歴史的展開をなす時間概念の二つを挙げることができる。

このような問題意識はその後も継続されており、わたしは『神の国』の翻訳にも参加し、演習でも何度も講読し、最近ではその翻訳の全体を時間をかけて修正する仕事に携わってきた。同時に、その後のヨーロッパ思想に『神の国』がどのような影響を与えてきたかをその基本思想に基づいて思想史的に研究を積み重ねてきたので、それを集めて一書にまとめてみたいと考えるようになった。

しかし全二二巻からなる大作『神の国』の全体的な概要の部分が欠けていたので、第二章と第三章、それと関連する第四章を新しく書き加えることにした。このような概要や紹介の試みは、すでに三谷隆正『アウグスチヌス小伝』、岩下壮一『アウグスチヌス　神の国』、石原謙『中世キリスト教研究』その他の多くの著作ですでに試みられていた。しかし、これらの試みはこの大作全体のスケッチとしては簡略すぎるように思われたので、この第Ⅰ部に属する三つの章はいっそう明瞭な見取り図の全貌を提供しているといえよう。なお結論的考察としてまとめた第Ⅲ部の最終章は、アウグスティヌスの歴史観の全体像を示すものであるため、それまでの思想を要約して述べたところもあるので、叙述内容がときに重複する場合もあるが、叙述の性格からして、それも必要にして不可欠なことであった。

このようにまとめてみるとアウグスティヌスの思想はきわめて多方面にわたっていることが知られる。他の書物では思想が集中的に叙述されている。たとえば有名な『告白録』が探求しているのは「神と魂」であり、『三位一体論』は「神と理性認識」であって、さらに『自由意志論』とペラギウス派の駁論書は「神と意志」を問題にしている。それに対し『神の国』は何を全体として問題としているのか。それはもちろん「神と歴史」であり、その内容は「神の人類救済史」であって、歴史以前の創造から始まる壮大なテーマが展開する。その際、「神の国」という「国」（キウィタス）は「社会」（ソキエタス）とほぼ同義的に使われているので、当時の社会における諸問題が真っ先に採り上げられた。その中でも宗教が、異教とキリスト教の関係を含めて当時の社会の大問題として扱われたのである。

このキウィタスという概念は単純にはポリスに代わるラテン語で、「国」や「国家」を意味する。ところがアウグスティヌスがこの概念によって考えているのはそんなに単純なものではない。もともと「神の国」の「国」

（バシレイア）は聖書では国家ではなく、「支配」を意味しており、制度よりも、人間的な人格関係を意味していた。それは広い意味では共同体を意味するが、共同体にはいくつかの形式があって、家族や国家のような共同体（ゲマインシャフト）や会社のような利益で結合された人為的な組織体（ゲゼルシャフト）、さらには人格的に結合した小集団の形態が認められている。アウグスティヌスが『神の国』で考察する「キウィタス」は最後に掲げた人格的な小集団である。この集団はさまざまな形で活動できるが、彼は教会内部に認められる小集団の役割とその意義を特別に強調する。キリスト教は政教分離を原則としているため、その活動形式は社会における小集団としての役割を担っているので、世界においては「少数派」（マイノリティ）に留まっている（本書一八〇頁を参照）。彼はこの存在形態を「寄留者」として重大な意味をもっていると説いた。それゆえわたしたちは今日における社会的行動のあり方をこの作品から学ぶことができる。

このような社会問題はさらに今日では一般的には人間関係論として探求されており、その内容は現代においても重要な意味をもっている。アウグスティヌスによると人間関係は端的に愛によって把握されており、この愛が現実には「神の国」と「地の国」の対決となっている。つまり「二つの愛が二つの国を造った」と言われる。では愛は本来何を目指すのかというと、それは彼によると社会における「秩序」であることが力説される。ところが、この秩序にはギリシア・ローマの古典的古代が追究した秩序思想があって、そこでは理性によって把握した法則によって社会的な混沌が秩序づけられると想定されていた。これこそギリシア観念論の偉大な試みであった。しかし、キリスト教時代に入ると「秩序」は人格的に把握されるようになった。つまり神という最高存在によって形成される独自な秩序思想が誕生してきたのである。ここでは社会問題が神の思想を追想、もしくは参照することによって考察される。ここからアウグスティヌスは「秩序の静謐《せいひつ》」というきわめて重要な思想に到達したのであった。それは神の許にある秩序は揺るぎないものとして厳然として社会と歴史を支配しており、これを参照して初めて人は社会を正しく維持することができる、と説かれた。この秩序についての思想を今日の言葉で表現すると、秩序とは究極のものに向かって個々の現実を関連づける作用であるといえよう。そこでは何か固定的な秩序が想定されるのではない。それでは観念論となってしまう。そうではなくて、ここでは「秩序づける」という動的な作用が強調される。これがある目的を目指してすべてを関連づける愛の働きなのである。この事態をもっと簡単に言うと、秩序とは「仕事を通して永遠者なる神に奉仕する」ことで実現するのであって、これによってわたしたちは同時に喜んで他者に関わることができる。このように自己から出て他者に積極的に働きかける作用が愛なのである。社会生活はそのような愛によって営まれる偉大な意義をもっている。このことを彼はわたしたちに教えている。実際、「仕事」とは日本語で少し前には「為事」であったが、今日では「仕える事」を意味するようになったのも偶然ではないように思われる。

今日、わたしたちはこのような大きな、否、偉大なる意義をアウグスティヌスの『神の国』から学ぶことができるのではなかろうか。そのためにはこの大作をまずはヨーロッパのキリスト教古代と言われている時代にまで遡って考察し、学び直さなければならない。

目次

はしがき……3

序論

第一章　時代背景……17
1　異教世界の没落と異教徒の反撃　18
2　異教勢力と異端の跋扈　32
3　古代的世界観の崩壊　34

第I部　『神の国』の全体構想

第二章　『神の国』前半――「異教徒への反論」の概要……47
はじめに――『神の国』の全体的構成　47
1　第一―五巻――社会の繁栄には多くの神々が必要であり、

2　神々の礼拝を禁止したことが災いを招いたとする人々への反論　51
第六―一〇巻――この世の災いのためではなく、
死後の生命のために多くの神々の礼拝が必要だとする人々への反論　63

第三章　『神の国』後半――「神の国と地の国についての積極的主張」の概要……73

1　第一一―一四巻――二つの国の起源　73
2　第一五―一八巻――二つの国の進展　80
3　第一九―二二巻――二つの国の終局　86

第四章　ローマ世界の社会的・宗教的問題……101

1　都市国家の特質　102
2　イスラエル民族とイエスの「神の国」思想　104
3　アウグスティヌス時代の社会構造　106
4　ローマ社会の道徳的退廃と幸運の迷信的支配　108
5　ウァロの『人事と神事との故事来歴』とローマ宗教の実体　116
6　ダイモン崇拝の批判　125
7　ポルフュリオス批判　131

第Ⅱ部　『神の国』の基本思想

第五章　創造と歴史の意義……145
はじめに　145
1　キリスト教的自然観　146
2　プラトンの『ティマイオス』との比較考察　151
3　世界時代と歴史　156
4　歴史の非歴史的解釈と歴史的解釈　163
第六章　キウィタス概念……170
1　スキピオの「国家」概念とキウィタス　170
2　キウィタス概念の新しい内容　172
3　キウィタスと国家および教会　175
第七章　「時間の秩序」と歴史の解釈……184
はじめに　184
1　被造世界と時間との同時性　186
2　歴史の発展過程と時間の秩序　188
3　救済史と時間の秩序　190
4　歴史の究極目的としての「秩序の静謐」（tranquillitas ordinis）　195

第八章　国家の秩序と平和……199
1　人間の社会的本性と国家の概念　200
2　キケロの国家論　204
3　アウグスティヌスの国家観の特質　206
4　終末論的希望　212
5　統治論と君主の鑑　214
第九章　愛の秩序と倫理思想……220
はじめに　220
1　「愛の秩序」の概念規定　222
2　三つの愛の順序としての秩序　226
3　性愛における愛の秩序　231
4　「享受と使用」による愛の倫理　234
第一〇章　人間学の三段階説……241
1　人間の新しい次元の発見　242
2　『神の国』の人間論　243
3　人間学の三段階説　250
4　人間学の三段階説の発展　254

第Ⅲ部　結論的考察

第一一章　歴史の神学……261
はじめに　261
1　歴史の意味　262
2　「時間の秩序」の内容　268
3　時間の秩序と救済史　269
4　『神の国』の時間論――円環的時間から直線的時間へ　273
5　歴史の終末論的解釈　276
付論1　アウグスティヌスにおける時間と歴史性の問題……285
付論2　アウグスティヌスによる文化総合の試み……296
あとがき……303
参考文献表……I
アウグスティヌス年譜……V

装丁　桂川　潤

序論

第一章　時代背景

これまでアウグスティヌスが活躍していた時代は、「古代末期」とも、「キリスト教的古代」とも呼ばれてきた。キリスト教の立場から古代末期を考察すると、「キリスト教的古代」と呼ばれるであろうが、それは一時代前の研究家、たとえばトレルチの歴史研究がその著作の題名が『アウグスティヌス――キリスト教的古代と中世』（一九一四年）となっていたのを見ても明らかである。しかし現在はその時代の研究が発展しており、ヨーロッパ古代全体から考察するとローマ文化が衰えを見せ始めたとしても依然として支配的であるところから、「古代末期」と言われるようになった。[1] 確かにキリスト教のローマ世界への影響が始まっているとはいえ、異教ローマの世界は依然としてその勢力を保っており、輝かしいキリスト教の勝利などあり得ないというのが現実であると言えよう。したがってアウグスティヌスの『神の国』を理解するためには彼が活躍していた時代の背景についてさらに研究すべきであることが要請され、かつ、期待されているのは当然である。そこで現代ではアウグスティヌスの著作『神の国』もこれまでとは相違して冷静に再度読み返されなければならないであろう。それでも、これまでこの書に関して研究されてきた学問的な積み重ねが全く意味がないのではなく、それに学びながら歴史の現実を再考察する試みが求められていると言えよう。

この著作を理解する前提としてアウグスティヌスの歴史的境位の研究が不可欠ではあるが、ここではその歴史的な背景と並んで、思想的な境位について述べることにしたい。そこで異教世界の没落と古代的世界観の崩壊の模様についてまずは明らかにしておこう。

1　異教世界の没落と異教徒の反撃

アウグスティヌスが活躍した時代はヨーロッパ古代の末期であって、その時代にはキリスト教が多くの迫害に耐えてローマ社会に浸透していき、やがては国家公認の宗教となった画期的な出来事がすでに起こっていた。こうして今度はそれに入れ替わって従来のローマ公認の宗教が、その他の地方に昔から信奉されていた諸宗教とともに異教の地位に転落する運命を迎えていた。彼が生まれる少し前には背教者ユリアヌスによって一時的にギリシア・ローマの宗教が復活する試みがなされたが、それはペルシア遠征で戦死するという予期せぬ皇帝の死によって一時的な現象に終わってしまった。ユリアヌスに代わって皇帝の地位に就いたヨウィアヌスがキリスト教を国家の宗教としてその地位を回復させたので、キリスト教はその命脈を保つことになった。そこでまずわたしたちはローマ帝国とキリスト教との関連を概観することから考察を開始しよう。

(1) ローマ帝国とキリスト教

ローマ帝国とキリスト教の関係は世界史的にみると決定的な意義をもつものであり、ヨーロッパの歴史にとって実に画期的な出来事であって、その両者の文化的な統合によってその後のヨーロッパ文化が形成されたのであった。その始まりはパウロの世界伝道の計画に見られ、現実にはフィリピのリディアという紫布を商う婦人を通して開始され(2)、そこからキリスト教信仰は広がり始め、ネロからディオクレティアヌスに至る二百数十年におよぶ迫害の歴史を経て、コンスタンティヌスとリキニウス連名のミラノの勅令（寛容令）に至り、キリスト教はローマ帝国公認の宗教となった。この間の歴史について詳しく述べることは思想史の枠を越えるのでひかえたい。しかし、一言述べておきたいことは、キリスト教は元来国家に対し反抗的ではなかったことである。イエスの福音は「神の国」を宣教の中心としていても、その活動はイスラエル民族の政治問題と直結していなかったし、「皇帝のものは皇帝に、神のものは神に返しなさい」（マルコ一二・一七）という政教分離の基本姿勢は、徹底して堅持されていたといえよう。それにもかかわらず、ローマの大火をキリスト教徒の責任とした、気紛れなネロの迫害、また皇帝の近親や高官までキリスト教信仰のゆえに処罰したドミティアヌス帝の迫害、さらに治安維持のためキリスト教の教父ユリアヌスを殉教せしめたマルクス・アウレリウス帝の迫害などが多発し、キリスト教徒を死に追いやるため皇帝崇拝の儀式が強制される場合も多かった。テルトゥリアヌスは言う、「ティベル川が城壁を越えると、ナイル川が畑に氾濫しないと、天が（雨なしに）静止していると、大地が揺れると、飢饉があると、伝染病がはやると、すぐに〈キリスト教徒をライオンの前に〉との声があがる」(3)と。しかし、それにもかかわらずキリスト教徒は増加し続け、教会の基礎は固められていった。テルトゥリアヌスはこうも言っている。「地上に流された殉教者の血は播かれた種のように新しい芽となって萌え出た」と。このように三世紀中葉から迫害も組織化され、キリスト教会自身の絶滅を目的にして大規模に実行されたが、それでも根絶することはついにできず、やがてキリスト教を公認し、その力を借りて帝国の維持を図るような政策への転換がなされた。このことは実際にはコンスタンティヌス大帝によるミラノの勅令となって現れ、さらにはテオドシウスによる帝国内の異教の禁止にまで発展したのである。

このようなローマ帝国とキリスト教の関係に基づいてキリスト教の思想は歴史的に発展してきたのであるが、この期間のローマ史四〇〇年の歩みをギリシア・ローマの古典文化とキリスト教との統合形式からもう一度考え直してみよう。その際、ローマ文化史を独創的観点から捉えた思想史家コックレンの研究を参照してみたい。彼は『キリスト教と古典文化――アウグストゥスからアウグスティヌスに至る思想と行動の研究』（一九三九年）に

おいてローマ史四〇〇年の歩みを三つの類型に分け、かつ、三つの基本概念によってその特徴を説明している。(4)

第一の類型は「再建」(Reconstruction)で示される段階で、「ローマの平和」と呼ばれるアウグストゥスの治世は、ローマがその文化的伝統の源泉であるギリシア古典文化に遡って自己を再建した試みであると見なされる。ところがこの試みは永続しえず、やがて挫折する。そこで現れてくるのが第二の類型の時代であり、コンスタンティヌスからテオドシウスに至るキリスト教皇帝の時代である。彼はこの時代の特徴を、ローマの文化的土台とは異質な、別の原理であるキリスト教を借りてきて、それまでの古いローマ的生活様式を「修築」(Renovation)した点に見る。したがって土台をそのままにしておいて、ただ上部構造だけをすげ替えた試みにすぎない。こういう方法によっては真に強力な文化は創造されず、ローマ帝国は滅亡せざるを得なかったが、アウグスティヌスによって方向づけられた新しいキリスト教文化は古代文化の「新生」(Regeneration)となり、第三の類型を形成した。

コックレンのこの構想とギボンの名著『ローマ帝国衰亡史』(一七七六―八八年)を比較してみよう。ギボンにとってはローマの平和と言われるアウグストゥスの治世および五賢帝の時代がローマ史の最高段階であり、歴史はここから解釈されると、ローマ史は「衰亡」の一途を辿ったことになる。アウグストゥスの時代に続く五賢帝の時代がローマの黄金時代であり、あとは滅亡だけがあったと解釈される。このような構想はギボンの『自叙伝』によると、彼がローマのカピトールと呼ばれる廃墟に立って夢見たローマの偉人たちの群像から立ち現れた霊感によっていることが知られる。(5)何よりも問題になるのは近代の啓蒙思想に立つ歴史家ギボンのキリスト教に対する偏見である。彼はキリスト教がユダヤ的な排他主義のゆえにローマの衰亡を促進させたと考えた。これと比較するとコックレンはキリスト教によってもたらされた思想と行動はまことに革命的なものであり、全く新しい生き方を生み出したと主張した。

キリスト教はローマ社会に進出し、ギリシア文化と出会うことによってそれを積極的に受容することによって、ギリシア化を引き起こした。そこにはキリスト教がヘレニズム世界において自己を表現していった思想史の歩みが見出されるが、同時にそこにはキリスト教が幾多の迫害の試練を経てローマ帝国に浸透していって、ローマのキリスト教化が起こってきたのである。そしてコンスタンティヌス大帝がキリスト教諸派の勢力を統一すべくニカイアの公会議を招集するまでに至った。この第一回公会議においてキリスト教思想はそのすべての信徒にとって共通な根本的な教義を確立した。したがってこの会議はキリスト教思想史における最初の重大な出来事となった。

(2) コンスタンティヌス大帝の改宗とユリアヌス帝の背教

古代社会においては特に、王権は神聖なものと考えられていた。民衆は王に対し畏怖の念をもっており、これによって社会はその秩序を維持していた。どの社会においても社会的な秩序は、通常、特権を与えられた人物が、すなわち人間たちの最高者であると同時に神々の最下位の者として崇められた国王が、神格化されることによって維持されていた。したがって国王は死すべきものたちの領域と不死なるものたちの領域とをつなぐくさびは、もしくは鎖であったといえよう[6]。

こうした慣例に基づいて改宗したコンスタンティヌス大帝は、自分のことを「新しき使徒」(neos apostolos)と称したが、同時に「新しい太陽神」(neos helios)とも称した。したがって、ここでは皇帝崇拝とキリスト崇拝との混交が見られる。当時のビザンティンはなかばキリスト教的で、なかば異教的であった。この事態は新しい時代を迎えているとはいえ古い伝統的な支配形態を残存させており、相当な勢力が維持されていたことを示している。それは伝統的な儀式、たとえばプロキプシス(Prokypsis)の儀式[7]また支配者に平身低頭する「崇拝平伏」(プロスキネーシス Proskynesis)にも、さらにビザンティン軍隊の忠誠の宣誓の中にも、たとえば「神、キリスト、聖霊、および皇帝陛下」と呼びかける言葉にも明白に示されていた。

こうしたキリスト教徒と異教との混交が行われたのは主として、コンスタンティノポリスを第二のローマとして脚色し、第一のローマの偉大な伝統と偉大な威光に固執しようと意図したことに求められるが、この皇帝崇拝は上流階級である土地の権力者たちに向かって訴えかけた政治的なイデオロギーであった。[8] しかし、キリスト教の立場から見ると、皇帝を太陽王として崇拝することは、多くの殉教者たちも拒否したことであり、皇帝崇拝は殉教者ユスティノスの例を出すまでもなく生命をかけても拒絶された。[9] キリスト教は、ユダヤ教と同じように、人間の弱さと神の全能とを峻別するがゆえに、皇帝礼拝と和解する余地はなかった。[10] それでもローマ帝国の西部と東部の相違点として特に重要なのは皇帝に対する忠誠心であり、東部では皇帝に対して強い忠誠心をもつ豊かな住民が多かったのに反し、帝国の西部ではそのようなことは見られなかった。

三一二年にコンスタンティヌス帝がキリスト教に改宗したのは、すでに二世代まえにローマ帝国の支配層にとって、キリスト教が重要な宗教となっていたからである。[11] このことはオリゲネスの思想を見るとよく分かる。彼によるとイエスがキリスト教会を創ったのも、アウグストゥス皇帝がローマを創ったのも神の意志に沿ったことであった。したがって、キリスト教徒がギリシア哲学を受け入れ、ローマを受け入れることは神の意志であった。このオリゲネスの思想はコンスタンティヌス皇帝の政治顧問カエサレア司教エウセビオスを通して政治的に実現されることになった。それゆえ彼らはキリスト教だけがギリシア哲学の伝統を守り、古典古代以来の伝統的な倫理を維持できると主張した。つまり崩壊の危機に直面しているローマ帝国を救いうるのは、キリスト教の神だけであると彼らは主張した。こうして世界は今やキリスト教皇帝の時代に大きく変化することになった。

ギルバァト・マレーによると古代ギリシア宗教の最終段階はユリアヌス帝によって代表される。その宗教の第一段階はゼウス以前の「原始的無知の時代」であって、プロイスによって「原蒙昧」(Urdummheit)と呼ばれている時期である。第二段階は「オリュンポス的、あるいは古典的段階」と呼ばれる。それはホメロスとヘシオドスによって語られた神話の世界であり、英雄の時代であって、これに続く時代がイオニアの哲学である。第三段階はプラトンから新約時代に至る「ヘレニズムの時期」であり、第四段階は古代末期であって、ヘレニズム世界の挫折と人間的な希望の喪失によって「自己自身の霊魂へ、人格的な神聖さの追求へ、情緒や神秘や天啓へ、罪も汚れもなく永遠に同一である彼岸の夢想の国のためにこの不完全な世界を無視することへ」と向かわせた時期である。それに続く第五段階はユリアヌスによるキリスト教に対する最後の精神的抗議を表明した時期である。それは歴史的な影響が少ないとしても、ロマンティックなものとして興味深くまた尊重に値する時期であった。(12)

したがってユリアヌス帝は古典ギリシアの精神に立ち帰ってローマの再建を試みたギリシア至上主義の代弁者であった。彼はキリスト教の教育を受けながらも、過酷なまでの厳格な宗教教育によって、かえってキリスト教を憎悪するようになったが、同時に彼の叔父コンスタンティヌス帝(在位三〇六—三三七)やコンスタンティヌス二世帝(在位三三七—三六一)の治世下で目立ってきたローマの伝統的な神々に対する不敬な態度に対し反感をいだいた。彼が神々への犠牲奉献の愛好によって反撃したのは、古典的な教養を身につけているはずの支配層が、簡単にキリスト教を受け入れていったからであった。(13)それは皇帝たちに対する迎合から出たものにすぎなかった。彼は異教の儀式に出費を惜しまず、またローマの神官を優遇したのは異教の神々の存在を誇示するためであった。彼は宮廷に「禁欲」を強制し、支配層の義務として神官たちを保護し、貧民の面倒をみるように仕向けた。さらに三六三年にはキリスト教徒は帝国内でギリシア文学を教えることが禁じられたが、それは「キリスト教徒には新約聖書がある。キリスト教徒は教会でそれを教えていればよい」という考えであった。彼は三六三年に三一歳という若さでペルシア遠征で戦死した。もし彼が長生きしていれば、ローマ帝国の支配層はキリスト教を放棄したかもしれない。

皇帝ユリアヌスの反動的な政策はローマ帝国にとってキリスト教の力がもはや無視できないほど大きな勢力となってきていることを実証している。この傾向に対して彼はキリスト教に対する最後の精神的な抗議を断行したのであって、それは同時にローマがその文化的根源であったギリシア精神を復興しようとする試みでもあった。

ここにはキリスト教に対抗する異教勢力が牢固として存在したことを物語っている。

(3)アンブロシウスとシュンマクスの対決

こうした異教勢力の存在はミラノの司教アンブロシウスとローマの首都長官シュンマクスとの三八四年に起こった対決という事件に最も顕著に示される。その当時アウグスティヌスはマニ教の「聴講者」であって、「選良者」ではなかったが、それでもマニ教がローマ東方の敵領から伝わった宗教だったうえ、秘密組織を作って活動したため、政治的に疑惑の目が向けられていた。彼はローマには有力なマニ教徒がいたので、カルタゴから安全なローマに移ったとも言われている。アウグスティヌスの反対者は、彼がカルタゴを離れたのは異教信仰のゆえに逮捕されることを免れるためだと主張した。ローマで彼はキリスト教嫌いの市長のシュンマクスと出会い、その推薦を得てミラノの修辞学の教師となった。シュンマクスはこの修辞学の教師の要請の件を、彼の親族にあたるミラノのアンブロシウスから依頼されたのであった[14]。

ところでこの二人、つまりシュンマクスとアンブロシウスは、グラティアヌス帝の法案をめぐって対決に追い込まれた。というのはその中に勝利の女神の祭壇を撤去する案件が含まれていたからである。歴史家によるとこの勝利の女神の祭壇ではかつて元老院議員が香を焚き、神酒を捧げ、誓いを立ててきた。コンスタンティヌス大帝の息子コンスタンティヌス二世は三五七年にローマを訪れ、犠牲と偶像崇拝、それに異教儀礼のために神殿を使用することを禁止したが、神殿を建築遺産として、また人気のある祝祭のゆえに残すことを許した。こうして祭壇は撤去されたが、勝利の女神像は残されたのである。ところがユリアヌス帝時代に祭壇は元の場所に戻され、先のグラティアヌス帝が撤去させるまで、勝利の女神像はそのまま置かれていた。シュンマクスは元老院議員たちを集めてこの女神像の撤去の法令に抗議した。彼が三八四年にローマの首都長官に就任したとき、公的文書の中に、祭壇は戻されるべきであるという皇帝への嘆願書[15]を入れ、次のように抗議した。

それゆえ、我々は父祖の神々、我々を守り給う神々に平穏をとお願いするものであります。万人が何を拝しようとも、それはひとつであると考えるのが正しいことです。我々は星々を仰ぎ見ます。天は万人に共通であり、同一の世界が我々を取り巻いております。各人がいかなる叡智に従って真理を追究しようと、それは問題ではありませんでしょう。かくも偉大なる神秘にただひとつの道から到達することは不可能なのですから。[16]

この発言を見ても明らかなようにシュンマクスは穏健な保守主義者であって、ウィクトリア女神の祭壇を奪還することを嘆願した。それに対しアンブロシウスは、ミラノの宮廷における影響力を行使して、当時一四歳の皇帝を説得して、この議論に抵抗させ、兄の先帝の決定を覆すことができないと宣言させることによって、シュンマクスの提案を退かせた。そのため三九二年に短期間、異教皇帝エウゲニウスが権力を掌握したときを除いて、祭壇が戻されることはなかった。これは歴史上とても有名になった事件である。

アウグスティヌスはローマの宗教を、何ら実行力を伴わない小さな神々の雑多な寄せ集めにすぎず、信仰心を欠如した政治家が催す淫らな儀式にすぎないと、当代のローマ宗教の著名な権威であるウァロの『人事と神事の故事来歴』から判断し、神話的物語からなる政治神学を排斥するようになった。[17] ところが四一〇年にローマがゴート族によって攻略されると、その責任がキリスト教に転嫁され、ローマの神々がローマを偉大な帝国にしたのに、キリスト教徒がその神々を崇拝するのを拒否したために、永遠の都市の略奪を許すことになったのだ、と異教徒たちは猛烈にキリスト教を批判するに至った。これに対決してアウグスティヌスは大作『神の国』を著してキリスト教を弁護することになった。

(4) 瀕死の世界とキリスト教時代

アウグスティヌスは、コンスタンティヌス帝がキリスト教へと回心した時代を異教時代に対立するものとして「キリスト教時代」（Christiana tempora）と呼んだ。このような歴史的変化はさまざまな紆余曲折を経て徐々に実現したのであって、異教勢力は依然として勢力を維持しており、ユリアヌス帝の背教と反動政治に現れたように、それを侮ることは許されなかった。ローマ帝国が自らをキリスト教的であると見なし、またそうありたいと願ったのも事実であろう。しかし、それは皇帝がローマ世界に対して絶対的権力をもって支配している限り可能なことであって、この権力構造が動揺を来し始めると、たとえ三一五年以降にコンスタンティヌス帝の兜にキリストの頭文字を彫ったローマ貨幣が現れたり、ローマの軍旗に皇帝の横顔が刺繍されていたとしても、内部崩壊をとどめることはできなかった。もちろんローマ帝国のキリスト教化は、単なる言説的な観念にすぎないものではなかった。コンスタンティヌス帝とコンスタンス帝から、グラティアヌス帝やテオドシウス帝に至るまでローマ帝国は次第に異教から離れて、キリスト教を国家宗教として宣言するまでになった。このようにローマ帝国はキリスト教に接近していき、皇帝が教会と緊密に結びついて、キリスト教会の正統信仰を確立すべく擁護するようになった。だが、それにもかかわらず、ゲルマン諸民族のローマ帝国内への侵入を防ぐことができず、帝国の崩壊を食い止めることはできなかった。

それゆえ歴史家ドーソンはこの時代の特徴を全体として「瀕死の世界」と見ており、次のように言う。

> 聖アウグスティヌスは、本質的に、彼自身の時代の人である。そしてその時代というのは、歴史家たちによってはなはだしく蔑視されたものでありながら、しかもなお世界の歴史における肝要な時点の一つを画する、あのキリスト教帝国の不思議な時代なのである。この時代は、ローマの没落、すなわち五〇〇年余ものあいだ世界の栄枯盛衰を支配してきた、あの偉大な秩序の消失と新しい世界の基礎付けとをまのあたりに見

た。そしてアウグスティヌスはどの皇帝・将軍・蛮族の武将にもはるかに勝って、歴史の形成者であり、古い世界から新しい世界に至る橋梁の建設者であった[18]。

このような瀕死の状態は古代世界の終焉を物語っており、すでに一時代前のキプリアヌスによっても次のように証言されている。

今や世界自身が語って、それ自身の終末の近いことを万物の凋落をもとにして証言している。すでに衰退への下り道を辿って、その終末に近付くものは、沈む日と欠ける月のように、枯死する樹と枯渇する流れのように、力衰えることを免れない。これは世に下された宣告であり、神の審判である[19]。

また、ナジアンゾスのグレゴリオスはその説教の中で「至る所に死、至る所に悲嘆、至る所に荒廃」と叫び、「その心はすでに枯渇していた」と述べて[20]、古代文明が没落するに至った最深の秘密を吐露している。さらに、アウグスティヌスの同時代人ヒエロニュムスの手紙にも異教徒のローマ攻略に触れて「どこをみても悲痛、どこをみても悲嘆、至る所に死の面影」と心痛が披瀝されている[21]。これらの証言が物語っているように、アウグスティヌスが活躍していた時代においては、ローマ帝国はその生命力が尽き、荒廃と悲嘆の声を聞きながら崩壊していったのである。

ではどうしてこのような事態に至ったのであろうか。もちろんそこには社会的な諸要因があり、経済的な力の衰退もあるとはいえ、時代の道徳的な退廃が無視できないまでになっていた。アウグスティヌスは『神の国』第二巻の有名な一節でこの時代の道徳的な荒廃を異教徒の快楽主義において捉えていた。異教徒たちはローマの神々の非道な恥ずべき行為を模倣することによって快楽主義に陥り、国政が「最悪の破廉恥きわまる状態」にあることを少しも憂えず、ローマ帝国はいまや古代アッシリア王サルダナパロスの宮殿に比べられるほどにまで転落している。彼らの主張は次のようであった。

国家は健在で富み栄え、勝利の栄光に輝いている。さらにいっそう幸いなことに、平和で安定している。それなのに、何をわれわれが心配することがあろうか。むしろわれわれが心配しなければならないことは、日々の浪費をまかなうだけの富を常に増やすことだ。その富によって強者は弱者を自分に従わせるのだ。貧乏人は十分に食べるために、また金持ちの庇護の下に平穏で無為な生活を享受するために金持ちの言うことを聞き、金持ちは貧乏人を隷属民とし、また自分たちの思い上がった生活に仕えさせるために彼らを酷使すべきである（『神の国』二・二〇）。

だが、アウグスティヌスはそのような瀕死に喘ぐ苦しみのさ中にあって永遠の実在の世界と神の国に眼を向けて生きる信仰を説いて止まなかった。そして、事実、彼の時代にローマも北アフリカもゴート族やヴァンダル族に蹂躙されて滅び、彼が死守した教会も消滅する運命に見舞われた。しかし、このような状況においてギリシア・ローマの古典文化とキリスト教との文化総合が彼の思想の内に実現しており、その精神はやがて中世に受け継がれ、中世文化の土台となり、ヨーロッパの未来像を形成するに至った。

(5) アフリカの異教主義――マクシムスとアウグスティヌスとの往復書簡による

次に、わたしたちはローマの属州であったアウグスティヌスの生地北アフリカの状況について考えてみたい。その地の原住民であるベルベル人は宗教的には混交した民族であった。彼らは自らの神をもっていても、フェニキア、エジプト、ギリシア、ローマなどの神々を受け容れていた。しかし、わたしたちは異教主義（paganism）

という名称をアフリカに土着した民間宗教の意味で一般に用いることができる。この名称はもちろんキリスト教以外のギリシア・ローマの伝統的な宗教を意味し、当時のローマ世界では元老院の貴族階級を中心として古い信仰の復興運動が盛んであったし、哲学的な世界観として普及していた「新プラトン主義」も知識階級に強い影響力を維持していた。また、政治的宗教として皇帝崇拝もローマ的な統一原理として強制力をもって支配していた。こうした問題はローマ世界の宗教として考察すべき事柄であって、それはアウグスティヌスによって『神の国』第一巻から第五巻にわたり詳しく論じられている。

北アフリカのヌミディアの平原の住民たちは、総じてカルタゴ人と同様ギリシア・ローマのオリュンポスの神々を礼拝することはなく、彼らは「高い神」サトゥルヌスを聖なる山で祭り、この最高神に対し、イスラエル人が恐ろしいシナイの神ヤハウェを信仰したのと近い関係を保っていた。そのため土着の宗教は畏怖と犠牲による贖罪および儀式による浄めを主な行事として守っていた。しかもディオニュソスの祭礼と同じく歌唱と舞踏によって没我的な経験が求められ、夢やトランス状態はありふれたことでもあった(22)。こうした異教が当時は根強く残存していた。というのも、キリスト教が国教となって以来、教会に大挙して加わった群衆は、ほとんどが半異教徒であって、死者の祭りのような原始的な儀式が維持されていたからである(23)。

郷里に近いマダウラでアウグスティヌスが教育を受けた教師たちも異教徒であった。彼らは神々の像が祀ってある広場を好んで散策していた(24)。その地には異教徒で雄弁術の教師マクシムスが活躍し、彼と親交の関係にあった。マクシムスが都市に住む初期キリスト教徒のポエニ語名ミッグゴやナムファモなどを皮肉ったとき、すでに司祭になっていたアウグスティヌスは、自分の内に潜むベルベル人の血に目覚め、これを揶揄する者に身のほどを思い知らせたことがあった。ここにはアフリカという特別な文化的な環境が反映しているので、次にこの点をマクシムスとアウグスティヌスとの往復書簡を手がかりにして解明してみよう。

マクシムスからアウグスティヌスへの手紙は「手紙一六」としてアウグスティヌスの書簡集に残されている。

マクシムスはギリシア神話に出てくるオリュンポスの神々が神霊として集まっていても主神ユピテルが唯一神として君臨しているのであるから、キリスト教徒のミッグゴやナムファモをユピテルよりも上位に置くのは正しくないと次のように語って、アウグスティヌスにこの批判的な手紙を送った。

オリュンポスの山が神々の住まいであるとギリシア神話にありますが、確証されてはいません。しかし、わたしたちの町にある広場が恵みある神霊たちの群れによって占められている、とわたしたちは見ており、それに賛同しています。そして、実際、一人の最高の神が存在しており、始めなく、自然による子孫なく、偉大にして気高い父のようであるという、確実な真理を否定するほど愚かで乱心した人がいるでしょうか。わたしたちは造られた世界に広がっている神の諸々の力を多くの名称をもって呼んでいます。というのはわたしたちは皆、神の本当の名前を確かには知っていないからです。実際、「神」はすべての宗教に共通する名称です。こうしてさまざまな公の祈禱式によって、いわばご神体が分散的に崇められているのに、わたしたちは神の全体を礼拝していると確かに思っています。だが、わたしはそのような誤りに我慢できないことを偽って隠しておくことができません。実際、誰が一体電光を放っているユピテルよりもミッグゴを上位に据えたり、ユノー、ミネルヴァ、ウェヌス・ヴェスタよりもサナメヌスを、またなんと酷いことには、すべての不死なる神々よりも［アフリカの］最初の殉教者ナムファモを上位に据えたりすることに我慢できましょうか。(25)

ここにはアフリカの宗教事情が反映しており、伝統的な異教に対してキリスト教は間違った宗教であると批判されている。こうした事情は「そして神々の神殿の中でローマは幻影によって誓う」とあるウェルギリウスの預言が現実に生じていることを示すものである。しかもキリスト教徒が隠れたところで神を礼拝しているのに対し、

「実際、わたしたちは敬虔な祈りをもってすべての人が見たり聞いたりしているところで真昼に公然とわたしたちの神々を礼拝し、その心にかなう犠牲を捧げて恵みを得ており、このわざがすべての人によって認められ、是認されるように努めています」と主張する。しかし、マクシムスは論争するつもりはなく、ホメロスの言葉に従って「各人は自分の好きなことに惹かれていく」ことにしたいと言って手紙を終えている。

これに対しアウグスティヌスは返書を書いて、マクシムスの手紙は真面目な議論とはいえず、主張の論拠が薄弱で矛盾しており、冗談を言っているにすぎないと批判した。マダウラの町にある広場には異教徒の崇拝する立像が多数立っていたが、その中には「二つのマルスの立像があって、その一つは裸で、もう一つは武装しており、その反対の方に置かれていた人間の肖像は三つの指を前方に差し出し、市民にとって敵意を燃やす悪霊を押さえようとしていることを思い起こさせます」と語って、神々は悪しきダイモンにすぎないと批判した。次いで「神々が偉大な唯一神の身体〔四肢〕である」というあなたの主張はこの種の神を汚す冗談としか考えられない。オリュンポスの神々は多神教であって、主神はいたが唯一神ではなかった。それに対しマクシムスは神を唯一最高と見なす土着の信仰を組み入れているために、神の観念に混乱が生じている。さらにミッグゴやナムファモというアフリカ人の名前を彼が揶揄したことに対してアウグスティヌスは「アフリカの人〔であるあなた〕がアフリカ人〔であるわたし〕に手紙を書き、二人ともアフリカに定住しているというのに、カルタゴ語の名前が非難されるべきだとお考えになるほど、ご自身のことを全く忘れることはできなかったはずです」と批判する。しかも彼は「ナムファモとは幸運な足をもった人のほか何を意味するでしょうか」と言い、「このカルタゴ語をあなたが否認するなら、学識ある人たちによって明らかにされているように、多くの知恵の言葉がカルタゴ語の書籍に記録されるようにと命じられているのを、あなたは否定しなければなりません」と反論する。実際、ウェルギリウスもヘラクレスが「ナムファモ」として来るように願っている。こうした名前を嘲笑すべきではないと彼は批判する。[26] 終わりに異教の礼拝バッカスの祭りさながら暴れ回り狂乱しているのを見ると、「あなたがたに神霊が宿るならば、正気を失わせる神霊がどのようなものであるのかお分かりのはずです[27]」と猛省を促す。彼がキリスト教を批判して不敬虔な罵詈讒謗に陥らないためにカトリック教会の真実な姿をアウグスティヌスは示し、マダウラにも教会が建てられており、キリスト教徒は死人を礼拝したり、神によって造られたものを神霊として崇めたりしないで、万物を造り創造された唯一の神が礼拝されていると明言する。

この手紙には異教の実体がよく記されている。このことは古代社会においては一般的に言えることであって、アウグスティヌスが『神の国』第四巻で詳述しているように、世界には民族の神々、守護神のダイモンや妖精またニンフなどが満ち溢れていた[28]。しかし、彼が司教をしている間にアフリカでは公共の場から異教はすっかり追放され、偉大な神殿は閉鎖され、神像はしばしばキリスト教徒によって破壊された。また古代都市とその守護神との連携を高らかに歌った碑文は砕かれて街路の舗装に使われた[29]。こういう状況では異教徒のいらだちは高まるばかりであった。だから何か不幸が起こるとキリスト教徒が迫害を受けることになった。四世紀の中頃には「雨が降らないとそれはキリスト教徒のせいだ」という非難が一般に普及していた[30]。したがってゴート族によるローマの略奪を契機にキリスト教への非難が沸き上がったのも理解できる。

2　異教勢力と異端の跋扈

二〇一三年の初めに北アフリカのアルジェリアとリビアの国境地帯でイスラム過激派によるテロが起こり、日本人一〇名を含む三九名の尊い人命が奪われた。この国境地帯はアウグスティヌスが司教を務めていた海浜都市ヒッポの南に当たっており、ヒッポの南には彼の生地タガステがあって、事件の起こったイナメナスはその更に南に下がったところに位置する。実は同じような事件がアウグスティヌスの時代にも起こり、ローマ皇帝の偶像破壊令に基づいてスフェスという町の神像が取り壊されたことがあった。これに怒ったスフェスの民らは六〇名のキリスト教徒を虐殺したのであった。これは異端勢力の恐るべき怒りを顕わに露呈しており、帝国は依然として諸宗教が対立したままであったことを示す。アウグスティヌスはこの殺戮行為に直ちに激しく抗議して「スフェスの指導者、行政官、年長者たちへの手紙」[31]を書き送り、倒されたヘラクレス像は金を払ってでも造らせるから、亡くなった六〇名の生命を返してもらいたい、と厳しく問い詰めた。わたしが思うに、アウグスティヌスがわたしたちの時代に生きていたら、必ず同じような行動をとっていたであろう。

さらに当時の異端について述べておきたい。キリスト教古代の往時から北アフリカの人たちの中には長く続いたローマの支配に我慢できず、過激な行動に走る熱血漢が揃っていた。アウグスティヌスの時代にはカトリック教会から分かれた分離派のドナティストたちの中に「放浪修道士団」(Circumceriones)と言われる過激集団があって、殉教の死を称えてカトリックの信徒を殺害する行為を繰り返していた。アウグスティヌス自身も、見知らぬ地の道案内人が帰る道を間違えなかったら、彼らの待ち伏せにあって命を落とすところだった[32]。このようなドナティストの危機を回避するためにカトリック教会とドナティスト教会との協議会がカルタゴで開催され、アウグスティヌスはその優れた指導力を発揮して全世界にその名声をとどろかせた。

この過激なドナティスト集団の有様をわたしはアウグスティヌスの書簡から詳しく知るようになった。この書簡というのは「ドナティストの矯正について」(書簡一八五)であって[33]、これを見ると当時の歴史的事情が実に生き生きとした筆致によって叙述されており、彼の理論的著作や異端論駁書には見出せない、もう一つのアウグスティヌスの生ける姿が前面に映し出されている。このような書簡に刻まれたアウグスティヌスの姿は、さまざまな難題に心を込めて取り組んでいる牧会者のそれであって、このような書簡によってわたしたちは「隣人愛の人アウグスティヌス」の苦悩に直接触れることができる。実に文体まで相手のことを慮って微妙に変化しているのが感じられる。

3　古代的世界観の崩壊

アウグスティヌスの時代は古代末期であってローマ帝国が終焉を迎えており、彼によって形成されたキリスト教思想はキリスト教古代の総決算であると同時に中世世界の新しい土台ともなった。当時は伝統的な異教の考え方が支配的であって、唯一の至高神が諸州を治める総督のように支配していると信じられたが、その信心が根底から動揺を来たし、内面性への理解が進み、政治的にも宗教的にも、実に多くの不安が醸成されていた。こうした時代に特有な不安がアウグスティヌスの作品には至る所に現れており、その著作『告白録』には心に感じられた不安が最も端的に表明された[34]。

(1)「不安な心」の問題

ここでは古代的世界観の崩壊を問題にするが、それを歴史的に客観的に考察するのではなく、アウグスティヌスが親しく体験した事実から理解してみたい。『告白録』の冒頭には彼の作品の全体が解明されうる鍵となる言葉「心の不安」が次のように語られ、キリスト教によってもたらされた救済の意義が明瞭に示されている。

「主よ、あなたは偉大であって、大いに誉め讃えられるべきである。あなたの力は大きく、その知恵ははかりがたい」(詩編一四五・三、一四七・五)。しかも人間は、あなたの被造物の小さな一断片でありながらも、あなたを讃えようと欲する。人間は自分の死の性を身に負い、自分の罪の証拠と、あなたが「高ぶるものを退けたもう」(Ⅰペトロ五・五、ヤコブ四・六)ことの証拠を、身に帯びてさ迷い歩いている。それにもかかわらず人間は、あなたの被造物の小さな一断片として、あなたを讃えようと欲する。喜びをもってあなたを讃えるように励ますのはあなた自身である。なぜなら、あなたはわたしたちをあなたに向けて造りたまい、あなたのうちに憩うまで、わたしたちの心は不安に駆られるから。[35]

彼は、最初、旧約聖書の詩編を引用し、神の偉大さを高らかに讃美するが、次にその偉大さを人間の卑小さと対比させて、神と人との絶対的距離を知るように導く。人間の卑小さは「あなたの被造物の小さな一断片」という言葉に適切にも示される。しかしこの卑小さは、パスカルが『パンセ』の中で宇宙の無限空間と対置して捉えた人間のはかなさと似ていても、[36]実は相違する。宇宙と人間との対比はたとえその差が無限に大きくとも、単なる「差異」にすぎない。差異は対立の程度が弱く、相対的なものにとどまる。それに対しアウグスティヌスはここで、人間がその一断片である「被造物」と「創造者」との対立を考えている。そうすると宇宙内部での相対的な対比の段階を超えた高度の対立がそこでは考えられていることが判明する。ところで被造物が創造者の意志に従う限り、意志の一致のゆえに両者の間の対立は、それほど明瞭には意識されない。この対立がはっきりと意識されるのは、人間の意志が「高ぶり」によって創造者に反逆し、「罪」を犯すときである。このとき神は「高ぶるものを退けたもう」がゆえに、神と罪人との対立は最高度に達し、絶対的断絶となる。この状態はこのテキストでは、罪の結果引き寄せた「死の性」と「罪の証拠」および高慢を退ける神の審判として述べられる。それゆえ人間はこのような悲惨な堕落した状態にあって、その中を「さ迷い歩いている」と語られる。

このような神と人との絶対的断絶は両者の関係の廃棄を意味するのであろうか。「それにもかかわらず」という言葉は、絶対的断絶を認めたうえでの関係の回復を示唆する。この回復が生じるためには、まず人間の自己のありのままの姿が率直に認められねばならない。それは「あなたの被造物の小さな一断片」としての自己認識である。この認識は同時に自己の創造者に対する讃美を含んではいるが、自己の犯した罪の重荷のゆえに讃美の声は声にならないほどか細い。ただ神からの力強い励ましによってのみ「喜びをもってあなたを讃える」ことができる。

こうしてアウグスティヌスの有名な言葉が語られる。「あなたはわたしたちをあなたに向けて造りたまい、あなたのうちに憩うまで、わたしたちの心は不安に駆られる」と。それゆえ人間が神によって造られた被造物であるということは、永遠なる神と性質を異にする死すべき生命を意味するだけではない。それは「あなたはわたしたちをあなたに向けて（ad te）造りたもうた」とあるように、「神への対向性」をも含意する。このように被造物に創造の初めから与えられている根源的な対向性は「あなたのうちに（in te）憩うまで安らぎを得ない」とあるように、その目標とするところは神の内にある平安である。この平安に至るまでの状態は「わたしたちの心は不安に駆られる」と説明される。「不安」（inquietus）は「平安」（quies）を失った状態であっても、心理的な「落ち着きのない」状態ではない。この場合「心」（cor）は心理的な状態でも心的な素質でもなく、人間存在の全体的動態を表明する。というのは「あなたに向けて」（ad te）と「あなたのうちに」（in te）という言葉は、それに先立つ神との断絶状態を前提しており、この状態を『告白録』で多く用いられる「あなたから離れて」（abs te）で言い表せば、三つの前置詞（ad, in, abs）によって神との関係の喪失と回復とが動的に示されているからである。

ベルンハルト・グレートゥイゼンはその著作『哲学的人間学』の中でアウグスティヌスの全思想をこの「不安な心」において捉え、それと正反対の人間観をアリストテレスのもとで捉える[37]。アリストテレスにおいては世界を一つの閉じた空間と見なすギリシア人に特有な傾向が顕著に表れ、無類の明晰さをもって視覚的世界像が作り出された。しかも人間はこの世界の事物の一つとして考察される。つまり人間は客体的に把握されうる多くの類の一つなのである。それゆえ人間に特有な自己認識の深遠な次元は未だ現れていない。もちろんソクラテスが説いたように、知恵の探求は自己の無知の自覚から生じると考えられた。ところがギリシア人たちの目は主としてコスモス（宇宙）に向かい、人間に向く場合でも、コスモスの一部としての人間に向かっていたにすぎない。ここにギリシア的な知を愛する活動としての哲学の出発点がある[38]。だが世界は単にコスモスとしてあるのではなく、その内実は人間の現実的な世界、ポリスをも含んでおり、これがアリストテレスの時代には崩壊に瀕していた。ポリスに代わって支配したのはローマ帝国であったが、これもすでに古代末期には政治的にも精神的にもその滅亡の兆しが濃厚に現れていた。[39]

このような時代の苦悩を、先に述べたように、アウグスティヌスはその著作『告白録』の冒頭で「不安な心」(cor inquietum)という言葉をもって表明した。「心」は人間の存在を動的に表現するときに好んで用いられた言葉である。しかも、それは苦悩や悲惨ばかりでなく、矛盾や謎を秘めた存在をも指している。たとえば「わたし自身がわたしにとって大きな謎になった[40]」と言われる。「謎」(quaestio)とは「問題」のことで、いまや人間が大問題となって彼の前に立ち現れている。この謎は理性の光も届かない人間の心における深淵である。だから「人間そのものが大きな深淵(grande profundum)である[41]」と言われる。人間そのもの、また人間の心の計り知れない深みの前に立ち、彼は驚異の念に打たれた。[42]ここに彼の新しい思想が人格神との関連の下に人格的な自己理解を生み出す出発点があったのである。

(2) 古代的世界観の崩壊──アウグスティヌスの体験に基づく考察

では、このような内的な危機はどのように起こってきたのか。それはいつ頃から感じられたのか。それはカルタゴの弁論学校で学習の順序に従って読んだキケロの『ホルテンシウス』によって生じた。だが、最終的には新プラトン主義、とりわけプロティノスの著作を通して感得されたので、この神秘主義体験のもつ意義をここでは考えてみたい。

彼が弁論術の教師として赴いたミラノには新プラトン主義者たちが活動しており、彼らと親しく交際するようになった。[43]この新プラトン主義の哲学によって彼の心をそれまでいたく苦しめてきた問題、特にマニ教の影響から来た唯物論的な神観と悪の起源の問題を彼は理論的に解決した。プラトン主義によると神は純粋な霊であり、すべての存在の根源であるから、マニ教が説く神に対抗する存在である悪は、実は、存在の欠如にすぎない。これによって神の存在と悪の問題の理論的な解決が与えられた。彼は新プラトン哲学の指導を受けて神の神秘的な体験にまで進んでいった。実際、知恵への愛としての哲学が理性の立場に立つ限り、プラトンからプロティノスに至る歴史が示しているように、その究極するところは神秘的な傾向を帯びてきていたのである。

しかし、この神秘的な脱自体験は哲学的な思索の頂点であっても、この体験が一時的で一瞬のうちに終息した点とそれによって神と人との絶対的な距離と断絶が痛烈に感得され、絶望状態に転落したのであった。したがって神を知ることが同時に神と人間との絶対的な距離の自覚となる二重の啓示によって、哲学から信仰への思想における大転換が引き起こされていた。(44)

ここでわたしたちがアウグスティヌスの「不安な心」のありさまを顧みると、それは理性と感性とのすさまじい戦いとそこから生じた内心の分裂として理解できる。これこそ彼が言う「病める魂」にほかならない。彼は新プラトン主義のもとで、万物の究極的実在者である一者なる霊的な神に「一瞬の瞥見」によって触れることができた。こうして知恵への愛は真理の探求を目指しその究極の目的に達した。だが、それは一瞬の出来事にすぎず、直ちに日常的習慣の世界に転落し、そのことによって新たに救済を渇望するようになったのである。(45)

一般的に言ってキリスト教の時代に入ると、多くの人たちは神への愛と現世への愛が衝突して生じる激しい内心の分裂を経験するようになった。その際、アウグスティヌスがどのように古代思想を自己のものとしていったか、またそれによっては内心の不安と葛藤また苦悩が癒されず、キリスト教の福音によって初めて救済を体験するに至ったかが問われなければならない。彼の場合には金銭・名誉・女性に対する欲望に打ち勝つことが問題であった。なかでも女性に対する欲望は手強く、理性と感性との対立と相克を引き起こす激しい内心の分裂を彼は経験し、それからの救済を願い求めるようになった。

このような内心の分裂はパウロのローマ書第七章後半の「悩める人」にその典型が見出される。アウグスティヌスもパウロと同じ経験をし、『告白録』第七巻で「内心の分裂」を体験しており、対立する二つの愛は互いに攻め合い、心を引き裂く状況として語られる。[46] この内心の分裂は「それは全くわたし自身のわたし自身に対する争闘であった[47]」と彼は言う。このような分裂こそ彼の不安な心で起こった経験であり、この不安はキリスト教による救済体験によって平安の境地に到達することができた。それは聖書にあるパウロの言葉、「宴楽と酩酊、淫乱と好色、争いとねたみを捨て、主イエス・キリストをまといなさい。欲望を満足させようとして、肉に心を用いてはなりません」(ローマ一三・一三―一四)を読んで経験した回心として知られる。

このようにして初期のアウグスティヌスの精神的な発展の中に古代的な世界観の崩壊が手に取るように明らかになってくる。キケロやプロティノスによって代表される古代哲学の世界観は彼の精神的発展に寄与したがゆえに、それが究極的には不安な心を救済できなかった点はこれまで強調されてこなかった。古代の世界観が救済に向けて指導する役割を演じたとはいえ、実際に起こった救済はキリスト教の福音の力によって実現されたのであった。したがって古代の世界観は彼が懐いた「不安な心」の救済には全く無力であった。

それゆえアウグスティヌスは生涯を通して聖書の権威を最も重んじた。それでもダンテを天国の入り口まで導いたウェルギリウスのように、プラトン、キケロ、プロティノスからの影響は晩年に至るまで認められる。その際、プラトン主義の伝統がキリスト教の教えと両立しうるならば、彼がそれに異議を唱える理由はなかったであろう。それでも彼はプラトン主義者たちが多神教、永劫回帰の世界、魂の転生を説いているのは間違っていると考えた。古代人が懐いた霊魂再来の信仰は余りにも宿命論的であったがゆえに、全能の創造神の観念とは両立できなかった。というのは彼が信じた神は、キリストの贖いの力によって理性的被造物を神との交わりという真の目的へと導こうとするからである。とはいえ一般的に言ってプロティノスにおける美の観念や究極目的としての神の観照、また神的照明に対する信念、さらには魂とその清めの主張などに影響の跡は明らかである。

彼がプロティノスから受容した学説としては、①哲学の概念、②その対象(神と魂)、③知恵の目的としての幸福、④知性と悟性との区別、⑤観照に至る諸段階、⑥不変の真理の神的性格、⑦神の創造者・叡知的光・恩恵という三重の役割、⑧種子的理念の学説、⑨善の欠如としての悪、⑩内面性の強調などが挙げられる(48)。

他方、新プラトン主義者らに対する批判として、①受肉と復活の否定、②十字架の秘義の否定、③神の子の謙《けん》卑《ぴ》に対する無知、④徳の源泉として恩恵を説かない点が問題視され、さらに、⑤非人格的な神、⑥宇宙の永遠性、⑦二世界説、⑧想起説、⑨身体＝牢獄（ソーマ＝セーマ）説、⑩魂の不滅論証などがその後批判的に修正された。

事実、彼の回心はキリスト教的古代に生じた典型的なものであった。彼は古代の哲学的思想体系をもって自己形成を行い、古代の古典的な教養を身につけていた。それゆえ彼の回心は「世紀の回心」と言われるように、古代末期から新しい中世への大転換を引き起こす礎ともなった。ここにわたしたちは古代的な世界観の崩壊と新しいキリスト教思想の意義とを理解することができる。

注

（1） ジュリアン・クラーク『古代末期のローマ帝国――多文化の織りなす世界』足立広明訳、白水社、二〇一五年、第一章参照。

（2） パウロは第二回伝道旅行の途次アジア州に向かうことを禁じられ、夢に出てきたマケドニア人の招きに応じてマケドニア州のローマの植民都市フィリピに向かうようになった。ここに初めて福音がヨーロッパに宣教されるようになり、彼がその地で初めて出会った人物こそリディアという婦人であった。この都市は、アレクサンドロス大王の父、マケドニアのフィリッポス二世によって再建された大都市で、その名にちなんでフィリピと名づけられた。この地はローマの軍道エグナティア街道（Via Egnatia）に沿い、東方世界と西方世界を結ぶ陸路の交通のかなめに位置していた。ローマ政府はこの町を軍事的に重要視し、軍団を駐留させ、植民地とした。

（3） R. Lane Fox, Pagans and Christians, 1987, p.425 を参照。

（4）C・N・コックレン『キリスト教と古典文化——アウグストゥスからアウグスティヌスに至る思想と行動の研究』金子晴勇訳、知泉書館、二〇一八年、八七九—八八二頁を参照。
（5）ギボン『ギボン自叙伝』村上至孝訳、岩波文庫、一九四三年、一八四頁参照。
（6）ここではバビロン神話のマルドゥクはバビロン市の守護神にして同時に太陽神であったことが想起される。
（7）この儀式について次のように語られている。「一年のある時期に、たとえばクリスマスや三国王祭の際に、高い演壇が建てられた。その高座はまずカーテンでおおい隠されたが、そのカーテンは、特徴的にも〈雲〉という名で知られていた。次に廷吏の合図にあわせてカーテンつまり〈雲〉が開かれ、そして国民は皇帝が数え切れないロウソクの光に照らされて、そこに立っているのを見たのである。これが太陽の象徴的表現であることは全くあきらかであるが、その起源と原型は学術的にもキリスト教以前に遡りうるものであった」（ヴェアナ・スターク『宗教社会学』杉山忠平・杉田泰一訳、未来社、一九七九年、一四頁）。
（8）スターク、前掲書、一三頁。
（9）金子晴勇『ヨーロッパの人間像——「神の像」と「人間の尊厳」の思想史的研究』知泉書館、二〇〇二年、第三章一節「キリスト教迫害時代における〈神の像〉」四九頁以下参照。
（10）詳しくは弓削達『ローマ皇帝礼拝とキリスト教徒迫害』日本基督教団出版局、一九八四年、二五二頁以下参照。
（11）ブルクハルトは『コンスタンティヌス大帝の時代——衰微する古典世界からキリスト教中世へ』（新井靖一訳、筑摩書房、二〇〇三年）で論じているように、ギボンと同じように啓蒙思想の影響を強く受け、コンスタンティヌスに対するキリスト教の影響を退け、「諸々の現象を異教世界自体の中での内的発展として捉える」（一三頁）ように一貫して解釈した。これに対する批判についてはN. H. Baynes, Constantine the Great and the Christian Church, 2ed., 1972, および新田一郎『キリスト教とローマ皇帝』教育社、一九八〇年、一五一—一六四頁を参照。なおブルクハルトの宗教観に関してはA. Martin, Die Religion Jacob Burckhardts, 1947, SS.17–22, および仲手川良雄『ブルクハルト史学と現代』創文社、一九七七年、五二頁を参照。
（12）ギルバァト・マレー『ギリシア宗教発展の五段階』藤田健治訳、岩波文庫、一九七一年、一五—一九頁を参照。
（13）R・L・ウィルケン『ローマ人の見たキリスト教』三小田敏雄・松本宣郎訳、ヨルダン社、一九八七年、二七一頁。
(14) この二人はローマ市で最も重要な家系の出身で、多少の血縁もあって、当代の雄弁家であったが、信仰では氷炭相容れなかった。この点に関しては岩下壮一「聖アウグスチヌス『神国論』」『中世哲学思想研究』岩波書店、一九四二年、二二五頁に詳しい。
(15) この嘆願書について南雲泰輔『ローマ帝国の東西分裂』岩波書店、二〇一六年、四三頁を参照。この著作にはシュンマクスの業績についての新しい研究が発表されている。
(16) クラーク、前掲書、一一八頁。この文は「ウィクトリア女神祭壇論争」からの訳である。
(17) この点に関して本書第四章第五節を参照。
(18) C・ドーソン他『アウグスティヌス――その時代と思想』服部英次郎訳、筑摩書房、一九六九年、八頁。
(19) キプリアヌス『デメトリアヌスに与える護教の書』第三章、ドーソン、前掲書、同頁からの引用。
(20) グレゴリオス（ナジアンゾスの）『説教』第一八説教。
(21) ヒエロニュムス『手紙』六〇、ドーソン、前掲書、同頁からの引用。このようなローマ帝政末期の社会的惨状は Ferdinand Lot, The End of the Ancient World and the Beginnings of the Middle Ages, 1961, pp.17–86 に詳しく叙述されている。
(22) P・ブラウン『アウグスティヌス伝　上』出村和彦訳、教文館、二〇〇四年、三七頁。
(23) P・ブラウン、前掲書、二四二頁。アウグスティヌス『アウグスティヌス著作集　別巻I　書簡集(1)』金子晴勇訳、教文館、二〇一三年、九四頁（書簡二九・九）を参照。
(24) アウグスティヌス、前掲書、六二頁以下を参照。
(25) アウグスティヌス、前掲書、五八頁。
(26) アウグスティヌス、前掲書、六四頁、書簡一七。
(27) アウグスティヌス、前掲書、六六頁、書簡一七。
(28) この点に関しては R. Lane Fox, op. cit., pp.137ff. を参照。
(29) P・ブラウン『アウグスティヌス伝　下』出村和彦訳、教文館、二〇〇四年、一三頁。

(30) R. Lane Fox, op. cit., p.425.
(31) アウグスティヌス、前掲書、一三五―一三六頁、書簡五〇。
(32) ポシディウス『聖アウグスチヌスの生涯』熊谷賢二訳、創文社、一九六三年、四五―四六頁を参照。
(33) 「ドナティストの矯正について」は『ドナティスト批判』という題名で『アウグスティヌス著作集8』金子晴勇訳、教文館、一九七九年に所収されている書簡である。
(34) この不安について金子晴勇『アウグスティヌスとその時代』知泉書館、二〇〇四年、一一七―一三九頁を参照。
(35) アウグスティヌス『告白録』一・一・一。
(36) パスカル『パンセ』B二〇六、L二〇一、前田陽一、由木康訳『世界の名著24』中央公論社、一九六六年、一五六頁。「この無限の空間の永遠の沈黙はわたしを恐怖させる」。
(37) B. Groethuysen, Philosophische Anthropologie, 1969, S.37.「人間はここでは問題的であることを止めている。ここでは、人間は、いわば、つねに第三人称における自分について語っている。人間は自分自身にとって〈一つの例〉にすぎないのであり、彼自身を〈わたし〉としてではなく、ただ〈彼〉として意識している」。
(38) たとえばアリストテレスは次のように言う、「けだし驚異することによって人間は、今日でもそうであるが、あの最初の場合にもあのように知恵を愛求し（哲学し）始めた」（『形而上学 上』出隆訳、岩波文庫、一九五九年、二八頁）と。
(39) こうして世界が没落しつつあったため、分裂したアウグスティヌスの魂にとっては、ただ分裂した世界だけが真理であるように映った。M・ブーバー『人間とは何か』児島洋訳、理想社、一九六一年、二四―二九頁を参照。
(40) アウグスティヌス『告白録』四・四・九。
(41) アウグスティヌス、前掲書、四・一四・二二。
(42) その驚異は内面的な深みをたたえるものとして現れており、やがてここからギリシア的驚異に対する批判が次のように表明された。「このように考えるとき、わたしは強い驚異の念に打たれて、驚愕するのである。人びとは外に出て、山岳の高い頂に、海の巨浪に、河川の広漠に、星辰の運行に驚嘆しながら、自分自身には目もくれない」（『告白録』一〇・八・一五）。このように内面的な心が大問題となっているとき、自己の内心を顧みず、外の自然に目がそれて、それらに驚いている態度が批判される。
(43) 恐らく当時ウィクトリヌスによりラテン語に訳されたプロティノスの『エネアデス』と二、三のプラトンの対話編などを読んだと推定される。
(44) 新プラトン主義の哲学は、理性の霊的純化を強調する観念的一元論であるがゆえに、その必然的傍系として感性の浄化ではなくその滅却を倫理的目標としていた。したがって、この哲学の強い影響のもとにあったアウグスティヌスの回心は感性に対する断乎たる否定の遂行として起こらざるをえなかった。このことは回心の動機となった聖書の言葉が何よりも明らかに物語っている。
(45) それゆえに彼は言う、「そしてわたしは、もはやそれよりも確実な認識をあなたについて求めず、ただ恒常的にあなたの中にながらえることのみを願った」(『告白録』七・一・一)と。
(46) アウグスティヌス『告白録』七・一七・二三、同八・五・一〇参照。
(47) アウグスティヌス、前掲書、一一・二七。
(48) E. Portalié, A Guide to the Thought of Saint Augustine, 1960, pp.99–101.

第Ⅰ部　『神の国』の全体構想

第二章　『神の国』前半──「異教徒への反論」の概要

はじめに──『神の国』の全体的構成

四一〇年にアラリクスに率いられた西ゴート族が、「永遠の都」ローマを攻略した。この事件はわずか三日間にわたったものであったが、ローマ帝国の住民には未曾有の大惨事となる衝撃を与えた。事実、ケルト人のローマ帝国への侵入があってから八〇〇年間は、このような事件はかつて起こったことがなかった。この時代にキリスト教はすでに帝国の宗教として公認され、三八〇年には国教と見なされ、三九二年には伝統的なローマの神々への祭儀が禁じられ、それに背く者には実刑が科せられると定められた。こうして世界はキリスト教時代を迎えるようになっていた。だが、そうはいっても異教の勢力は依然として維持されており、元老院議員や政府の高官はなお続けて異教徒のままであった。彼らはこの機に乗じて、キリスト教への攻撃を激化させていった。異教徒たちは、伝統的な神々を廃止し、キリスト教を国教としたがゆえに、ローマの攻略を許したのだ、と主張した。このような非難を受けてアウグスティヌスは『神の国』(De civitate Dei, 413–26) を一三年の歳月を費やして執筆し、キリスト教の立場からその批判に対する反論を展開した。

(1) 著述の動機

この著作は全部で二二巻からなる大作で、長い時間をかけ多くの問題を論じたので、全体を読み通すだけでも容易ではなく、その内容がきわめて多岐にわたって詳しく論じられているので、これを正しく理解することは容易なことではない。このことは当時の人々にとっても苦しい課題であったことが知られる。(1) そこでまず冒頭にある有名な巻頭言を取り上げてみよう。

「栄光に満ち溢れる神の国」(詩八七・三) は、この移り行く時の中にあっては「信仰によって生きながら」(ローマ一・一七)、不信の子らの間に寄留しているが、かしこにあっては、揺るぎない永遠の座にかたく立っている。神の国はこの永遠の座を、いま「忍耐して、待ち望んでいる」(同八・二五)。しかしそれは「正義が裁きに変えられるまで」(詩九四・一五) であり、続いて与えられる最後の勝利とまったき平和との中に完全に受け継ぐであろう時までである。愛する子、マルケリヌスよ、わたしはいま着手するこの書物の中でこの神の国について論じ、その建設者よりも自分たちの神々のほうを選び取る者たちに対抗して、これを弁護することを企てた。これによって、わたしはきみへの約束を果たすことになる。これは実に大きな、労多い仕事である。しかし「神はわれらの助け主である」(同六二・八)(『神の国』一・一)。

このテキストの冒頭に引用された「神の国」は詩編から採用された言葉で、そこには「神の都よ　あなたの栄光について人々は語る」とあって、「国」は世俗の国家ではなく、神が王として治める「都市」もしくは「都」の意味である。しかもやがて考察されるように「国」とは信仰者の集団であって、それが最後の勝利と平和の実現によって「永遠の座」に着くまで、信仰者たちは現世では「寄留」する姿をとっている。アウグスティヌスはここにその友人、ドナティストとの分裂を調停すべくローマから派遣された護民官にしてキリスト者であるマルケリヌスから、異教徒たちの批判に対してキリスト教を弁護する書物を執筆するように要請されたのであった。この巻頭言によってわたしたちはアウグスティヌスが大作に着手したことを知るのであるが、そこには一体どのような著述の動機が秘められていたのか。このことを彼自身が晩年になってから自著を検討した『再考録』で語っているので、それをここに引用してみよう。(2)

この間に、アラリクス王の率いる乱暴なゴート人が殺到し、ほしいままに振る舞ったので、ローマは大いに傷つき、倒れてしまった。わたしたちがふつう異教徒と呼んでいる、多数の偽りの神々を拝む者たちは、この倒壊の責任をキリスト教に帰そうともくろみ、普段よりもいっそう激しく、いっそうの敵意をもって、真の神を冒瀆し始めた。そこでわたしは「神の家を思う熱心に」燃えて、彼らの冒瀆と誤謬とに対抗すべく、『神の国』を執筆しようと決心した。

人々が「永遠の都」と信じていたローマの首都が蛮族によって蹂躙された事件の責任が、異教徒たちによってキリスト教徒に帰せられたことがここに明記されている。それゆえこの書は正式には『神の国について異教徒たちを論駁する』(De civitate Dei contra paganos) という書名なのである。

(2) 著作の二部構成

この書の構成について『再考録』では続けて次のように語られる。

その中の最初の五巻は、人間社会の繁栄を欲し、そのためには異教徒たちが日ごろ拝んでいる多くの神々を祀ることが必要であると考え、またそれが禁止されたために、あのような多くの災いが生じ、氾濫するのだと主張する者への反駁である。続く五巻は、これらの災いが死ぬべきもの〔人間〕にとって過去においてかつてなかったことではないし、また未来にもなくなることはあるまいと、またこれらの災いが、所と時と人とによって大小さまざまに変化することを認めはするが、それにもかかわらず多くの神々を祀り、これに犠牲を供えることが死後の生のために有効だと主張する者への反駁である。要するに、この一〇巻は、根拠のないこれらの二つのキリスト教反対論への反駁である。

しかしながら、なんぴとにも、わたしたちがただ反対論者をやっつけるだけで、わたしたちの主張を明示しないという非難の口実を与えないために、これに続いて一二巻から成るこの書物の第二部を書いた。だが必要な場合には、最初の一〇巻でもわたしたちの主張を明示したし、また後の一二巻でも反対論者に対抗した。この後の一二巻のうち、初めの四巻で二つの国――その一つは神の国、他の一つはこの世の国である――の開始を論じ、続く四巻でその経過あるいは展開を論じ、さらに最後の四巻で、定められた終末について論じた。このように、全二二巻によって二つの国に関することを書き上げたのであるが、題名は良いほうの名をとり、「神の国」と呼ぶことにした（『再考録』二・四三）。

この発言に基づいて『神の国』の全体像を要約して示すと、次のように二部構成となっており、その要旨を付け加えるなら、次のような構造の骨格が示される。(3)

前半（第一―一〇巻）――異教徒への反論

①第一―五巻――社会の繁栄には多くの神々が必要であり、神々の礼拝を禁止したことが災いを招いたとする人々への反論

②第六―一〇巻――この世の災いのためではなく、死後の生命のために多くの神々の礼拝が必要だとする人々

への反論

後半（第一一―二二巻）――神の国と地の国に関する積極的主張

①第一一―一四巻――二つの国の起源

②第一五―一八巻――二つの国の進展

③第一九―二二巻――二つの国の終局

この二部構成に従って各巻の概要を示してから、その内容を立ち入って考察するが、『神の国』で展開する諸問題の内実はきわめて複雑で多岐にわたっているので、それを簡単に紹介することは不可能に近い。それでも要点だけは提示すべく試みるが、複雑な多くの問題を含んでいる場合には、再度第四章で個別的に立ち入って考察することにしたい。

1　第一―五巻

――社会の繁栄には多くの神々が必要であり、神々の礼拝を禁止したことが災いを招いたとする人々への反論

この大作の第一部は第一巻から第一〇巻までの一〇巻から成り立っている。その中でも前半の第一―五巻は、異教徒たちのキリスト教に対する非難を取り上げ、それに反論してキリスト教を擁護する弁明書である。ここで彼は真の宗教とはいかなるものか、それはその宗教を信じる者にとっていかなる意味をもつのか、また国家とは何か、国家と道徳とはどのように関わるのか、さらに神の摂理と予知と人間の自由意志とはどのように関係する

のかなど、きわめて重要な観点から、ローマの歴史を振り返りながら政治的な論議を通してキリスト教の弁明を試みる。

異教徒たちが願う幸福は地上的にして現世的な善と物質的繁栄である。災いもまた、地上的・物質的善の破壊にほかならない。こうした災いはローマの歴史においてキリスト教以前にもこの首都とその民を幾度となく見舞ったのであり、ローマの神々はそれを防ぐことができなかった。では、ローマの繁栄や領土の拡大をもたらしたのは、これらの神々であろうか。そこで今では紛失した文献である、ウァロ(Macus Terentius Varro, BC.116–27)の『人事と神事との故事来歴』(Antiquitates Rerum Divinarum)に基づき、神々の権能と職掌がことごとく吟味される。その結果、そのような多神教の矛盾とその説が根拠を欠いていることが明白となり、領土の拡大はこれらの神々の力によるのではないと結論される。それではローマの繁栄は運命によるのであろうか。この問題をめぐっては、占星術ならびにストア派の運命論が反駁される。この結果として彼は、異教徒の言う幸・不幸は神々によるのではなく、唯一の真の神の摂理によること、また、真の幸福とは現世的で物質的な善に求めるべきではなく、永遠の生命にほかならないこと、さらに、地上的な災いは善き人々の上にも来るが、それを通して彼らが永遠の生命へ至る備えができるように試練として与えられる、とアウグスティヌスは主張する。

わたしたちは各巻の内容をこれから要約しながら検討するが、各巻の要旨がミーニュ全集版以来その巻頭に付けられているので、それを参照しながら具体的に考察してみたい。

第一巻

この巻の要旨には、「蛮族のローマ侵入の際、教会が避難所となった。キリスト教徒も災難にあったが、彼らにとってそれは究極の滅びとはならない。暴行を受けたキリスト者の女性が自殺することの可否」とある。事実、四一〇年に起こったローマの攻略事件では蛮族によるあらゆる攻撃、殺戮、強奪、放火、婦女暴行がなされた。異教徒たちはこの事件がキリスト教が公認された時代に起こったので、この不幸をキリスト教の責任に転嫁するが、それは誤っている。なぜなら、彼らはこの事件で多くの異教徒たちがキリスト教の教会堂に逃れ、保護され、死を免れたことを忘れているからである、と彼は語り出す。実はローマを攻略したアラリクスが率いる蛮族は、アレイオス派のキリスト教を信じていたこともあって、同時代の歴史家オロシウスがその『異教徒を駁論する歴史七巻』で述べている通り、兵士たちはキリスト教の教会堂を攻撃しないように、また教会に脱げ込んだ人たちを殺さないようにと命じられていた(4)。そしてこのようなことが事実として起こったのであった。アウグスティヌスはこの点を真っ先に指摘し、ローマ人たちがこの事実を忘れて、不幸な事件をもっぱらキリスト教の責任に帰しているが、それは全くの誤りであって、異教徒の非難は恩知らずな高慢と不敬虔きわまる狂気のわざであると反撃する。

その際には、大きな会堂が選ばれて、そこに避難した溢れ出るほど多くの民衆が命拾いをし、だれも敵によって連れ出され、残忍にも捕虜とならなかったことが指摘される。このことがキリストの御名によって起こったことをキリスト教時代の特徴とみなさない者はみな盲目であり、それを知りながら称賛しない者はみな恩知らずであり、またキリスト教に言い逆らう者はすべて正気を失っている、とアウグスティヌスは主張する(一・七)。彼はまたこれまでの歴史を見ても、このようなことはかつてなかった、つまり敵が神々の社に逃げたので、殺害するのを止めたようなことなどこれまで一度としてなかった、と言う。

このことを彼はトロイア戦争のことを事例として挙げて論証する。ウェルギリウスが『アエネーイス』の中で、ディオメデスとウリクセスとは「要塞の守護兵を斬り殺し、血に染む手で聖像をつかみ取り、処女神の聖《きよ》いリボンにふれることを恐れなかった(5)」と記しているように、彼らは敵の聖堂に押し入り、守護兵を殺害し、女神の像を破壊した。事実、ユピテルの神殿が人々の命を守ったことなどどこにも記録されていない。ユノの神殿でもそうである。このことはトロイアにおけるユノの避難所とキリスト教会を比較して見れば、歴然たる事実であることが判明する。敵の殺害の手を逃れて神殿に避難した人たちを匿って保護することなどどこにも見あたらない。ローマの偉大な思想家にして政治家カトーの発言を見よと、彼は次のように言う、「少年少女たちは捕らえられ、幼児はこれを抱いている親から引きはなされ、すでに結婚している女たちも勝利者の思いのままにあしらわれ、神殿や家は掠奪され、虐殺と放火が起こった。最後に、至るところ軍隊と死体と流血と悲嘆の声で満たされた」（一・五）と。もしここで彼が神殿について沈黙していたのであれば、敵も神々の座には手をつけないのが慣例であったとも考えられようが、ローマの神殿も、他民族の敵からではなく、最高の家柄を誇る元老院議員で、しかもローマ市民である売国奴にして極悪人であるカティリナとその一味から、このような目に遭うことを恐れていた。ところが四一〇年のローマの略奪では蛮族はその残酷さを和らげ、キリスト教の教会に逃れた「溢れ出るほどの民衆が助けられた」のである。第二巻の冒頭でアウグスティヌスはこの点を要約して次のように説明する。

しかし彼らはむしろキリストに感謝すべきである。というのは、蛮族たちでさえキリストの名のゆえにこそ、戦争の定めと習わしに反して、避難した者たちに広い礼拝堂を開放し、かつ多くの場合、たんにキリストに献身した真のしもべのみならず、恐怖のためにそのように偽装した者をも厚遇したからである。この場合、蛮族たちは、戦争法規に従えば彼らに対して行っても差し支えないことを、むしろ許されないことだと判断したのである（二・二）。

その他にも多くの事例を彼は挙げている。たとえばキケロは、ムキウスが神殿に逃れても生き延びることができなかったので、神殿を逃れの場とはしなかった。それなのに「まったく特別な仕方でキリストにささげられた場所に逃げ込んだり、生きのびるために蛮族たちによってそこに連れてこられた者たちが、キリスト教時代を中傷しているのは実に不当なことである」（三・三一）とアウグスティヌスは反撃する。さらにキリスト教時代になって戦争が長びくようになったとの非難に対しては、かつてのローマ人の戦争がどんなに長期にわたったか、また、それがいかに悲惨きわまる損害を伴ったかを引き合いに出して反論する。たとえばサムニウム戦争は約五〇年、第一次ポエニ戦争は二三年、第二次ポエニ戦争は一八年、ミトリダテス戦争は四〇年続いたと反撃する（五・二二）。

第一巻の残りの部分では、アウグスティヌスは異教道徳とキリスト教倫理とを対照させ、最も重要な対立点として自殺を問題にする（一・一六―二七）。異教徒の考えでは自殺は許されるし、極端な場合には称賛にさえ値する。タルクィニウス王の前で自分の貞節を守るために自殺を試みた高潔なローマの既婚婦人ルークレティアの模範や、カエサルの法律のもとに生きるよりは自殺した政治家カトーの模範が詳しく論じられる。だがアウグスティヌスはキケロの考えに逆らって、このような自殺を断罪する。彼は聖化された処女であってもあるいは聖なる寡婦であっても、あるいは既婚の婦人であっても、自分の貞節を守るために自死することを認めようとしない。その理由はきわめて単純である。処女としての完全性の喪失はそれを蒙った被害者を汚染しないからである（同一八）。もしこのような場合に自殺を擁護すると、すべてのキリスト教徒たちは恩恵の下にあるとき自死することができる、あるいは将来の罪を避けるために自死することができるようになるからである。そのような規則は明らかに誤っている。魂の指導に関しては多くの経験をもって司教として語りながらも、アウグスティヌスはむしろ皮肉を込めて言う、「神の権威が何らかの信じるに足る証言をもって教会を説得し、このように彼女たちを憶えてたっとぶようにさせたのか否か、わからないからである」（同二六）と。

さらに彼は異教の神々の祭儀に含まれている劇場の出し物を攻撃し始める（同三二）。その中で彼は非キリスト教徒の善人が地獄に予定されているのでも、教会に出席している人たちが皆天国に予定されているのでもないと言う。非キリスト教徒の中にも善人が多くいるし、その人たちはやがて天上の国の一員となるであろう。カトリック教会の中にも悪人がいる。その人たちは教会に加わっていても、異教徒であることが明らかである。このような悪いキリスト教徒は現実には地の国の構成員である。しかし、その一部はやがて救いを得るようになる。二つの国がこの世にあっては混合しており、最後の審判に至るまでは完全に分離されてはいない。それゆえ二つの国の起源・経過・定められた終局が解明されなければならない。だがこのことが実行されるまでに、なお九巻の書物が書かれねばならなかった。またアウグスティヌスはそれに先立って、最近のローマの災難が、神々の祭儀をキリスト教徒が禁止したことから起こっているという非難を反駁しなければならなかった（同三五―三六）。

第二巻

その要旨は巻頭に「異教の神々によるローマの道徳的退廃。神々は演劇において卑猥な仕草を許容しただけではなく、それを要求した。その道徳的退廃は個人と社会の全領域に及んだ」と記されている。

人々はローマの災難をキリスト教徒の責任に転嫁した。ここから人口に膾炙した諺「雨が降らないのはキリスト教徒の所為《せい》だ」が生まれてきた。それならキリスト教以前のローマ史ではどうであったか。そこでも多くの災難が起こっただけでなく、ローマが統治に失敗し、さまざまな悪がはびこっていた。実に神々に対する公の礼拝がキリスト教皇帝たちによって一時停止される前でさえも、大きな災害がローマに起こった。アウグスティヌスは異教の著者たちの証言を用いながら、道徳的な質の劣化・悪化・退廃を止めようとしなかった多神教の道徳的な影響を指摘する。(6) その際、神々の儀式の猥褻《わいせつ》さが簡潔に指摘される。それらはカルタゴでの彼の学生時代にも演じられていたものだった。「あの俳優たちは、自宅で自分の母親の前で練習するのが恥ずかしいような、破廉恥で淫らな台詞や仕草を、神々の前で……実にしばしばおおっぴらに演じた」（二・四）。ローマにおける劇場の出し物は宗教的な意図をもっていたが、その演劇で描写された非道徳的な有様は真面目なローマの婦人が赤面しないでは鑑賞できなかったほどであった。こういう卑猥な芝居をほかならぬ神々自身がその祭礼に持ち込むように命じ、かつ、強要したのであった。それ以前にプラトンはそうした物語を書いた詩人たちを批判して国外に追放するように説いていた（同八—一四）。ローマ人は以前にはその法律によって神々を非難し、下劣な情欲を煽《あお》るような俳優が市民権をもつことを禁じていた。この時代の悪い状況が歴史家サルスティウスによって叙述されており、そこにはローマが道徳的にどうにもならない悪の塊となっていたことが指摘されている（同一八）。初期のローマ時代には市民たちは単純で自然な徳を賞賛した。カルタゴがローマに対決していた頃は、カルタゴの勢力に対する恐怖から生活は悪化しなかったが、彼らの生活と思想は完全には善くなかった。そこで異教徒の快楽主義的な退廃状態が詳しく叙述される。たとえば「できるだけ壮大華麗な建物を建て、盛大な宴会を頻繁に催し、だれでも自分の気に入るままに、昼夜を問わず、遊び、飲み、吐き、ぶっ倒れることができるようにすべきである」と言われる（同一九—二〇）。このようなローマの状態をサルスティウスは「最悪の破廉恥きわまる状態」と言い、キケロは国家としては当然滅んでいると見なし、「国家」（res-publica）とは「市民のもの」という意味であるのに、僭主が支配するならば、もはや国家そのものも存在しない、と共和国時代の悪い政治と生活を批判する。さらに「ローマの国は昔の道徳と勇士とで立っている」という詩人エンニウスの一節が引用され、道徳が滅びたのであれば、国家はあっても名前があるだけである、と批判される（同二一）。ここからアウグスティヌスはキリストの到来以前のローマがこういう状態であるなら、キリスト教がその責任を問われ、非難される謂われはないと結論する。それでも彼はローマ市民を「誉めるに値する種族」であると見なすが、「一度もその民と共に歩もうとしなかった神々」を決然と破棄する。だから「神々を拝んでも無駄である」（同二三）。そして民と共にいますキリスト教の神を礼拝するように「この宗教を強く求めよ。おお賞賛すべき天性を有するローマ人よ」と彼は勧告する（同二九・一）。

第三巻

その要旨は巻頭に「神々はトロイアを守ることもローマを救うこともできなかった。ローマ史におけるその無力の諸事例」とある。ここでは神々が登場するギリシア・ローマの神話の世界を通して、異教の礼拝がいかに外面的であって、物質的な影響が悪しきものであったかが詳しく説き明かされる。アウグスティヌスは巻頭でローマ人たちが物的な所有を余りにも称賛する民であると皮肉って、「あたかも人間の最高の善（summum bonum）が自己以外のあらゆる財産（bona）を所有することにあるかのように、悪い生活（mala vita）をするよりも、貧弱な別荘（mala villa）しか持っていないことに、いっそう多く不平を言う」（三・一）と批判する。ここで批判は物的で身体的な幸福に対する愛好に向けられる。彼はギリシア・ローマの神話のみならず、サルスティウス、リウィウス、ユスティヌス、トログス等のローマ史家の書籍のすべてを徹底的に調べ上げて、戦争時における異教ローマの多くの敗北、天災、伝染病、火災、内戦、国内の不和、神々が阻止しなかった物質的な悪のすべてを強調する。このようにして、人間に与えられた自然の素質と要素が悉くローマ人に逆らって展開しているように彼には思われたのである。ここからキリスト教の出現以前に無数の災難がローマに起こっていたことが告げられ、「もしこれらのことがキリスト教時代に起こっていたとすれば、彼らはその責任をキリスト者以外のだれに帰すであろうか」（同三一）と猛省を促しながら、現在起こっている不幸に対してキリスト教を非難するのは全く不当であり、馬鹿げている、と彼は断定する。

第四巻

要旨は「ローマは神々のおかげで拡大発展したのではない。個々の神々に対する批判的考察。キケロとウァロの宗教観」となっている。アウグスティヌスは前巻でローマの国と支配についてあまり語らなかったことを反省し、ローマがどのようにその領土を拡大してきたかを論じ始める（四・二）。この国は、確かに世界最大の国家であると考えられていても、現実には流血と暗い恐怖や残忍な欲望で造られたのであって、それは「ガラスのような儚い輝きにすぎない」（同三）。したがって悪人どもが支配している国の偉大さなどを問題にすることは、悲しむべきことであるように彼には思われた。ここから有名となった名言が語られる。「正義が欠けていれば、王国は大盗賊団以外の何であろうか。というのも、盗賊団も小さな王国に他ならないから」（同四）。続いてアレクサンドロスと逮捕された海賊の会話が引用される。[7] 海賊だけではない。イタリア中を荒らし回った剣闘士の集団も同じであった。彼らは王者のように荒らしまくった（同五）。

ローマ帝国の保有地と政治的影響力の膨大な範囲を認めたとしても、また帝国のこのような特徴がよく知られていても、またローマの平和の巨大な影響が高く評価されても、それでもなお正義が問題であった。古代の三つの王国アッシリア、アレクサンドロス大王の帝国、ローマ帝国は神々の介入によってではなく、いっそうまさった暴力によって隣国を征服して創設されたのである。そこには支配欲による大がかりな盗賊行為しか認められない。アウグスティヌスは言う、「しかし近隣の民族に戦争をしかけ、そこからさらにその他の民族〔の征服〕におもむき、そして自分たちに何の害も与えない民族をも、単なる支配欲のために打ち倒して服従させることは、大規模な盗賊行為以外の何と呼ぶべきであろうか」（同六）と。この観点から彼は広大な帝国の創設と維持を助けてきたと言われる神々の力を吟味するように導いてゆく（同二一―二四）。明らかにアッシリアの神々はその帝国の守護神であった。しかしアッシリア王がその力を失ったとき、何が起こったか。その神々はメディアまで出かけて行ったであろうか。あるいはローマ帝国の場合、どんな神がその成長の責任者であったのか。それはユピテルか、勝利の女神か、幸運の女神か、それともローマの神々の一人――それは人間の生活を構成する要素と運とを支配する者として崇められた――なのか。これが瀕死のローマ帝国を救う神的な保護者を求める真剣な試みなのか、と彼は嘲笑する。この嘲笑の中にわたしたちは、彼が得意とする機知の優れた事例を見出すことができる。同様に彼は再びローマ人たちがその神々を讃えて奉献した淫らな芝居について語り、冷静になって次のように問いただす、「このようにどのローマ人よりも卑しいユピテルが、実際、ローマ帝国を建設し、拡大し、維持することができたのであろうか」（同二六）と。そこにはキケロやウァロのようなローマの哲学者たちによって弁護された新しい、洗練された、知的な異教主義がある、と彼は考えた。たとえばキケロでは理性が自然学的事象から離れていって虚構の創作された神々に引きずられている点が批判され、ウァロでも俗信を退けながらも、神を運動と理性によって世界を支配している魂と考えて、異教主義を改革しようと試みられた（同三〇―三二）。そこには新プラトン主義のプロティノスとその追随者たちの思想の影響が認められる。この点でアウグスティヌスは、この新しい異教主義が一般に支持されてきた多神教に優るかもしれないと認めているが、それらの哲学者や神学者たちが一人として、魂の創造者なる神の知識に達していなかった点を指摘する。このような神の知識はユダヤ人を通して人類に与えられたのであって、彼らは唯一神によって生き、かつ、栄えたのである。その支配は神が定めた「時間の秩序」(8)に従って実現される。そのことはユダヤ人の歴史から明らかであると彼は主張する（同三三―三四）。

第五巻

要旨が長いので簡略に述べると、ここでは占星術の欺瞞、自由意志と神の摂理、名誉欲と支配欲の産物としてのローマ帝国、キリスト教皇帝のあるべき姿（君主の鑑）が論じられる。したがってここでは、異教的な運命とキリスト教の神の摂理とが対照的に論じられた。その中でも重要なことは、「幸運」がギリシア・ローマ人の神々であったことである。(9)だが異教徒たちがどんなに幸運を神として持ち上げても、物事というものは、それが生じる原因が全くないときでも、思いがけず起こってくる「運」によって起こるものだ、とアウグスティヌスは反論する（五・一）。

そこで運命論の一つの形態である占星術に対する批判が行われる。そのとき医者ヒッポクラテスの見解と、ストア派のポセイドニオスの見解との相違が提示される。占星術によれば誕生のときとか、何かの事業を開始するときの大空における天体の位置が、必然的にかつ運命的に、個人や事業の成功や失敗を決定する。これを反駁して同じ星座のもとに生まれた双子が全く相違した結果を生み出した例が紹介され、占星術の予言が誤りであることが示される（同二―七）。したがって陶器師のろくろについての話は、星座と人の運命との関連を説くのに役立たない。それゆえローマ時代のストア派の運命論などが誤謬にすぎないことは明らかである。だがもし星の位置ではなく、万物の生成の原因の連結と筋道を「運命」という言葉で呼び、それを神の意志のもとに働いている諸原因の連結と見なすならば、そのような「運命論」はキリスト教の教えとは単に言葉だけ違っているにすぎないのであって、それは人間の意志の自由を否定するものではない（同八）。ところでキケロは占星術を否定し、未来についての予知を抹殺しようと試み、神の予知を平然と否定し、人間の自由選択を肯定したが、それに対してアウグスティヌスは「神の存在を認めながら、神が未来について予知することを否定するのは、実に歴然たる狂気である」とキケロを批判する。彼はこの神の予知と自由選択との両者を是認して、「しかしながら〔真の神を敬う〕宗教心は両方の立場を選び取り、両方の立場を認め、また〔宗教的〕敬虔がもたらす確信によって両方の立場を確立する」と主張した（同九・二）。この問題はきわめて困難な問題ではあるが、キリスト教の教えはきわめて明瞭である。つまり人間の意志は自由であるが、それでも神によって予知されているのである。というのも神は誤ることなく、人間の自由な活動のすべてを予見するから。それゆえ「わたしたちの意志そのものも神に確実に知られている」（同九・三）。しかし、このような神の予知は人間の行動が有徳であっても、罪深くあっても、行動の原因とはならない。人が罪を犯すか、それとも犯さないかを決定するのは人間の意志であって、神の摂理はいかなる意味でも決定論的ではない（同一〇）[10]。

第五巻の後半では、昔のローマ人の徳が神の摂理のもとで国家に対しどのように貢献したかが論じられる。歴史家サルスティウスによってマルクス・カトーとガイウス・カエサルという二人の偉人が考察され、「これら二人は性格において異なっていたが、徳行において卓越していた」と言われる。しかしながらこの徳力は、歴史家がよく把握していたように、「強大な権力、軍隊、新しい戦争」を切望し、ローマ帝国を建設する偉業を成し遂げたが、この偉業は神の恩恵によって生じたのではなく、神の予知によって予見され、許可されたのであった(同一二)。だが彼らの徳は栄光と名誉と権力を追求すべきではなくて、反対に栄光と名誉と権力が徳を追求すべきであった。だからカトーとカエサルを比較すると、カトーの徳のほうがカエサルのそれよりも真理に近かった。こうしてサルスティウスは少数の市民の徳がすべてを成し遂げ、貧困が富に、少数が多数に打ち勝つことになった、と言う(同)。だが現実には徳が栄光と名誉と権力によって支配されることが多く、神の誉れを尊ぶキリスト教徒の徳と比較すると、人の誉れを好むローマ人の徳はこれらによって支配されることが知られる(同一四)。また真の徳は快楽や名誉の侍女ではない点に言及した後に、キリスト者である皇帝のあるべき姿を、つまり「君主の鑑」が説かれる(11)。もちろん偉大なキリスト教皇帝であっても、現世においてはその真の栄光を得ることができない。「このようなキリスト者である皇帝たちは現在のところ希望によって幸福であるが、わたしたちが待ち望んでいるものが到来するときには、現実に幸福になるであろう」と説かれた(同二四―二五)。さらに続けてこの時代のキリスト教皇帝であったテオドシウス帝の信仰と事績が語られる(同二六)。

アウグスティヌスが最初の五巻で論証しようと試みたことは、第六巻の序文にもあるように、異教徒の神々というものは、地上の生活で人々を道徳的にも、物質的にも本当は助けたりしない、という単純な主張である。彼の議論はローマ帝国の歴史の批判的な検討と、多神教の本質的な馬鹿らしさの指摘から成り立っている。そこから今や異教徒たちによって求められたもう一つの要求、すなわち神々の礼拝が将来の生活では真の幸福を獲得することに有利である、という宗教問題に直面することになる。

2　第六―一〇巻
――この世の災いのためではなく、死後の生命のために多くの神々の礼拝が必要だとする人々への反論

続く『神の国』の第六―一〇巻は地上的な幸・不幸ではなく、真の幸福である永遠の生命を得るために、神々を礼拝することが必要であると考える人々への反論である。

第六巻と第七巻

その中でも第六巻と第七巻はテレンティウス・ウァロの大作『人事と神事との故事来歴』を典拠として、古来のローマの神々とその祭儀を精査し、さらに、目に見えるような神像の姿をとった神々の本性は宇宙魂およびその部分であるとする、ウァロの神学を批判する。[12]すなわち、それらの神々とその祭儀は人間が作った虚構にすぎず、愚劣で卑猥きわまりないし、また神々の本性とされる宇宙魂は、天地およびその中の天体、火、水などであって、決して神ではなく、神の被造物にすぎない。これらを礼拝するように人間を惑わすのはダイモン（daimon）や妖霊（spiritus）であり、彼らには地上的な幸福はもちろん、永遠の生命などを与える力は全くないと言う。こうしてアウグスティヌスは、異教の神々なるものの正体が、ダイモンや妖霊にほかならないことを明らかにしようとした。[13]

そこで彼は異教の神学の批判を開始する。とりわけ人間の永遠の生命との関係で、異教神学に対する批判を遂行する。その対象は先に挙げたウァロの作品である。ウァロはキケロの時代に生きた人で百科全書的な著者であった。アウグスティヌスがこの作品を詳細に紹介したおかげで、この著作は世に知られるようになり、これによ

ってローマの宗教の実体が判明するようになった。彼はとりわけウァロが異教の神学を「神話的、自然学的、国家的神学」という三種類に分けて詳説している点を問題とする（六・五）。なかでもその「神話的神学」は古代の詩人たちが創作した物語から派生しており、人々に語り伝えた神々の劇場的な礼拝の基礎となったものである。また第二の種類の神学、つまり「自然学的神学」では、その内容が古代の哲学者たちの著作に由来しているのに、一般の人々がそれを理解するのにはふさわしくないので、その説明が哲学の学派にゆだねられていた、と彼は言う。アウグスティヌスはこの神学を真面目に論じるに値すると考えた。さらに第三の「市民的神学」もしくは「国家的神学」は、都市国家の人たちにとって利益になるように考案されたものである。だが、それは中身を検討すると詩人たちの手になる「神話的神学」の改訂版にすぎないことが判明する（同五―七）。ここにある神々はその物語や祭儀と一緒に、国家の目的を実現させるために役立つものと評価されて選ばれたにすぎない。この都市の祭司たちは、この種の宗教において民衆が教育されるように願った。たとえばウァロは二〇の神々を拾い出し、一二の男神と八の女神を市民が礼拝するに最も適していると評価する（七・二）。しかしアウグスティヌスが賢明にも主張するように、通俗的な物語の宗教に反対してなされたのと同じ批判がこの国家的神学にも妥当する。両神学には神々と女神たちとが同じなのである。違っている唯一の点は、国家的神学の改訂版にはそれほど多数の神性たちがいないということだけである。ウァロがどうして二〇の神々を選んだのかを理解することはできない。というのも神々の働きが愚かにも、互いに衝突し合っているからである（同三―四）。

タレスからプラトンに至るたいていのギリシア哲学者たちは、物活論者のような自然学者である。彼らはギリシアの神学的な詩人たち（ホメロスとヘシオドス）の超自然主義に逆らって、あらゆる事物の説明を自然的で物理的な原因に見出したのであった。このようにしてソクラテス以前の哲学者たちが、自然科学の発展に寄与したことは事実である。この物質主義に立つ唯物論の遺産は後代のギリシア・ローマの思想家たちに残った。ソクラテスとプラトンまたアリストテレスによっても、物理的領域を超えて上昇し、心霊や超自然的な諸原因の秘密を探索する試みが遂行された。さらにローマ時代に入るとプロティノスとその学派である新プラトン主義が、古代哲学の霊性主義的な傾向の頂点を築き上げる。なお初期ギリシア哲学の「自然学者たち」の思想は、ストア学派やエピクロス学派に伝わって生き続けたが、ローマの思想家はわずかしかプラトン、アリストテレス、プロティノスの形而上学を理解することができなかった。たとえばルクレティウスは多くの点で最も強力な精神の人で、すべてのローマ哲学者たちの中で最も影響力があったが、アトム論者であり、エピクロスの唯物論的な思想の追随者でもあった。アウグスティヌスの時代までは、少数の半霊性主義的な新プラトン主義者を除くと、大多数のローマの哲学者たちはエピクロス派かストア派であった。このことが哲学的に基礎付けられた神学がアウグスティヌス以前の時代では「自然学的」と呼ばれる理由である。それは超自然的なものを拒否するという意味で「自然学的」であり、あるいは非物質的な諸作用と物理的本性の力を物理的自然の諸勢力へと還元させるという意味で「自然学的」なのである。そのような神学では神々は全く排除されるか、非科学的な神話として扱われるか、あるいは一般的に神々は自然の要素や力と同一視された。アウグスティヌスの言葉で言うと、そこでは「あたかもわたしたちは自然学を探究しているのであって、神学を探究していないかのようである」(六・八・一)。

このようにウァロが区別した三つの神学のいずれからも永遠の生命を期待すべきではないことを、わたしたちは理解することができる。アウグスティヌスが以前にも第四巻で指摘した幸福の授与者としての神に関する議論をこれに合わせて考察してみよう。そこで論じたように、もし幸福(フェリキタス)が本当に女神であるならば、永遠の生命を願おうとする場合、この女神だけで他の神々は不必要となるが、実は、幸福は女神などではなく、神からの贈物にすぎない。このような幸福を授けてくださる神を除いて、帰依すべき神が他にいても、それは無意味となる。こうして国家的神学が崇拝の的としている神々が、真の幸福を授けることができないなら、これまで彼が主張したように、死後の来たるべき永遠の生命を求める目的からも神々を崇拝すべきではない。それゆえ彼は国家的神学に見られる神々を現世のためにも、来世のためにも崇拝すべきではないと結論を下す。

第七巻ではウァロが『人事と神事との故事来歴』の第一六巻で詳論した「選ばれた神々」を問題として取り上げ、この神々といえども永遠の生命を与えることができない点をアウグスティヌスは解明する。こうした神々は汚点に満ちているが、それとは別に、自然学的神学が論じる神は重要な意義をもっている。というのもこの自然学的神学はウァロによってとても深淵的で知的であると考えられたからである。その最も高尚な形式において、神は宇宙の魂や生命であり、地は神の身体であると主張された（七・五）。このことは、神が理性という非人格的な原理の一種である、あるいは自然の宇宙に広がる法則であるという、曖昧なストア派の理論とうまく一致する。もっとよく知られた多神教的な異教主義の形式に比べると、自然学的神学は個々人の魂をいっそう低次な神々と見なすけれども、いくらか唯一神教的である（同六）。アウグスティヌスにとってウァロの「国家的神学」は反論するのが容易である。なぜならそれが実践において神話的で政治的な異教主義に転落しているからである（同二七―二八）。しかし、自然学的神学の最も重大な誤りは、神と自然、創造者と被造物との間に何らかの明瞭な区別を置くのに失敗していることである（同三〇）。したがって、その誤りは神と自然を同一視する汎神論の一つの形なのである。

第八巻

それに続く第八―一〇巻ではタレスやピュタゴラスに始まるギリシアの哲学者たちが考察される。特にプラトン派の哲学者についてはきわめて高い評価が与えられ、プラトンは神について多くの点でキリスト教の真理と一致しており、プラトン派の人々にまさってキリスト教に近い者たちはない、と説かれる。しかしアウグスティヌスは、この人々が同じ真理を指し示しながら、それに至る道を誤って説いている点を厳しく論難する。[14] こうして彼はその初期思想で理解したのと同じくプラトンが古代哲学者たちの中で最善のものであり、キリスト教の神の観念に最も近づいている、と主張する（八・五）。エピクロス派やストア派の唯物論と比較すると、人間の魂と神に対するプラトン的なアプローチは大いに好ましい。プラトン主義──そこにはプロティノスの新プラトン主義が含意されている──に対するアウグスティヌスの高い関心が次のように表明される。

このような哲学者たちはプラトン派の人々にその場を譲るべきである。臆面もなく神は物体であると言い、しかもわたしたちの魂は神が属するのと同じ本性に属すると考えている人々も、プラトン派の人々に譲るべきである。なぜなら、彼らは、人間の魂が全く可変的なものであるということを考慮に入れていないし、そのような可変性を神の本性に帰すことは、神への冒瀆であるからである。彼らは次のように言うかもしれない。「魂の本性が変化させられるのは身体によってなのである。なぜなら魂はそれ自身としては不変的なものであるからである」と（八・五）。

不変なものは何ものによっても変化しない。もし魂が身体によって変化するなら、それはもはや不変のものではない。アウグスティヌスがプラトン主義をこのように承認したことで特に特筆すべき点は、プラトン主義者が存在の三段階、つまり身体・人間の魂・神をむしろ明瞭に区別することを考えていたことである。そこには可変性が区別の原理となっている。神の本性は絶対的な恒常不変性であって、身体や魂の可変性とは相違し、他のすべてから区別される（同六）。彼はこのようにプラトン哲学を解釈しており、その他のギリシア哲学のいかなる学派もキリスト教の神にアプローチできる可能性を与えなかった。そこでは自然学・論理学・倫理学の三区分が伝統となっているが、プラトン主義者はこれらの部門のそれぞれにおいて最善であると、彼は主張する（同）。

このことはキリスト教徒がプラトンの哲学を知らなければならないということを意味しないし、プラトンが人間の魂や神についての正確な認識に到達していることをも意味しない。アウグスティヌスが強調するのは、救いを実現するためにプラトン主義者となるだけでは十分ではないし、プラトン主義者となる必要もないということである（同一〇）。それにもかかわらず、ユダヤ人に与えられた超自然的な啓示から助けられなくとも、どれくらいプラトンが真の神について知っていたかを知ることには価値がある、と彼は考える。彼は以前プラトンがエジプトで預言者エレミヤと個人的に接触し、何かを学んだと語ったが、そのような出会いの可能性は年代的に不可能であるから、その主張を訂正する（同一一）[15]。

プラトンが神の啓示を受けないでも、優れた知恵に到達できたのは注目に値する、とアウグスティヌスは言う。それに続けて彼はプラトンの後継者たちの一覧表をあげる。すなわちアリストテレス――彼は優秀な人だがプラトンに等しくはない――、スペウシッポス、クセノクラテス、およびアカデミア学派の他のメンバーたちをあげる。さらに後代のプラトン主義者としてプロティノス、イァムブリコス、ポルフュリオス、アプレイウスがあげられる。この人たちはアカデミア派とは呼ばれなかったとしても、優れた思想家であるとされる。しかしながらアウグスティヌスが称賛したのは、プラトン主義者たちの哲学であって、その宗教ではない。これらの人々はプラトンを含めて異教の神々が礼拝されるべきであると考えた。だが、やがて新しい異教主義がプラトンや新プラトン主義から発展したものとして出現するようになった（同一二―一三）。

ここではまた第八巻から第九巻にかけてプラトン主義者たちの神観、とりわけダイモン（神霊）批判が同時に展開する。その批判はプラトン主義者たちのうち『黄金のロバ』で有名なアプレイウスが書いた『ソクラテスの神』に集中する。それによると至福で永遠不滅の善なる神々は、宇宙の最も高い位置を占め、人間は最低の地上に住み、死すべき悲惨な存在である。神々と人間との間は断絶しており、何らの交わりもない。両者の中間の大気圏に位置するダイモンは、神々と不滅性を共有するが、その魂は人間と汚れや悲惨を共有する。神殿で祭儀や供犠を求めるのは、人間と関わりをもたない神々ではなく、このダイモンたちなのである。彼らは、プラトンの『饗宴』で展開するディオティマの説に基づいて、人間の願いを神々に届け、神々からの贈り物を人間に届ける仲介者であると主張する[16]。これに対してアウグスティヌスはこのようなダイモンの仲介という役割を否定し、それへの礼拝をも非難する。彼らは神々と同様に不死であるが、人間と同様に悲惨な魂をもつ限り、神々と人間との仲介者として人間を幸福にできるはずがないからである。そうであるならば、ダイモンへの礼拝ではなく、プラトン主義者たちが諸天体に宿り至福であると主張する神々への礼拝は、人間の至福にとって必要であろうか。

第一〇巻

アウグスティヌスは前に述べたアプレイウスやその他の人々が、その後に隆盛となった新プラトン主義の成長に寄与していたことをよく知っていた。しかし新プラトン主義の代表者プロティノスの教え子であったポルフュリオスがやがてこの派の責任者となって、キリスト教を批判するようになった。プラトンが説いたダイモンはキリスト教徒に嫌悪感を引き起こさざるを得なかった。なぜなら「聖書が語っているように……このダイモンの名が見出されるときにはいつでも、その唯一の意味は悪い霊である」（九・一九）と彼は正しく把握しており、プラトン的なダイモン論に見られるように、善良なダイモンを天使と呼ぶことはとうてい受け入れられなかったからである。これらの新プラトン主義の神学者たちがもっていた明らかな意図は、ダイモン礼拝をギリシア語の「ラトリア」（latria）という崇拝の特別な形式によって唆すことであった。だが、このラトリア（礼拝）は、キリスト教徒が知っているように、神を礼拝するためにのみ使用されるべきものである（一〇・一）。その使用は真の神に対してのみ妥当するがゆえに、プロティノス主義の原理とは矛盾する。なぜならプロティノスは神が人間の魂の叡知的な光であると主張したからである。事実、叡知的な被造物は神の他には自己に優るものをもたないからである（同二）。アウグスティヌスはこのように説くプロティノスを称賛して、彼の説がヨハネ福音書の言葉、「人間を照らす真の光としてのキリストとしての神」と一致する（consonans evangelio）とまで言わんとする。ところがプロティノスの弟子たちは、その師の哲学を転倒させ、曲解したと彼は考える。

そこでプロティノスの弟子の筆頭であったポルフュリオスの学説が主たる攻撃対象となった。[17] まず、宇宙の諸天体に宿る霊魂である神々も、人間の霊魂も、それらを創造する唯一の神を至福の源としていると説く点では、この哲学はキリスト教と一致する。しかしポルフュリオスは、自力でこの幸福を得ようと、招神術なるものでもって、これらの神々を招き寄せ、汚れた人間の霊魂を浄め、神への還帰の仲介者に仕立てようとした。だがこれらの神々であれ、ダイモンであれ、それらに対する祭儀や供犠は、創造主なる神ではなく、神々自身を礼拝するものである。それに対し聖書は、奇跡は天使らを介して実現されるが、それによって彼らではなく神自身を礼拝するように命じているとアウグスティヌスは説いた（同九）。

死すべき身体と一つになり、悲惨と汚れにまみれた魂を浄めるのは、怪しげな招神術でも御祓いの儀式でもない。キリストこそ人間を罪の汚れから魂を浄め至福に導く普遍的な救済の道であって、キリストは至福の神でありながら、人間に永遠の生命を与えるべく人間と同じ魂と肉を受け取り、十字架の死によってその肉を捨て、復活によって死を超克した。ところがプラトン主義の人々は、宇宙魂である諸天体を神と言いながら、神の子の受肉を恥じ、軽蔑して認めず、傲慢にもむなしい知識に膨れ上がっている（同一〇）。

こうしてローマがその国家的神学から崇拝の的とした神々は、真の至福を授けることなどできない。したがって第六巻から第一〇巻までの五巻を通してアウグスティヌスが主張したように、死後の来たるべき永遠の生命を求める目的からも、神々は崇拝されるべきではない。それゆえ国家的神学に見られる神々は、現世・来世のいずれを目的としても、崇拝されるべきではないと、彼は論じた。

これまで説明してきたように『神の国』の第一部は、人類の幸福を求めて異教の神々を礼拝することを批判し、哲学者の示す道を否定した。次の第二部は、キリスト教こそ真の宗教であり、その神は人類を至福に導く道を備えていることを積極的に主張する。そこでは人間の創造・堕落・救済が、神の国と地の国という二つの人間社会の歴史を通して示される。このことについては、すでに第一巻の「序」およびその第三五章で触れられており、これがこの大著の執筆当初から予定されていたことであった。

注

（1）アウグスティヌス「新書簡一A　フィルムスへの手紙（一）」『アウグスティヌス著作集　別巻Ⅱ　書簡集⑵』金子晴勇訳、教文館、二〇一三年、四一九―四二一頁を参照。
（2）アウグスティヌス『再考録』二・四三。
（3）ここに示される構成は大島春子「神の国」、金子晴勇編『アウグスティヌスを学ぶ人のために』世界思想社、一九九三年所収論文、五四頁に拠る。
（4）Pauli Orosii Presbyteri Hispani, Adversus Paganos Historiarum Libri Septem, 1615, VII, 39, 596–597.
（5）ウェルギリウス『アエネーイス』二・五〇一―五〇二。
（6）詳しくは本書第四章第一節を参照してもらいたい。
（7）これについては本書第六章を参照。
（8）詳しくは本書第七章を参照。
（9）本書第四章四節の⑵を参照。
（10）人間の自由意志と神の予知とは、キケロが考えたように、同一のレベルでは対立するが、創造神（超越神）と人間とではレベルが異なるがゆえに対立も矛盾も引き起こさない。自由意志を含んだ神の予知は、中世においては自由意志を含んだ必然性の問題として論じられた。金子晴勇『近代自由思想の源流』創文社、一九八七年、一〇一―一〇四、三三七―四四〇頁参照。
（11）この「君主の鑑」は中世世界の建設者シャルル・マーニュによって重んじられたことで有名になった。
（12）この著作『人事と神事との故事来歴』の詳しい内容に関しては本書第四章五節を参照。
（13）ダイモンに関して詳しくは本書第四章第六節を参照。
（14）この点に関しては『告白録』七・一八、二四および『真の宗教』三・三、四・六を参照。
（15）『キリスト教の教え』二・四三にはプラトンとエレミヤの出会いの可能性が述べられている。しかしプラトンはギリシア語で旧約聖書を読むことができなかった。それはセプチュアギンタ（七〇人訳）と呼ばれるギリシア語版が作られたのはプラトンの死後七〇年ほど経ってからなのであるから。

（16）ダイモンに関してさらに詳しくは本書第四章第六節の叙述を参照。

（17）詳しくは本書第四章七節「ポルフュリオス批判」の叙述を参照。

第三章　『神の国』後半――「神の国と地の国についての積極的主張」の概要

『神の国』の後半（第一一―二二巻）の主題は「神の国と地の国についての積極的主張」であり、第一一巻から第二二巻の一二巻から構成され、その内容は次のように三つの部分に、すなわち、①第一一―一四巻――二つの国の起源、②第一五―一八巻――二つの国の進展、③第一九―二二巻――二つの国の終局に分かれる。

1　第一一―一四巻――二つの国の起源

『神の国』後半の最初の部分を、各巻の巻頭にある要旨から一括して捉えてみよう。第一一巻では「二つの国の真の起源は、神の天地創造に際して造られた天使たちの従順と不従順との中に求められる」とあって、創世記第一―三章の叙述に基づいて二つの国の起源が解明される。これらの国は天使と人間から構成されるが、第一二巻では二種類の天使の中に二つの国の起源が求められ、「従順な天使は至福に至り、反逆する天使は悲惨に至る。これらの運命は交代したり循環したりはしない」と要約される。天使の反逆に続いて、第一三巻では神の似像として創造された人間とその堕罪に向かい、「アダムは罪を犯したため、死の罰を招いた。その罪は自然状態から来るのではなく、意志的行為である」ことが論じられる。さらに第一四巻では「アダムの罪は原罪となって人類に及び、キリストの救いによらなければ消えることはない」ことが考察される。それゆえこの諸巻では神によって無から造られ、その存在の度合いに応じて、善である天使と人間とが、その本性的な自由意志をもって神に寄りすがって生きることができたのに、自己の力を喜ぶ高慢な意志によって至福から悲惨な生活に転落したことが詳論される。

第一一巻

神の国と地の国の起源は、旧約聖書の創世記の冒頭の記事に従って、神が天地を創造したときに造られた天使たちの従順と不従順の中に求められる。ここには天地創造の六日間の出来事の注解が展開する（一一・四―八）。

わたしは今、以前からの要望を考慮し、わたしに与えられている課題を忘れることなく、その仕事を進めなければならない。それは二つの国、すなわち地の国と天の国の起源と経過と定められた終局とをなしうる限り論ずることである（同一）。

二つの国はまず天使たちの反逆から起こった。創造において善なるものとして造られた天使から、悪いものが発生する。それは堕天使が神の光から転向することで起こった。この転向は堕天使たちから、理解力を奪わなかったが、彼らの知性を暗くさせた。「ある天使たちは、この照明に背いたため、知恵と至福の生の高みに達することができなかった」（同一一）。彼らが失ったのは知恵ある至福な生活の完全性であった。ところがアウグスティヌスは二つの国の起源を創造の初めまで遡って考察し、彼の創造思想を詳論する。その中で彼は「宇宙は時間の中に造られたのではなく、むしろ時間と共に造られたのである」（同六）と述べて、新しい歴史的な出来事とその課題を鮮明に提示する。

このようにして良い天使と悪い天使との分離から二つの国は興ってきた。その一方は本性上善であって、意志において正しいが、他方は本性的に悪であって、意志において転倒している[1]。

第一二巻

二つの国の起源は先には天使たちの中に求められたが、それを「この巻では理性的かつ可死的な存在者である人間界で」考察すると告げられ、アウグスティヌスは二つの天使的社会を二つのキウィタスとして考察する。彼は言う、「わたしたちはむしろ、二つの国、あるいは二つの社会があるというのが正しい」(同一・一)と。彼はキウィタスという概念を古代の都市国家ポリスよりもはるかに広い意味で用いた[2]。ローマ人たちは周囲一里くらいの小さな都市国家というギリシア的理解を超えていくらか進んでいたが、アウグスティヌスが人間の集団と同様に天使の社会にも「キウィタス」の観念を用いたことは、その適用範囲が当時の世界で最大の国家であったローマ帝国よりも、その規模が大きいことを示す。彼が今強調するのは、キウィタスの広汎で包括的な意味である。彼には善い天使と善い人間、悪い天使と悪い人間から構成される四つの都市を設定する必要はなく、二つのキウィタスでこと足りる。神の国は善い天使たちと善い人間たちを含み、地の国も悪い天使と悪い人間を含んでおり、両者の区別はそれぞれの国を構成する市民の意志に起源をもっている。

アウグスティヌスによれば人間は、地上のすべての動物の上位に、自然本性に属する自由意志をもつ者として造られた。もし人間が自己の意志によって神に寄りすがって生きるなら、死を招くことなく至福であり続け、天にある天使たちに加わることができたであろう。しかし彼らは堕落した悪い天使に唆されて、自らの意志で神の戒めに背き不従順となった。この罪のため罰を受け、本性は著しく損なわれて、死すべきものとなり、魂は肉の情欲を支配できない悲惨な状態に転落した。しかもそれはすべての人類が負うべき罰であった。この死は、魂が神から離れる魂の死と、魂が身体から離れる第一の死、さらに復活ののち魂と身体が最後の罰を受ける第二の死をも含むものであった。

天使と人間の背きという悪を神は予知していた。しかし神は彼らの悪を正しく罰することで支配し、彼らを永遠の計画の中に秩序づけた。善い人は神と共に生きることを選び、神に寄りすがる。悪しき人たちは、その高慢において神から離れて生き、自己充足的であろうとする。だからこう言われる。

さて、善い天使たちの至福の真の原因は、彼らが最高に存在する方に寄りすがることにある。そこでもし、悪い天使たちの悲惨の原因は何かと問われたならば、彼らが最高に存在するお方に背いて、最高に存在するのではない彼ら自身のほうに向いた結果、そのようになったのである〔と、わたしは答える〕（同六）。

これに続いて「道徳的悪の、したがって罪の原因は、被造物の転倒した意志である」との持論が展開され、悪い意志に先立つような罪の原因などないことが力説される（同三―九）。それがもしあるとすれば、本性的な悪意の原因は被造物の変化しやすい可変性に求められる。彼はキリスト教の創造説に基づいて宇宙には初めがあり終わりがあると説き、アリストテレスのように無限に持続する世界や周期的な循環、さらには輪廻転生説も誤っているると見なす（同一〇―二〇）。こうして人類の創造に関する聖書的な記事に基づいて悪人と善人の由来を考察する（同二一―二八）。その中でも「わたしたちが聖書に基づいて計算したところによれば、人間が始まって以来の年数は六〇〇〇年に満たない」（同一二）と言う。[3] 神はある時点で永遠不変な計画によって時間と人間とを創造した。人間は時間的な存在である。ここに救済の秘義がある（同一五）。さらに大地と人類の起源の問題を取り上げ、古代神話と哲学者の思弁的な見解を批判する。こうして世界が永遠に循環するという異教の学説を拒否し、そこには悲惨だけが廻っており、その循環を知的に克服して至福に到達する、と考える態度を退ける（同二一）。ところで神の人間創造の目的は、人間がその創造者を知り、その戒めを守ることによって至福に至ることである。また「神はこの人間を個別的に造ったが、それはむろん人間が社会をもたずに独りでいるためではない。

神の意図は、人間が本性の一致によってのみならず、親近さの感情によっても結ばれ、人間社会の統一と和合のきずなが強化されるためである」（同一二・二二）。このように彼は人間社会の共同性を捉えている。

第一三巻

この自然的な社会的な人類の統一は、人間の堕落によって損なわれた。それはアダムが犯した罪によって死の罰を招いたからである。魂が身体を捨てるとき、人間の身体が死ぬように、神が魂から離れるとき、魂も死ぬのである。したがって「全人間の死は、神を捨てた魂が身体を捨てるときに起こる」（一三・一二）。ところが「最初に罪を犯した人間たちに罰として加わったものが、後には彼らから生まれる者の中に本性となって働く」（同一三）。これが原罪である。原罪は悪人には魂の永遠の死と永遠の受難に至る道を開くが、善人には永遠の安息に導く（同八）。だが、聖徒たちには罪が赦されても死を免れないのはなぜか、洗礼を受ける以前の死、死ぬべき人間の生とは何か、自由意志による死、地上の身体の問題、死に対する異教徒とキリスト教徒の態度の間の大きな相違点などが詳しく論じられる。特に神によって造られた自然本性は善いものであって、神は欠陥の創造者ではない。それなのに死が罰として起こったという一連の禍は、「自由意志の悪用」によるのである。それゆえ「根の腐った木のように、その初めから堕落してしまった人類は、神の恩恵によって解放された者を除いて、悲惨の鎖に繋がれ、ついに終わりのない第二の死の壊滅にまで至るのである」（同一四）。

こうしてキリスト教徒はもはや地上的な人間ではなく、天上的な人間なのであって、天上の国と地上の国における市民間の区別が明瞭に指摘される。この巻の最終章ではアダムに吹き込まれた神の息と主の弟子に与えられた聖霊について論じられ、後にキリスト教人間学の重要な概念となる「霊」（プネウマ）に言及されるが、その独自な意義を未だ理解するに至っていない(4)。

第一四巻

アダムの原罪がキリストの救いによらなければ消滅しないことから、二つの国の起源を説明するように導かれる。そこには神の意図があって、人類を一人の人間から開始させ、人間の本性の類似性と血縁関係の必然性が原罪を波及させたために、すべての人が霊的な死の罰に服すようになったこと、および神の恩恵が人間を再び神と共に生きる独自の社会に導いたことが説かれ、ここから二種類の社会、もしくは国は、一般的な国境を越えて広がるようになったと言う（一四・一）。

ここでは意志と身体もしくは肉の欲望との関係が解明され、堕罪の結果として肉的な欲望が、それを抑制する意志に反して、人間の精神を動揺させるようになったことが論じられる。そこで「肉に従って生きる」意味が考察され、肉の本性それ自体は善いものであっても、神に逆らう肉的な生き方が本性を悪化させたことが力説される。つまり、「身体」（corpus）が「肉」（caro）であるにしても、それ自体は善いものであって、悪い願望や悪徳による身体の悪用が悪と説かれる（同二―三）。ここから身体を悪と見なすプラトン派の身体観がここで批判された（同五）。またストア派は感覚的欲求や情念が本質的に悪であると説くが、その見解は間違っている（同八―九）。情念を抑えたアパテイア（無感動な状態）となることなどはキリスト教徒が目指す目的ではない。したがって自己の情念を鎮めるのではなく、意志によって情念が統制されて初めて人は有徳的となると言う（同一〇―一一）。それゆえ悪い意志が悪い行いに先行する。アダムの罪は悪い意志に起源をもっている。そのような意志の背後には高慢のほか何があろうか。ここから高慢としての罪が次のように規定される。

高慢とは転倒した仕方で高くなるのを求める以外の何であろうか。転倒した仕方で高くなるとは、魂が寄りすがるべきものを捨てて、いわば自己が始原となり、始原であるということである。それは魂が自分を大いに楽しませるときに起こる（同一三）。

そこから邪悪についての人間学的な考察が詳しく展開する。[5] このような人間観から二つの人間の社会が説かれるようになった。すなわち神に従うか、それとも自己を誇るかという自由な意志決定が天使を分けたように、一人の人から始まった人間社会も、肉に従う人、すなわち人間に従って生きる人から成る地の国と、霊に従う人、すなわち神に従って生きる人から成る神の国とに分けられる。これらを造るのは人間の二つの愛であり、神を捨て自己を愛する愛が地の国を、自己を捨て神を愛する愛が神の国を造る。こうして二つの国が興ってくる究極の根源は、二つの意志の対立に、したがって二つの対立する愛に見出される。ここから有名な言葉が次のように発せられる。

二つの愛が二つの国を造った。すなわち神を軽蔑するに至る自己愛が地の国を造り、他方、自己を軽蔑するに至る神への愛が天的な国を造った。要するに前者は自己を誇り、後者は主を誇る。なぜなら、前者は人間からの栄光を求めるが、後者にとっては神が良心の証人であり最大の栄光だからである。……前者においてはその君主たちにせよ、それに服従する諸国民にせよ、支配欲によって支配されるが、後者においては人々は互いに愛において仕え、統治者は命令を下し、被統治者はそれを守る。前者は自分の権能の中にある自分の力を愛するが、後者はその神に向かって、「わが力なる主よ、わたしはあなたを愛そう」と言う（同一四・二八）。

確かに地の国は自己愛と神に対する軽蔑に基づいており、神の国は神への愛と自分を軽蔑することにまで及ぶ。前者は自分を誇り、後者は神を誇る。

2　第一五―一八巻――二つの国の進展

次に『神の国』は歴史を通しての二つの国の発展、つまり「経過」の問題に移る。それは第一五巻から第一八巻に及ぶ全四巻という、かなり詳しい歴史的な叙述となる。第一五巻はその要旨に「カインとアベルから洪水に至るまでの二つの国の歩み」とあり、第一六巻は「ノアからアブラハムに至るまでの二つの国の歩みと、アブラハムから王国に至るまでの神の国の進展」と要約され、第一七巻は「ダビデ王の時代からキリストの時代までの神の国の歴史を辿る」とあるように、最初の三巻はもっぱら旧約聖書に基づく聖史の叙述であり、世俗史に向かうのは、「同時代の地の国々の歴史と並行させて」聖史を辿っている第一八巻である。この部分でわたしたちが注目したいのは、聖史や世俗史の事実ではなく、アウグスティヌスによる歴史の解釈である。(6) この観点からその解釈の特徴を簡略に紹介してみよう。

第一五巻

ここではアダムの子孫から洪水の時代までが扱われる。カインとアベルの衝突は悪人と善人との間の多くの闘争の一例である。カインは「人間を頼みとして生きる人々」であり、アベルは「神を頼みとして生きる人々」である（一五・一・二）。その兄弟を殺すことによってカインは「国を建てた」と言われるが、彼は地の国の創設者であり、アベルは「寄留者」と呼ばれるが、その国は「上なる国」に属する。だが地上の国は永久に続くことはない。それは一種の平和を追求するが、これは良いことではあっても、その平和は戦争による勝利の結果である。そのような平和は内部分裂を起こし、短命に終わる（同四）。カインの兄弟殺しの行為は、後代の帝国が小さな国家の支配を実現する暴力手段の原型となった。たとえば「ローマは、その歴史が証言するように、レムスが兄弟ロムルスに殺されたときに建てられた」とあるのがその実例である（同五）。カインは神の意志ではなく、自分の意志を追求した人であった。そのため心は歪んでおり、神々を崇めても、その助けでもって勝利と平和を獲得するためである。つまり支配欲のためである。「というのも、善人は神を享受するためにこの世を用いるが、悪人はそれとは逆に、この世を享受するために神を利用するからである」（同七）。この有名になった言葉には、アウグスティヌスの倫理思想の原理が明瞭に示される。(7)

他方、アベルはその名前が「悲嘆」を意味し、その弟のセトの名が「復活」を意味し、この二人によって「キリストの死と死者からの甦りが象徴される」。またセトの息子のエノシュによって初めて神の名が呼び求められ、これによって神を頼みとして永遠の幸福を希望して生きる人間社会が予表された。そのような人々は単なる地上的な幸福に生きることには満足しない。彼らの中に神の恩恵は永遠の平和と幸福をもたらした（同一七―一八）。神の国に属する人々は地の国の人たちと一緒に生きたが、洪水によってこれらの人たちは消失した。それはノアの子孫たちの間で再び神の国が出現するためであった（同二〇）。二つの国は地上では互いに入り交じって歩み続ける。そして最後の審判に至る。

第一六巻

この巻の最初の部分（一六・一―一二）は二つの国の歩みをノアからアブラハムまで辿っている。旧約聖書に記録されたこの間の多くの出来事は「来たるべきことの予表」であって、それは「詳細な歴史」なのではなく、「未来のこと、しかも神の国に関することを予告するためである」と言われる。したがって旧約聖書の預言者的性格はキリストの到来とその教会の設立を継続的に予示するものである（同二）。それゆえノアの善良な子孫のすべてを挙げるのが不可能となっているが、そこには地上の国の市民が欠けていたのではない。

その間にアウグスティヌスは、プリミウスの博物誌に描かれている奇妙な姿をしたひどく醜い人間について語る。その中には額の真ん中に一つ目をもつ人や両性を具有する人間、ピグミー族、二つ足で一つ脛の人、頭がなく肩に目をもつ人々、犬のような人間、その他当時の文学と芸術でよく知られた人間の類型が入っている。このような存在に関する疑問に対する彼の回答は用心深く、かつ、思慮深い。まず第一に、「わたしたちは皆これらの人たちについて聞いたことをすべて信じるように強いられるわけではない」（同八）。第二に、すべてのキリスト教徒はすべての人が理性的で道徳的な動物であって、アダムの子孫であることを知っている（同）。彼は人間が動物から進化したと説く進化論には与しない。彼は猿や尾長猿やスフィンクスが人間の異なった種族であると考えるのは、馬鹿げていると見なす。そうではなく、仮にそうであったとしても、それらはもはや人間ではない。もし人間であるならば、彼らはみんなアダムの子孫である（同）。さらに大地の反対側に住んでいる人たち、つまりアンティポディーズ諸島の人々がいると考えるべきかを問うて、それは全く考えられ得ないと言う。だから神の国の構成員は世界の既知の種族の中に求めるべきである（同九）。

この巻の第一〇章から終わりまでは、アブラハムの時代からダビデとユダヤの王たちの時代まで神の国の進行が考察される。アブラハムとその家族の事績について、アウグスティヌスがどのように説明しているかを要約する必要はない。この族長時代にユダヤ人たちは、主に善い人たちであって、天上の国の真の市民であった。しかし彼らだけが地上にいたのではない。この時代の三つの世界的な王国は、ヨーロッパのシキュオン人の王国、エジプト人の王国、アッシリア人の王国であった。アッシリアが特に強く、インドを除くすべての小アジアを征服した。その首都バビロンは「混乱」という似つかわしい名をもっていた（同一七）。しかしこれらの三つの国家は地上に生まれた人々の社会であった。彼らは堕落した天使の支配下にあって人間の尺度にのみしたがって生きた。ノアからアブラハムに至る時代は「神の民の少年時代」であり、ダビデから「青年時代」が始まった（同四二）とする。

第一七巻

ここではダビデ以後の歴代の王たちからキリストの時代に至る神の国の歴史が辿られる。それは神の約束と契約が時間の秩序によって進展する神の国の歴史によって示される（一七・一）。[8] この歴史は同時に預言者の時代でもあって、ユダヤ人の歴史における預言の解釈が重要な意味をもってくる。旧約聖書の文書には過去の出来事の歴史的事実の記述があるが、それればかりかキリストについて預言者たちが予告したことを忠実に辿った記録も含まれている。それゆえ旧約聖書はただ過去の記録としてのみ扱われるのではない。それゆえ「肉によるアブラハムの子孫に前もって告げられたものとその成就を歴史で読みながら、また信仰による子孫において成就すべきことの比喩的な意味をも問い求めるべきだ」（同三・二）と彼は言う。したがって聖書の言葉は、①地上の国に関わること、②地上の国に関わりながらも天上の国の比喩として語られていること、③天上の国に関わること、の三重に解釈すべきである（同）。つまり神の民の歴史は、単にその過去のみならず、神の国の未来の予表として、キリストや信徒の教会についても語っている。たとえば預言者サムエルの母アンナがユダヤ人の古代の祭司制について預言した事柄は、キリストの新しい祭司制によって確証される（同四）。またイスラエル王国の滅亡は霊的イスラエルを肉のイスラエルから分かち、神の国と地の国の分離を予示する（同七）。こうした旧約聖書の記事は「聖なる歴史の書」という聖史であって、「聖書は歴史的出来事によっても預言しながら、いわば来るべきもののひな型が粗描される」。たとえば「ソロモンにおいてある種のひな型が描かれ、キリストにおいて真理そのものがあらわれた」（同八）と説かれる。同様に詩編はキリストの到来によって実現された預言に満ちている（同一四―一九）と説かれた。

これまでの三巻でアウグスティヌスは天上の国の発展である聖史を、特にその相手である地上の国を考慮することなく解明するように試みてきた。だが、次の巻では世俗の歴史を扱うようになる。

第一八巻

第一八巻では彼は世俗の歴史を用いて同じ時代に現世的な国家に起こったことを示す（一八・一）。キリスト以前の時代には多くの帝国や強力な国家が興隆したり、没落してきた。こうしてアッシリア人、シキュオン人、エジプト人、ギリシア人そしてローマ人が、それぞれ繁栄した後には滅亡していった。ローマ建国以前においてはギリシア人の中でもアテナイ人が目立って繁栄したが、その繁栄が事実よりも単なる評判であったことを、歴史家サルスティウスを引用してアウグスティヌスは指摘する。

わたしの考えによれば、アテナイ人の業績は十分偉大で立派なものではあったが、実際は評判よりもかなり小さいものであった。しかし、そこには大いなる才能をもった著作家が輩出したので、アテナイ人の業績は比類ないものとして全地に知れわたった。このように、何かを成し遂げた人々の徳は、すぐれた才能をもった人がそれを言葉でほめ上げる能力に応じて評価される（同二）。

さらに、アテナイでは文学と哲学の研究がきわめて盛んであったから、これらの面でも大いなる栄誉が与えられた。そうはいってもギリシアは国力ではアッシリアに劣るし、その支配の範囲もせまかった。一般にはギリシアの歴史のほうがアッシリアの歴史よりもよく知られているし、ローマ人の古い起源を調べた人々は、ギリシア人を経てラテン人へ、それからローマ人へと、時代的な継起を辿ったので、いわば第一のローマであるバビロニアが、この世に寄留する神の国と並んでどのように進展してきたかを明らかにするため、アッシリア人の王たちを問題とすべきであろう。だが地の国と天の国という二つの国を比較するためには、やはりギリシア人とラテン人の歴史を解明すべきである（同）。これらの人たちの業績は素晴らしかった。エジプト人たちは占星術から天文学を創り出した（同一四—一九）。ギリシア人たちは七賢人をもっており、この人たちはユダヤ人がカルデヤ（バビロン）に捕囚となっていた頃に生存していた。その賢人とはタレス、ピッタコス、ソロン、キロン、ペリアンドロス、クレオブロス、ビアスであった。これらの人たちは実践的な知恵を獲得していたが、子孫を導く手引き書を少しも残さなかったか、全く残さなかった（同二四—二五）。世俗的国家にもいくらかの予言者はいたが、それらの予言はユダヤ人のそれと比べると少しも重要ではない。これらの国々の賢人は人間の幸福の秘義を見出そうと試みたが、何が将来到来するかに関してはみな相互に意見が異なっていた。それらの中で地上的な人間たちは、同僚の思想家とは異なる何か新しい理論を発明しようと試みていた（同四一）。アウグスティヌスはこれらの哲学者たちの意見の相違について言及し、キリスト教の哲学者と比べて彼らがどの程度進歩しているかを示す。「もし神の権威が導いてくれなければ、幸福に到達するために、不幸な人間はいったい何をし、またどこへどのように向かうであろうか」と疑問を述べている（同四一・一）。

この巻の終わりのところではキリストの誕生以後における二つの国の生活について論じられる（同四六—五四）。ここには昔の預言が実現しており、キリストによって創立された教会はもちろん地上における神の国の中心であるにしても、神の国には教会の善い構成員と多くの悪い人々が混合していると言う（同四九）。また異端者たちもおり、カトリック教会に所属していると告白していたとしても、彼らは教会の構成員でも神の国の民でもない（同五一）。カトリック教会がキリストの死後三六五年以上は続かないとの噂が異教徒たちによって言い広められたが、アウグスティヌス自身が四一〇年以後になってこの書物を書き始めたのであるから、すでにそのような異教徒たちの誤りは明白であるとする（同五四）。

こうしてアウグスティヌスは二つの国の歴史の終末にまで到達した。彼は二つの国、神の国と地の国の、その初めから当時に至るまでの地上での進展を語り、地上にある限り、それぞれ違う神を拝み、違うものを究極目的としながら、二つは現実には混合していて、この世の同一の善を用い、同一の悪を蒙ってきたと言う。これらの国が永遠に分け隔てられるのは、来るべき最後の審判によってである。

このように人間の歴史は、神の永遠の計画が実現される歩みであって、最初の人間たちから生まれた兄弟殺しのカインに始まる。彼は自らの意志で神に背き、死をその罰として負い、楽園から追放された悲惨な生活を送ったが、神はそのような人類の中から、ある者を恩恵によって神の国の民として永遠の生命へと救い出し、残りの者を地の国の者として永遠の罰へと至らせる、とアウグスティヌスは説いた。

3　第一九―二二巻――二つの国の終局

『神の国』の最終部分では天上の国と地上の国との異なった終末が解明される。各巻の巻頭に与えられている要約によると、第一九巻は最高善に関する哲学者たちの見解とキリスト教による反論によって二つの国の終局を論じ、第二〇巻は「最後の審判においていかなる出来事が起こるか、それについての旧新約聖書の証言」を示し、第二一巻は「悪魔とそれに属する邪悪な者たちが断罪されて受ける永劫の罰」について論じ、第二二巻は「神の国の永遠の至福」について語る。これらは神の永遠の計画の中でこれから実現される部分であり、人類の未来に属することである。アウグスティヌスはこのようなことを聖書の預言、特にヨハネの黙示録に基づいて語る。

第一九巻

この巻は神の国の社会的な性質を初めて考察したもので、そこには卓越した秩序論が展開されており、またウァロの散逸した重要な哲学的な諸著作から多くの思想内容が使われているため、初期のローマ哲学の研究に役立つ資料の宝庫となった。ところで二つの国の終局は、これらの国の人々が究極的に求めてきたものによって決定される。人間が究極的に希求するものは幸福であり、それをもたらすものが最高善である。この世の人々はその善を地上に求め、自力で幸福になろうと欲するが、魂も身体も損なわれ、病んで、悲惨な状態の渦中にある。これに対して神の国の幸福は永遠の生命であり、これはまた永遠の平和とも称される。そこには神と人間との永遠の支配と服従とから成る秩序ある和合があって、魂と身体との、また聖徒と聖徒との秩序ある和合がある。この巻での重要な論点を次の四項目に分けて述べてみたい。

(1)最高善についての哲学者の見解

アウグスティヌスは最高善について次のように規定する。「わたしたちがいま究極の善と呼ぶのは、これによって善が消耗されて無に帰するものではなく、かえってこれによって善が完成されて充実するものであり、また究極の悪と呼ぶのは、これによって悪が存在しなくなるものではなく、むしろこれによって悪がたえず害し続けるものである。したがって、究極の善悪とは最高善と最高悪のことである」（一九・一・一）。古代の哲学者たちは人間の究極目的に関心をもち、たとえばウァロはその論文『哲学について』の中に二八八の哲学的な見解のリストをあげる。これらの見解は古代の思想家たちによってすべてが説かれたわけではないが、ある者たちはソクラテス以後の学派、プラトン学派のさまざまな区分、アリストテレス、ストア派とエピクロス派の見解を再現する。アウグスティヌスはウァロ、ときおりキケロ、後にはポルフュリオスを根拠としてこの地の国の知的指導者がもっている道徳思想を考察することによって、人間生活の目的に関する見解の多様性が意見の相違を示すと考えた。彼によるとウァロは、もともとはプラトン学派に属していた昔のアカデミア派およびその直接の後継者の倫理的立場を選んだ。それらの見解の多くは目的に関しては根本的な相違を再現していない。むしろそれらは哲学の他の部分の小さな違いにすぎなかった。ところが人間生活には三種類の明瞭な区別がある。それは、①閑暇的生活、②活動的生活、③両者の結合した生活である。だが、これらの生活のいずれも実行してみると、間違いなく人間的な幸福をもたらさないことが判明する（同二）。

そこでウァロは、人間の究極の目的を学問的に確証する方法でもって、人間とは何かをまず決めなければならないと判断した。その目的は「木」の目的や「牛」の目的とも、さらに「神」のような力ある指導者の目的とも相違する。それは道徳的な哲学者が追求すべき人間の最高の善である。そこでウァロはプラトンに従って、人間は身体と魂という二つから成る自然本性であると定めたが、魂の方が身体にはるかに優れているとする。そこで人間は単に魂であって、騎乗者がその馬に関係するように、魂が身体に関わっているかどうかを考察した。[9] そこからウァロは「人間は魂だけでも、身体だけでもなく、魂と身体が同時に人間であることを認める」（同三・一）に至った。それゆえ人間の究極の目的は身体的善と精神的善の双方を含んでいる、と彼は考えた。ところで徳が最大善ではあるが、それが身体と魂の幸福に必要な他の善いものによって伴われていなければならないと彼には思われた。ここで言われる「その他の善いもの」とは、人間が社会の中で家族と一緒に生き、市民に付き従い、他のすべての人と共に神々にも従うということである。賢明にして幸福な人は、懐疑的な新アカデミア派のように、究極的な善と悪についての懐疑によって悩まされることなどあり得ない。哲学者たちはまた純粋な観照の生活、もしくは実践的な生活よりも、（心身の）混合した生活の方が優っていることで意見が一致していた。

⑵ 神の国の平和と幸福

このような考えは地上の生活に対する異教の哲学者ウァロの見解であって、それは地上の国の人にとっての最高善である。だが、神の国はこれらのことについて何を考えているのか。それに対してアウグスティヌスは、天上の市民たちがそれとは全く相違した態度、もしくは道徳的な地平をもっている点を強調する。次に、彼は幸福についての純粋に哲学的な定式を部分に分けて批判する。神の国は「永遠の生命が最高善であり、それに対し永遠の死は最高悪である」（同四・一）と言う。彼によると天上の市民は現世には真の幸福を期待しない。それに反して地上の民は現世的な幸福だけを探し求める。このことは神の国を理解するのに最も重要な視点である。神の国に属する社会は地上の民をその構成員としてもっていても、その最も重要な目的は地上の幸福を確保することではない。偉大なるキリスト教国の建設計画をこの世に置いてみても全く意味がない。また、個別的に善なるもの、たとえば健康・身体の力・魂の知識と徳は、現世においては幸福を完成させることができない。純粋に自然的な諸徳である節制・知恵・勇気・正義の四元徳といえども魂の優れた所与ではあっても、自然の生活領域だけを見ても、これらの徳は積極的な幸福をもたらさない。それらはせいぜい地上の生活の悲惨に逆らって人が雄々しく戦うようにするにすぎない。真の幸福は「真の敬虔に従って生き」、その実現を希望することであると彼は説く（同四・五）。

人間の生活が社会的でなければならないことは真実であっても、地上での人間生活には多くの諍《いさか》いや悲しみが伴われている。「それゆえ、この悪しき世における人類の共通の避難所である家庭がもしも安全でないとしたら、国家はどうであろうか」。それは規模が大きいだけ争いに満ちており、崩壊の危険から免れてはいない（同五）。国家での回避できない苦難の実例として、古代ゲルマン民族の裁判で行使された拷問のさまざまな形式が検討される。その間違った裁判は悪人と同じく善人をも罰したりした（同六）。さらに自然的な社会は最高善を実現するために妨げとなるものが多く、言語の多様性にもそれが認められる。また平和を口実にして戦争や殺戮が繰り返された（同七）。なお、「神々の友」であることを通して人間が幸福を見出すという提案も検討される。ここで「神々」と呼ばれているものはキリスト教徒たちによっては天使と呼ばれる。天使たちの社会は素晴らしいように思われたが、アウグスティヌスはこの世では天使たちと親密に交わることが不可能であることを想起させる。わたしたちには天使たちのことが少しも知られていない。彼らのある者は悪くて、人間の良い相手ではないし、地の国の哲学者たちが悪魔と交際して害を受けていると確信をもって語る（同九）。

(3) 平和は人間の諸関係の秩序にある

ここから転じてアウグスティヌスは、平和を人間が有する諸関係の秩序の中に求める（同一一―一二）。その際、彼は平和を「秩序の静謐《せいひつ》」（tranquillitas ordinis）によって定義する。その意味は、秩序によって万事が穏やかに治まっていることを言う。彼によると身体の平和はその部分の秩序ある調和であり、魂の平和は欲求の秩序ある静まりである。また「身体と魂との平和は生物の秩序ある生命と安全である。人間と神との平和は永遠法のもとでの信仰における秩序ある服従である。人間の平和は秩序ある和合である」（同一三・一）。さらに家や国の平和は命令する者と服従する者との秩序ある和合である。なお「天上の国の平和は神を享受する者と神において相互を享受する者との、最も秩序あり最も和合した静けさである。すべてのものの平和は秩序の静謐である。そして秩序とは、等しいものと等しくないものとにおのおのその場を配分する配置である」（同）。

すべての人はこの平和をこの地上においても望んでおり、これを欲しない者は一人もいない。盗賊でさえ自分のために仲間との平和を求め、戦争でさえ平和を求めてなされる。そこには支配する者と服従する者との秩序ある和合が求められる。このように社会に不可欠なのは秩序であって、それは厳密に次のように定義される、「秩序とは、等しいものと等しくないものとにおのおのその場を配分する配置である」（Ordo et dispariumque rerum sua cuique loca tribuens dispositio）と。社会の構成員は皆同じ状態を享受していないかもしれないが、それでも社会の全体は平和を保つことができる。それが正しい秩序である。共同体の正しい秩序は或る人が支配し、他の人がそれに従うことを要求する。しかし、このような人たちはその地位に由来する権力や高慢によって治めるのではなく、憐れみと義務でもって権威をもって管理すべきである、と付言される（同一四）。社会的な自由は市民がすべて平等な階級であることから成り立っていない。奴隷ですら道徳的には自由である。それゆえ快楽の奴隷となるよりも人の奴隷となるほうが優っている（同一五）。ここで言われる快楽の奴隷というのは、自然状態から生まれたものではなく、罪から生まれた状態である。この意味で社会的な奴隷状態は道徳的に正当化できるかもしれないと彼は結論を下す。

(4) 地上の平和と永遠の平和との相違

地の国に属する人は、地上の平和をこの世の生活に属する事物に求め、人々の間に支配と服従の秩序を目指す。他方、神の国に属する人は、この世にある限りは、死すべき生命に属するものを寄留者として使用し、地上の平和も必要なものとして用いる。地の国が目指す地上の平和は、神の国が求める永遠の平和とは全く相違する。二つの社会は市民としては地上では一緒に生きており、ともに政治的自由と秩序を維持しようとする。したがって天上の市民たちはこの世に滞在する間は、地上の国家の法律に従わねばならない。そこには高い信仰と希望が必要である（同一七）。合法的に組織されたどんな国にも何らかの正義は存在する。国民《くにたみ》（populus）の厳格な定義に固執するなら、人々による真の共同体だけが神の国である。しかし「国民とはその愛する対象への共通な心によって結合された理性的な多くの人々の集団である」と見なすならば、ローマ共和国、ギリシア人の国家、エジプトやアッシリアの帝国はすべて合法的に設立された国民である。もちろんそのような人々の目標が高ければ高いほど、国家や社会のランクも高い（同二四）。

一般に膾炙されたアウグスティヌスの言葉に「異教徒の徳は輝かしい悪徳である」がある。しかしこの言葉は実際にはどこにも見あたらない。それは恐らく次のような意味であろう。徳が総じてそれ自身のために求められるならば、「真実で高貴であると考えられるが、そのときでも徳はふくれ上がった高慢となっているがゆえに、徳ではなく悪徳だと評価されるべきである」ということである（同二五）。このように神から離れて生きようとする人々は、悲惨であって、地上において平和に生きようとしても、それを実現できず享受できない。なぜなら自然の能力がすべて悪いからではなく、人間が堕落したために自然が悪化しているからである。したがって彼は地上の国家には何も善いものがないと考えているのではなく、ちょうど個々人が道徳的には、善悪から中立的に、善をも悪をも選ぶことができるように、国家もより高い目的かより低い目的かを選ぶことができると考える。そしてもし国家が、地の国が行っているように、より劣った目的を選ぶなら、その選択が劣っている限り、完全な幸福を実現することを希望できない（同二六）。人間は自然本性的に悪ではないし、人間社会も自然本性的に悪なのではない。人間の善悪を決定しているのは個人や人々の意志である。こうして彼は「この神の国に属さない者には第二の死と呼ばれる永遠の悲惨があるであろう」（同二八）と断定を下す。

第二〇巻

ここでは最後の審判が考察される。神の国の終局には、天において永遠の至福である最終の平和が実現するであろう。他方、地の国の終局には、意志と情念との、苦痛と本性との争いという永遠の悲惨が残るであろう。神は絶えず裁いてはいても、キリストが天から降ってきて生ける者と死せる者とを裁くであろうときがやってくると、聖書は証言する（二〇・一）。キリストが歴史を終局へ向けて審判すべく到来するとき、それが最後の審判の日である。このキリストが裁きの到来と死者の復活をもって到来すること、今は混在している二つの国の民が永遠に分離されることを、彼は預言した。この復活は、今の時に起きている信仰による罪人の魂の復活ではなく、祝福か呪いかに至らせる身体の復活である。ヨハネ黙示録によると、聖徒たちがキリストとともに支配するその王国は、麦とともに毒麦も抱えながら一〇〇〇年間続き、その終わりに、三年あまりにわたって激しい迫害が到来する、それに耐えてから審きの時となる。アウグスティヌスはこの千年王国を今ある教会であると理解する。聖書のテキストと最後の審判が来る日についての推算の詳細な説明をここでは省略したい。このことがアウグスティヌスによって慎重に考えられていたことは事実である。ミレニウムや千年王国についても多く語られる（同五―七）。彼はこの一〇〇〇年の期間を字義的にではなく神秘的にとる傾向にあったといえよう。

このように二つの国に関与する限り、最後の審判は、二つの国にとっては、それが最後には人々を分離するがゆえに、重要であった。キリストは善人を悪人から分かち、至福か悲惨かへと追いやる。『神の国』の残りの二一巻と二二巻は、地の国の市民の処罰と神の国の成員に対する報償がそれぞれ扱われる（同三〇）。

第二一巻

この巻の唯一の目的は、悪魔とそれに属する邪悪な者たちが断罪されて受ける永劫の罰と地獄の恐ろしさを詳述することである。最後の審判によって地の国の民は永遠の火の中に投ぜられ、その火と苦痛でもって罰せられる。この罰は地上での罰とは相違し、矯正や浄罪が可能な一時的なものではない。人が神を捨てたということは、永遠でありうる善を自らの手で失ったことであり、永遠の罰がそれに相当する。こういうことを信じるよりも、祝福された者が永遠の幸福を享受することを信じるほうが簡単であると言う（二一・二）。人間の身体が無限に続く火に耐えられないことからこの教義に対する反対が起こってくる。それに対してアウグスティヌスは火の中や非常に熱い水の中で生息している動物の事例を指摘することで反論を開始する。熱い泉の中で生息している蛆虫がいる。これを掴む手がやけどしても、この小さな蛆虫は害されることなく生きていると彼は言う（同二）。プリニウスの博物誌によるとシキリアの火山が燃え続けても、サンショウウオは生きている（同四）。アウグスティヌスはカルタゴにいたとき料理されたクジャクの胸から一片の肉を取って、保存し三〇日が経過しても元の状態とほとんど同じ状態であったし、それがさらに一年間経っても腐敗しないで、少し乾燥し縮まったにすぎなかった、と言う（同）。こうした経験と観察はとても興味深い例証であるといえよう。それは博物誌に多く記されている。なかでも石灰やダイヤモンドの話は興味深い。また詐欺師や悪魔の力、さらに魔術家によっても驚くべきことがなされうる（同六）。こうした物理的自然の奇跡の報告を彼は信じてはいないと注意深く説明する（同七）。問題の核心は、自然史からのこのような物語を受け入れようとしない人たちが火による罰の可能性を認めない点にある。もし人々が理性の力を超える事物を信じようとするならば、少なくとも地獄の可能性を認めるべきである。彼は地獄の罰の性質を論じて、断罪された者は身体的にも霊的にも害を被るであろうという意見を示そうとする（同九―一〇）。そしてそのような罰はいつまでも続くと説き明かす（同一一）。

さらに続けて、次のような諸点が検討される。すなわち、どのような罰も永続しないという考え、最後の審判における聖徒たちの執り成しの可能性、異端者でもキリストを信じればその罪が赦されるのか、受洗後に犯した罪、邪悪な生活を続けている信徒、聖徒たちの祈りの効力、サクラメントの特権などである。その際、アウグスティヌスは祈りとサクラメントの大いなる効果を認めながらも、これらの救済の手段は、人間が罪を犯しても罰を受けないというような全権を与えはしないと答える（同一七―二七）。これらの議論は罪を犯すと罰がめぐってくるというギリシア的な応報観念に基づいている。そこにはまた聖徒たちの祈りの効果や、罪の罰をすべて赦す聖餐や洗礼の力に対する信仰を人々がもっていたことが示される。また、それはカトリック教会の信仰をもちながら死んだ人がすべて、また施しをした人がすべて救われるという聖書の明白な約束に基づいている。だが、アウグスティヌスはこのような考えを採り上げていても、カトリック教会の信者であっても最後の救いが保証されているわけではない、と言明する（同二一、二六）。どんな信仰を告白するとしても、悪人はこの巻に書かれている地の国の民なのである。

第二二巻

最終巻は、永遠の至福と霊的な新生について語る。ここでは神の国の幸福な終末について述べ、悪人が永遠の罰に定められているように、善人は永遠の至福を享受する報いを得ることになる（二二・三）。人間の身体も、魂と同じく天の永遠の幸福に与るであろう。異教世界の学者やある知者たちは、人間の身体が天上の生活に昇っていくのを信じることができなかった。しかし、このことは決して全能の神の力を超えたことではない、とアウグスティヌスは論じる（同四―五）。純粋に霊的な存在が天から降ってきて、地上の身体と親しく結びついて住まうようになることは信じられないことではない。そうはいっても、それは厳密にはそれぞれの人間の魂と身体とが結合するときに起こることである。人間の身体の復活も歴史的な前例がないわけではない。それは信仰の問題と同じく歴史的明証性の問題である。キリストの地上の身体が天に昇っていったことは、知者もそうでない者も共に信じることができる問題である。このことは全世界の至るところで説教され、かつ、信じられている。それは多くの証人たちによって証言されている。また、それは無数の殉教者の血とキリストの神性を証明した無数の奇跡によって確証される（同五―七）。

これらの奇跡はキリストの地上の生涯でもって終わらなかった。アウグスティヌスは今でも彼の時代に起こった二五の奇跡について彼自身が証言し、報告する（同八）。たとえばキリストの力によって、また聖徒たちの執り成しによって、盲人たちが見えるようになったこと、癒しがたい痛みと病気が夜の間に消えたこと、中風の者と異常な形の人たちが健全になったこと、悪霊でさえそれが憑きまとった人たちから投げ出されたこと、また死人が甦ったこと――これらの驚嘆すべき出来事がミラノとカルタゴで起こったが、その多くがアウグスティヌスの教区の近くでも起こったようである。これらの奇跡の実現にアウグスティヌス自身が関与した役割は記されていないが、同時代の多くの人々は彼を真に聖なる人であると見なした。少なくとも彼がある司教に言及している一つの事実があって、その人の祈りには若者から悪霊を追い出す効果があったと言う。その場合、アウグスティヌスが謙虚になって彼自身をその司教の名前で呼ぶことを控えたのはありうる（同八）。これらの奇跡のすべては、キリストの身体の復活と昇天を教える信仰の可信性と真実性とを証言する、と彼は論じる（同九）。

続く章節は、復活後の栄光を受けた身体の状態についてのさまざまな見解を扱う（同一一―一七）。誕生する前とかその後に亡くなった子供の身体の昇天、また老人と障害者の昇天と関連する多くの問題をアウグスティヌスは認める。ある人たちは女性が男性の性となって昇天すると考える。救われた者は、その死が起こったときの身体ではなく、すべて最初に受け取っていた身体をもつであろうと言う。それが成熟する時期は約三〇歳であって、この時期にはキリストは活力に満たされていた（同一五、一七）。だが女性の性は最終的な復活後に変えられると彼は考えていない。

しかしながら「キリストの身体が完全な成人男性に、キリストの完全性が成熟した規準にまで形成される」（エフェソ四・一三―一四）というパウロの叙述にはいっそう高い意味がある。アウグスティヌスはカトリック教会がキリストの神秘的な身体《からだ》であるという教えを熟知していた。第二一巻ではキリストの身体は「肢体であるキリスト教の組織」を意味し、それは神聖なる聖餐のサクラメントの実りに与ることによって成立すると説かれていた（二一・二五）。今やこの最終巻でアウグスティヌスは、神の国に属する人たちの喜ばしい定めがキリストの身体の完全性を真実に分有するすべての人々に事実属していることを、明らかにする（二二・一八）[10]。

次いで彼は、罪を犯した人類に多くの悲惨が起こっている事実を詳細に語ってから（同二二―二三）、創造者にして保持者である神の憐れみがいかに大きいかを説き明かす。たとえば人間の魂について次のように語る。

> 神は、人間の魂に精神（mens）を与えられた。精神を座とする理性（ratio）と知性（intelligentia）とは、……真理を認識し善を愛する能力をもつようになる。精神はその能力によって知恵を吸収し、徳をそなえ、思慮と勇気と節度と正義とに従って生き、誤謬その他の生まれながらにもつ悪徳と戦い、ただ神の至高にして不変なる善のみを希求することによってのみ、それに打ち勝つのである。たとえこれに失敗することがあったとしても、このような善を受け入れる力は神によって理性的存在者のうちに据えられたのである。その善のいかほど大きいか、全能者のわざのいかほど驚くべきかを、ふさわしく語りまた熟慮する者がだれかいるであろうか（同二四・三）。

さらに人間の霊（spiritus）について「（魂的な身体でまかれ、霊的な身体に甦る）との言葉が成就するとき、身体においてもまた霊的となるであろう」（同二一）と言われる。そのためには人間は霊的に誕生しなければならない。「使徒は、人間が敬虔と義に従ってかたち造られる霊的誕生（institutio spiritualis）を、このような肉的誕生になぞらえて述べている。〈たいせつなのは植える者でもなく、水を注ぐ者でもなくて、成長を与える神である〉（Ⅰコリント三・七）と」（同二四・二）。彼はこの観点に基づいて七つの発展段階を述べる[11]。しかし彼が強調したのは、真理の認識と善への愛に向かって段階的に昇ることが、知恵と諸徳を身に付けて神の至高にして不変なる善を強く欲求することで実現すると見なした点である。これを可能にしてくれるのが「霊的な誕生」である。そのときの霊の状態を彼は「身体（corpus）があらゆる点で霊（spiritus）に従い、これに十分養われて他の栄養を少しも必要としなくなるとき、その身体はいかほどすぐれているであろうか。それは肉の実体をもちながらも肉的な壊敗がまったくなく、魂的ではなくて霊的になるであろう（non animale ,sed spritale erit）」（同二四―二五）と語る。

こうして人はこの世のすべての美しいものを楽しみ、素晴らしい芸術と科学の偉業の美を楽しむことができる。また人は神の恩恵によって霊的生活と成長に値し、やがて永遠の生活の祝福を享受するようになる。ポルフュリオスは、魂が真に幸福となるためにはその身体を去らねばならないと考えた点で間違っていた（同二六―二八）。プラトンは、「エルの神話[12]」で身体がその将来の生活において魂に伴われている姿を描いたとき、真理にいっそう近づいていた。

しかしながら異教の哲学者は、至福な直視（visio）の観念にまで昇ったことがない。この至福な直視こそ天上における聖徒の生活の本質的な特徴である、とアウグスティヌスは説く。それは「顔と顔とを合わせて」成立する神を観ることであって、魂の最高の部分のわざである精神的な直観を含意する。しかし彼は、聖徒たちの身体の眼が強化されて天上の事物を見ることができることがあると考える（同二九）。天における聖徒たちの祝福された国には、さまざまな段階があるであろう。彼らは神の讃美においてはすべて幸福であるが、すべてが等しいのではない。ここで再びアウグスティヌスは身体の諸部分が等しくないこと、および部分が全身体の平安を共通に分有している事例を用いる。こうして彼は天上における祝福された者の不等性が妬みの源にならないで、より大きな幸福の源泉となる、と説明する（同三〇）。たとえば自由意志についてはこう言われる。

意志は罪を犯す喜びから解放されて、罪を犯さないことの喜びへと強く向かう時のほうが、いっそう自由である。というのも、人間が最初に正しく造られた時に与えられていた最初の意志の自由は、〔一〕罪を犯さないことができる能力であった。しかしそれは〔二〕罪を犯すこともできたのである。だが最後に与えられるそれは、〔三〕罪を犯すことができないという点で、はるかに力あるものである。これもまた神の賜物によるのであって、人間本性の可能性によるのではない（同三〇・三）。

ここには彼の人間学的な三段階説の全体像が見事に表現されている。[13] そこには自己についての知的な記憶も欠けてはいないであろう。そのような能力は、感覚記憶が失われても、存続するであろう。これが大作『神の国』の末尾に残された高揚した調べである。人間の歩みは全人類的な視野から考察されている。こうして不安な魂は安息に導かれ、回心から死に至るまで探求し、憧れ続けた、天上の平和にやがては到達するようになる。

注

（1）このことはすでにアウグスティヌスの『創世記逐語注解』であらかじめ説かれており、光を闇から区別したことが二つの天使たちのグループの区別をある仕方で再現していると考えるようになった。アウグスティヌス『創世記注解』一一・一五・二〇、『アウグスティヌス著作集17』片柳栄一訳、教文館、一九九九年、六五―六六頁を参照。

(2) 詳しくは本書第六章を参照。

(3) オロシウス『世界史』七・四三参照。

(4) アウグスティヌスの人間学については本書の第一〇章「人間学の三段階」を参照。

(5) 詳しくは本書九六―九七頁における『神の国』二二・二四―二五に関する説明と本書第一〇章「人間学の三段階」を参照。

(6) C・ドーソンほか『アウグスティヌス――その時代と思想』服部英次郎訳、筑摩書房、一九六九年参照。たいていの古代中世史家は単なる物語作家である。彼らの年代記は一連の出来事から成っており、過去に対する好奇心を満足させようとして物語ったものである。アウグスティヌスの世界史の概観はそれと全く違っている。彼は過去の出来事を自己自身の生命哲学の光に照らして解釈しようと努めた。徹頭徹尾彼は自分の命題「時間を通しての人類が歩んだ道は、つねに二つの国、地上と天上の国の進展に分割される」を主張する。

(7) 本書第九章四節を参照。

(8) 「時間の秩序」については本書第七章を参照。

(9) プラトン『ファエドロス』二四六以下を参照。

(10) この教えは詩編の説教で次のように説かれた。「わたしの兄弟たちよ、身体の各部分でいかに各々がそれ自身の機能をもっているかを見なさい。……すべての構成員が身体の統一において協働するとき、すべてはこのように働いています」。わたしがペトロのしたように死人を生命に甦らせる奇跡を実行できなくとも、それは耳が見えないのと同じである。「しかしペトロはこれらのことをわたしのためにもしてくださいました。なぜならわたしはペトロが行ったと同じ身体の中にあるからです。わたしは彼と離れていませんから、彼ができたことを行うことができます。わたしが少ししかできないと、彼はわたしと一緒に苦しみます。わたしがもっとなすことができると、わたしは彼と一緒に喜びます」(『詩編注解』一三〇・六)。

(11) 「こうして神は、①人間の魂(anima)に②精神(mens)を与えられた。精神を座とする理性と知性(ratio,

intelligentia）とは、子どもにあってはまだ眠ったままで、いわばないに等しいのであるが、年齢が進んでくると目覚め、大きくなって知識と教えとを受け取ることができるようになり、③真理の認識（perceptio veritatis）と④善への愛（amoris boni）をもつようになる。精神はその能力によって⑤知恵（sapientia）を吸収し、⑥諸徳（virtutes）をそなえ、……ただ⑦神の至高にして不変なる善のみを希求すること（desiderio boni summi atque inmutabilis）によってのみ、悪徳に打ち克つのである」（二二・二四・三）。

（12）プラトン『国家』一〇・六一四―六二一。

（13）本書第一〇章にこの三段階説は詳論されるので、それを参照。

第四章　ローマ世界の社会的・宗教的問題

はじめに

　ここでは本書の第二章と第三章で概略を述べるに留まった問題の中から、歴史や思想史で重要な意義をもつ社会的・宗教的な問題点に立ち入って考察したい。それに先だって古代ローマ社会の成り立ちを、古代ギリシアとユダヤの往時に遡って概略を述べておきたい。

　キリスト教は古代ローマ帝国の属州であったユダヤに誕生した宗教であった。ローマは都市国家から最大規模の帝国にまで発展し、法による秩序を保った社会となって世界を支配した。それもローマ建国史をひもといてみると明らかなように、最初はイタリアの一都市から次第にその勢力範囲を拡大していった。その起源まで遡るとローマはアテナイと同様、多くの古代都市の一つであって、周囲が数キロメートルにすぎない都市国家であった。そこには何よりも共通の血縁・地縁の絆で結ばれた人びとが住みついていた。この都市国家の成立に関してフランスの古代史家クーランジュはその名著『古代都市』で古代都市の興りを家族から都市に至る発展過程として捉え、その上で古代社会の特質を指摘している。これを参照して述べてみよう。

　紀元前二〇〇〇年のギリシア人の生活は半遊牧民のそれであり、血縁的な祭儀団体をなして営まれた。ホメロスの描く家庭生活の有様は夫婦・子供・召使からなり、家庭をそれぞれもちながら家族は「共同の竈」による祭儀的統一を保っていた[1]。この家族宗教は家族が他の家族と混合することを禁じながらも、各家族が自分の宗教を犠牲にすることなく共通の祭祀を営むために集まることが可能であった。そこで家族が統一されて「氏族」（フラトリアつまりクーリア）を結成した場合には、家族神とは別のすぐれた神を立て、氏族統一の支えとした。また氏族が集合して「部族」（トリブス）を形成するときも、部族が連合して「都市」（ウルブスからキウィタスまで）を構成するときも、事情は同じであって、ここからギリシアの多神教の由来が理解できる。こうして「数個の家族が氏族をつくり、数個の氏族が部族をなし、さらに数個の部族が都市を形成したのである。したがって、家族、氏族、部族、および都市はどれも全く類似した社会で、一連の結合によって順次に上位のものの母体となったのである[2]」。そこでこの都市国家の特質を考えてみよう。

1　都市国家の特質

この都市は国家として絶対権を行使したため、古代人は個人としての自由を全く知らなかった、とクーランジュは次のように語る。「都市は宗教に基づいて建設され、まるで教会のように構成されていた。都市の力はそこに始まり、またそこから都市の全能性や市民の上に行う絶対の主権も由来した。このような原則の上に立てられた社会には、個人の自由はあり得なかった[3]」。このように、古代社会においては、人間としての自由は一般には認められていなかった。身体も精神も、衣服も教育も自由を奪われていた。子供も国家のものであり、国家の利益に反する人物は「陶片追放」によって国外に放逐される予防策さえとられた。ローマでは国王になろうとの意志をもっている者を殺害できる法律さえ作られた。「国家の安寧が最高の法律である」との格言は古代社会に生まれたものである[4]。宗教も国家を統制するために使用されており、進んでは国家自身が疑似宗教の特質を帯びていた。そこには「閉じた社会」（ベルグソン）の特徴が明らかに露呈された。それゆえソクラテスは心に語りかける神を信じて疑わなかったとしても、国家公認の宗教を認めない無神論者として処刑された。古代社会においては宗教は民族を統合するために制定され認可されたものであった。

しかし、古代社会において宗教が国家によって利用されたのには理由があった。ニーチェが指摘したように、人間は漂泊的であり、気ままで移り気であって、古代人が社会秩序を樹立することはきわめて困難であった。実際、個人を公共の理性に服させるためには、物質・利害・哲学・因習よりも強固で不変な力に頼らねばならなかった。それこそ信仰の力に他ならない。クーランジュによると信仰は人間の自由な発意から生じたものであっても、超人間的な力を発揮できる。(5) たとえば、アテナイは共通の神としてアテナ女神を選び、女神を祀る神殿をアクロポリスの丘に建てた。しかし、このように部族が共同の信仰をもって統合せざるを得なかったのは、共同防衛の必要という軍事的要因にあったというべきであろう。確かに都市国家のあいだには絶えざる闘争が繰り返され、無数の国家が割拠して対立しており、ペルシア戦争では一致団結して外敵に当たったが、やがてペロポネソス戦争が起こって、ポリスは相互に戦い、刺し交えて壊滅した。したがってポリスは防衛組織でありかつ宗教組織でもあったと言ったほうがいっそう適切であろう。その際、他民族の征服によって大きくなっていったポリスは、征服者のみが市民権を獲得し、他方経済的理由で拡大していったポリスは、全市民によるデモクラシーに向かった。前者の代表がスパルタであり、後者の代表がアテナイであった。だが、後者はむしろ例外であり、主たる傾向は前者の形態であった。それでもやがて少数の市民による貴族政体から僭主政体を経てデモクラシーに移行していった。(6) また、征服によって市民権を得た少数者は被征服民を奴隷とし、経済的有力者は破産者を奴隷にした。このような奴隷制に立ったギリシアの政治は少数の自由な市民権をもった者だけが国政に参加するという特質をもち、デモクラシーもそのような市民の間で実現したにすぎない。

ローマもこのような都市国家の一つであったが、次第にその支配を拡大していって帝国の規模にまで発展したが、その本質においては都市国家の特質を保っていたのである。

2 イスラエル民族とイエスの「神の国」思想

次にわたしたちはもう一つの古代社会の形態に注目したい。そこでの民族の成立となる部族連合には、ギリシアのポリスと同じく軍事的要因が重要となっているには違いないが、新しい唯一神を立てて部族が連合したのは、強力な神によって統合する以外には生存の余地がなかったからである。そこで、この点をイスラエル民族のもとで考察してみたい。

宗教による部族連合はギリシアのみならず、イスラエル民族の成立においても認められる。モーセによるシナイ契約の記事は歴史以前の伝承にすぎないとしても、ヨシュアによるシケムの契約は、シナイ契約の更新という形式をとっているが、歴史性は高いといえよう。(7) その際、イスラエルも古代社会と同様に家族から氏族、氏族から部族へ拡大してきたが、エジプトから逃れてきた部族とイスラエルの地に残留していた農民の土地所有者の部族とが契約を交わして民族を結成した。ヨシュア記では部族がすでに諸都市と村々から成立していた。(8) このパレスティナの山地に広がった小家畜飼育者からなる部族は、士師、裁き司といったカリスマ的指導者によって導かれていたが、ダビデのような強力な王の出現によって一二部族の国民的統一が達成され、部族連合が国家として実現するようになり、都市エルサレムの支配が確立された。その後、国家的危機と苦難の時に登場した預言者たちの活動によって唯一神への信仰は、イスラエル民族の枠を超える全世界を支配する神にまで高まり、契約は地上の部族間の取り決めをはるかに超えて神と人との永遠の関係にまで達した。

ギリシア・ローマの多神教とは相違して、イスラエル民族の場合にはヤハウェという唯一神による宗教連合が結成されたため、現実の民族と国家とが超越神によって審判される思想が預言者たちによって説かれた。ここから民族を超えた超越的な「開かれた社会」(ベルグソン)が誕生した。(9) この預言者の系列に属するものとしてイエスが登場し、「神の国」という新しい人格共同体を創造した。アウグスティヌスのキウィタス学説はここに淵源する。

イエスの「神の国」運動は、メシア（ヘブライ語で「油を注がれた者」の意、ギリシア語では「キリスト」と訳される）待望の政治運動と誤解されたが、そこでの「国」（バシレイア）は地縁・血縁的なものでも、政治的な運動でもなく、どこまでも「支配」を意味する純粋に宗教的な運動であった[10]。

キリスト教は宗教の衣を纏ったプロレタリア運動とか奴隷の蜂起といったものではなく、また時代の社会情勢に直接その起源をもたず、むしろ古代の宗教運動全体から理解すべきである。それはイエスの説教と新教団の形成から確証される事実である[11]。さらに国家にとって重要な問題である奴隷について言うと、奴隷たちが教会内で盛んに活躍してはいても、そこに社会改革的な性格は見られず、彼らがそこで兄弟としての承認を進んで求め、それを得たことが知られる[12]。

なお、初代教会の共産的生活についても特別な政策がそこにあったわけではない。聖書には「信じた人々の群れは心も思いも一つにし、一人として持ち物を自分のものだと言う者はなく、すべてを共有していた。……信者の中には、一人も貧しい人がいなかった。土地や家を持っている人が皆、それを売っては代金を持ち寄り、使徒たちの足もとに置き、その金は必要に応じて、おのおのに分配されたからである」（使徒言行録四・三二―三五）と記されている。この生活形態を、他の共産主義と区別してトレルチは適切にも「宗教的愛の共産主義」と呼んだ[13]。それゆえキリスト教の社会的な意義は「キリスト教のお陰で、人間が人間としてすべて自由であり、精神の自由が人間の最も固有の本性をなすものであるという意識に達した[14]」というヘーゲルの言葉でもって要約されるといえよう。

3　アウグスティヌス時代の社会構造

古代社会の国家学説との関連でアウグスティヌスが説いたキウィタス学説はどのような意義をもっているのか。ローマ社会全体の構造は考察するにはあまりに大きな問題であり、不可能であるから、ここではアウグスティヌスの生活に即していくつかの点を考えてみたい。古代社会成立のときに述べた民族の土台となった「氏族」はクーリアまたはクリアーレスと呼ばれていたが、これが時代が変わってその内実が変化してはいても、アウグスティヌスの父パトリキウスが従事した都市参事会員と同じ名称であった。しかし、その内実は全く相違していた。[15]

ローマの行政長官を経由してミラノの司教となったアンブロシウスが貴族という高い社会層の出身であったのに対して、アウグスティヌスは没落しつつある中産社会層から出発した。彼の父は小土地所有者であったので収税請負人たる都市参事会員クリアーレス（curiales＝市会議員）の職に就いていた。経済的に疲弊した町の状態は惨憺たるものであったらしく、そこで徴税に携わる仕事は耐えがたいほどの苦痛であったに相違ない。また、彼の家族名アウレリウスはその祖先が二一二年の有名なカラカラの勅令によってローマ人に帰化したことを推定させるもので、この勅令のことは『神の国』で意義あるものと解釈されている。北アフリカのローマ化はその先祖の家名のラテン語への変更にも現れているが、その出自がヌミディアのバーバリ族に属していたことを示している。しかし、ローマへの帰化人たちはやがてラテン語を母国語とする「アフリカのローマ人」として法律的にも文化的にも認められた（『神の国』五・一七―二〇参照）。こうした条件は当時の社会ではいくつかの出世の可能性を秘めていた。[16] それゆえ異教徒であった彼の父はその息子を立身出世させるため多大の犠牲を払っても教育しようとした。それは同時にこの悲惨な階級から脱出させるためでもあった。というのはローマからの租税や賦役の増加が通達されるとクリアーレスは農民にその負担を転嫁できない場合が起こってきて、それが耐え難い重圧となったからである。これが経済的な困窮を生み、アウグスティヌスの父は『告白録』に記されているように、その息子の教育費を調達できず、タガステの大土地所有者ロマニアヌスの経済的な援助に頼らざるをえなかった。このことはアフリカが富んでいたのはその一部の富豪にすぎなかったことだけでなく、社会構造が大きく変化していったことをも示している。

このクリアーレスは四世紀に入ると徴税の組織的効果を上げるために、官僚の統制下に置かれ、身分を世襲化する措置が執られ、任務を遂行するように監視された。こうして土地に縛られた状態から脱出することが困難となり、わずかに教師・医者・聖職の道だけがそれから脱出する道として残されていた。そうでない場合には下層階級である小作人(coloni)へと転落せざるをえなかった。こうして小土地所有者であった都市のクリアーレスは没落していき、それに替わって私的大土地所有階級からなる社会へと移っていった。その結果、国家官僚からクリアーレスへ、さらにそこから小作人へ繋がる三重の社会構造から、私的な大土地所有へ、さらには荘園制へと移行し始める。これがクリアーレスの最後段階であった[17]。

これに加えてもう一つ大きな変化を見逃すわけにはいかない。クリアーレスの身分から脱出し、高級官僚の道を目指していたアウグスティヌスにはミラノ滞在の時期(三八四年秋―三八七年秋)に大いなる転換が待ち受けていた。それまで彼は異教徒であった父の願いに従い古代文化の伝統に根を下ろした社会的栄達の道を歩んでおり、その実現も間近に迫っていると思われた。しかし時代はすでに大きく変わり始めており、キリスト教の勢力は新しい時代を創造し始めていた。この変化はミラノではアンブロシウスによって象徴されていた。彼はローマ帝国の地方長官から転じてミラノの司教となった。アウグスティヌスはこの人物と出会い、異教からキリスト教への一大転換を経験した。彼は社会的栄達の道を放棄し、信仰の道を歩み始めることになった。

キリスト教会も国家公認の宗教として社会的地盤を強固にし始めており、新しい時代の趨勢に対応して、自己の発展の基礎をこの新しい社会構成との結合に置くようになった。アンブロシウスの例に示されているように高級官僚から司教への転身が起こっただけではない。アウグスティヌスの友人のマルケリウスのように高級官僚自身がキリスト教徒となって教会のために尽力した。なお官僚ばかりではなく、貴族や大土地所有者も教会に加わり、アウグスティヌスが司教となったとき尽力したように、アフリカに移住してきた貴族たちを保護するように努めた。(18) こうしてローマ帝国が衰退していく間に、貴族と教会は提携して互いに保全を図り、帝国の二つの相続者となった。彼らはゲルマン民族によって帝国が蹂躙されたとき、弱体化した国家権力に替わって住民を保護する役割をも果たした。農民は土地と地主に縛り付けられ、農奴化し、職人は世襲の絆に繋がれていた。これに対し彼ら小領主や土豪が地方の治安をはかり、国家に対する対抗力を強め、ついに国家が無数の封土にまで分解されるようになった。このため人々の間には法も権利もなくなり、大衆は領主の意のままに支配された。そこには職業や住所を変える権利すらなかった。(19) このような帝政の終末期にアウグスティヌスは司教として活躍したのである。

4　ローマ社会の道徳的退廃と「幸運」の迷信的支配

わたしたちは前章で『神の国』の概要を学んだが、この大作の骨格を述べたにすぎなかった。その際、詳しく検討できない問題が多くあったが、ローマ世界の現実で見逃せない次の四つの問題点を明らかにしておきたい。第一はローマ社会の道徳的退廃と「幸運」の迷信的支配であり（本節）、第二にウァロの『人事と神事との故事来歴』の詳細な検討であり（第五節）、第三はこの時代に行き渡っていたダイモン崇拝の問題であり（第六節）、第四は新プラトン主義者ポルフュリオスの招神術の問題である（第五節）。

アウグスティヌスは『神の国』第二巻でローマ世界の道徳的堕落がキリスト教以前に広まっていたことを歴史家サルスティウスを証人として説き、キリスト教によってローマ世界に腐敗が始まったという反対論を退ける。

またローマの偉大さはその道徳的な徳の力にあるが、ローマ人は戦争が終わると道徳的に堕落したことを同じ歴史家によって解明する。この説明はきわめて重要な意味をもっているので、立ち入って考察しなければならない。

(1) 歴史家サルスティウスの証言

サルスティウスは「彼ら〔ローマ人〕の間では、法律によらなくとも、正義と善が自然に行われていた[20]」と言ってから、国は王制を廃止したのちに信じられないほどの短い間に勢力を拡大したとして、その時代を讃美している。しかし『歴史』第一巻の冒頭では、国政が王から執政官に移り、それに続く短い中間時代の後、有力者たちが不正をしたこと、またそのために平民が貴族から別れたこと、およびその他の争いが都の中で起こったことを認めている。その理由として彼は、第二次ポエニ戦争から最後のポエニ戦争までの間、ローマ市民は最高の道徳的水準を保ち、かつ最高の和合を保っていたと記述したとき、この望ましい状態の原因はローマ人が正義を愛したことによるのではなくて、カルタゴが健在である限り、平和はあてにならないという心配があったことによるのだと見なした。ところが「しかしカルタゴの滅亡後、争い、食欲、野心、その他一般に順境に際して起こりがちな悪が非常に増大した[21]」とサルスティウスは言う。そこで以前にもこういう悪が生じ、かつ、増大した事態の真相を解明すると説き、彼は、なぜそのように言ったかを説明して言う、「有力者たちの不正、およびそのために生じた平民の貴族からの分離、またその他の争いは、すでに最初から国内に存在していた。王たちを追い出した後、公正と節度のある法律が行われたのは、タルクィニウスに対する恐れがあり、エトルリアとの苦戦が続く間だけであった[22]」と。つまり、外敵に対する恐怖心のゆえにローマ人は良い法律を定めたのだという事態の真相を明らかにしている。

このようにローマの良い時代は短期間であって、それさえ外国人の脅威があったのが善政の根拠であったとサルスティウスは把握している。そこで彼が続いて言っていることにアウグスティヌスは注目するように説いた。

その後、貴族は奴隷を支配するやり方でもって平民を働かせ、その生命と身体とを王の流儀に従って扱い、農地から追い払い、またその他財産の与えられない者たちに対してただひとり権力を有する者として振舞った。絶え間のない戦争と共にこういう苛酷な仕打ち、ことに負債に苦しんだ平民は、納税と軍役とを耐え忍んだが、ついに武装して聖山（モンスサケル）とアウェンティヌムに立てこもり、やっとのことで護民官およびその他の権利を獲得した。これら相互の不和や争いを終わらせたのは、第二次ポエニ戦争であった(23)。

サルスティウスはローマ人を称賛して、彼らの間では法律によらなくても、正義と善が自然に行われていたと述べたが、それに続く時代は彼の言葉を用いれば、ローマは最善最美の状態から最悪の破廉恥きわまる状態へと徐々に変わったと言われる。これは先に彼が指摘したように強力な外敵カルタゴ滅亡後のことである。この時代の様子をサルスティウスは述べ、順境から生じた非常に多くの道徳的悪弊がついに内乱へと発展したと言う。こうして「その頃から先祖伝来の道徳は、昔のように緩慢にではなく、奔流のように急速に低下し、とりわけ青年たちは淫蕩と食欲とによって堕落したので、自ら遺産を保持することも、他人に保持させることもできなくなった人々が生じたのも、当然であった(24)」と述べ、続いて独裁者スラの悪徳やその他国政に関する醜悪な事件について語っている。

このような経過からアウグスティヌスは次のような結論を下す、「きみも知っているように、……天にいますわたしたちの王〔キリスト〕の到来する以前から、あの国が道徳的にどうにもならない悪のたまり場となっていたことを、ただちに洞察するであろう」（『神の国』二・一八）と。歴史の事実が示すのは、このような悪徳がはびこっている状態を彼らの神々が抑止できなかったことであるが、そればかりか神々はこのような悪徳を引き起こし鼓舞さえした、と彼は厳しく追及する。「神々が、このような悪徳を山のように発生させる原因となった想念を、悪意ある奸策をもって人々の心に植えつけたのである。それなのに、なぜ彼らは現在の禍いの責任をキリストに帰すのか」(同)。

このようにアウグスティヌスはキリスト教を弁護するのであるが、その追及の手は当時のローマ社会を風靡していた異教徒の快楽主義的人生観にまで及び、ローマの人々がこれらの神々を拝み、かつ、愛着しており、その非道な恥ずべき行為を模倣することに喜びを感じている者たちも、国政が「最悪の破廉恥きわまる状態」にあることを憂えないばかりか、平然として次のように語っていると主張する。

国家は健在で富み栄え、勝利の栄光に輝いている。さらにいっそう幸いなことに、平和で安定している。それなのに、何をわれわれが心配することがあろうか。むしろわれわれが心配しなければならないことは、日々の浪費をまかなうだけの富を常にふやすことだ。その富によって、強者は弱者を自分に従わせるのだ。貧乏人は十分に食べるために、また金持ちの庇護の下に平穏で無為な生活を享受するために金持ちの言うことをきき、金持ちは貧乏人を隷属民とし、また自分たちの思い上がった生活に仕えさせるために彼らを酷使すべきである。市民は自分たちに役立つ助言を与えてくれる執政官ではなく、快楽を十分に満足させてくれる者たちを賞讃すべきである。……属州の者たちは支配者を道徳の指導者としてではなく、むしろ物質を支配して自分たちに贅沢な暮らしを供給する者として、これに仕えるべきであり、また彼らを心から尊敬しないで、むしろ不正かつ苛酷に自分たちを扱う者として恐れるべきである。……娼婦と遊びたがっているすべての者のために、あるいは、特に自分の資力でそういう女を持つことのできない者たちのために、公娼がたくさんいなければならない。できるだけ壮大華麗な建物を建て、盛大な宴会を頻繁に催し、だれでも自分の気に入るままに昼夜を問わず、遊び、飲み、吐き、ぶっ倒れることができるようにすべきである。いたる所でダンスの足音が鳴り、劇場は野卑なげらげら笑いや、あらゆる種類の残忍きわまる恥ずべき快楽の熱気で沸きかえるようにすべきだ。このような幸福が気に入らない者は、よろしく公共の敵とすべきである。このような幸福を変えたり、取り除こうと試みる者がいたら、それがだれであっても、自由な民衆はそのような者の口をふさぎ、社会的地位を奪い、その生命を取り去るべきである。市民たちがこの幸福を獲得するように骨折り、また一旦獲得したその幸福を保持させる者たちこそ、真の神々と見なすべきである。神々が望むとおりの礼拝をなし、神々が望むような芝居を求めるべきである。神々はその芝居を、自分たちを拝む者たちと共に演じたり、あるいは自分たちを拝む者たちに演じさせることができるのだ。ただ神々はこのような幸福が敵によっても、悪疫によっても、その他どんな災害によっても妨げられないようにすべきである（二・二〇）。

このような国家社会はアッシリア王サルダナパロスの宮殿に比べることができる。そこでは人は昔の王と同じく、快楽に耽溺して自分の墓碑に情欲のおもむくままに呑み込んだものを記して死んで行く、とあるような状態である。アウグスティヌスは、ローマ人たちがこのような王に、以前ロムルスのために神殿を建てたようなことを喜んでするであろうと批判する。

(2) ローマ人の行動原理としての徳と幸運

このような批判からアウグスティヌスはローマ人の行動原理となっていたものが「徳と幸運」であることを指摘する。

草創の頃の古代ローマ人は、彼らの史書が教えかつ承認しているように、ただ一つの例外であるヘブライ民族を除いて、他の諸国民と同様に、偽りの神々を拝み、〔真の〕神ではなくて、悪霊に犠牲をささげていたが、「賞讃を渇望し、金銭に気前よく、名誉とまともな方法で得た富とを望んでいた」[25]。彼らは最も激しく名誉を愛し、名誉のために生きることを望み、名誉のために死ぬことをためらわなかった。彼らは他のもろもろの欲望をこの一つの法外に大きな欲望のゆえに抑制した。とどのつまり彼らは、祖国が〔他国に〕隷属することを不名誉なこと、これに反して祖国が〔他国を〕支配かつ統治することを名誉なことだと考えたので、最初は祖国が自由になること、次には支配者となることを切望し、この目的のために熱烈な努力をことごとく傾けたのである（五・一二・一）。

サルスティウスは同時代の有名な偉人であるマルクス・カトーとガイウス・カエサルとを称賛し、ローマは長い間徳の力では偉大な人物をもっていなかったが、彼の時代ではこれら二人が、性格においては互いに異なっていたが、徳行において卓越していた、と言う[26]。しかしカエサルは力を発揮しうるために、強大な権力、軍隊、新しい戦争を切望し、徳の力で願望したことは、自分たちの力を発揮する機会を得るために戦争に駆り立てられることであった。徳はあったが、それは賞讃への渇望と名誉への欲望によって実行されたのである。カトーもカエサルも徳によって名誉と栄光とを得ようとせず、むしろ陰謀と詐欺とによってそれらのものを獲得するように努めた。そこで同じサルスティウスは「野心という悪徳が〔食欲よりも〕徳の力（ウィルトゥス）に近かった。なぜなら善良な者も卑怯な者も等しく栄光と名誉と権力を手に入れようと熱望するが、前者は正しい道をよじ登るのに、後者は善い技術をもっていないので、陰謀と策略によって獲得しようと努めるからである」[27]。それゆえ徳の力によって、つまり欺瞞的野望によらずに、名誉と栄光と権力を獲得することが、善い技術である。正しい道こそ徳なのである。これによって人はいわば所有の目標、すなわち栄光と名誉と権力とに到達する。ローマ人が〔心に〕植えつけられたこの徳をもっていることは、彼らが「徳」（ウィルトゥス）と「名誉」（ホノル）という神々の神殿を隣接して建てたことによっても明らかである[28]。これによってもローマ建国の精神が「徳」であることが判明する。

ところがローマ人の間では、「幸運」（フォルトゥナ）が女神として、「幸福」（フェリキタス）の女神と区別して崇拝されていた（『神の国』四・一八）。アウグスティヌスは、ここでまずフェリキタスとフォルトゥナ（幸運）とはほぼ同じ内容の女神であるのに、なぜローマ人は両者を区別するのかと問う。あるいは幸福と運とは別物なのか、と問う。というのも運は悪でもありうるから。しかし幸福は、もしそれが悪であるならば、もはや幸福ではないであろう。すべての神々が当然のことながら善であると考えられるのに、どうして女神フォルトゥナはある時は善であり、ある時は悪なのか。もちろん一般に同じものが二つの名前で呼ばれることはよくある。だが、なぜ神殿や祭壇や儀式がそれぞれ相違するのか。彼らは言う、「その理由は、あの幸福は善人たちが先行する功績によって獲得するものであるのに対して、善いものと呼ばれる幸運のほうは、功績をまったく吟味しないで偶然に、善人にも悪人にも生じるからである。だから幸福（フェリキタス）は運（フォルトゥナ）とも呼ばれるのである」（四・一八）と。さらにアウグスティヌスは女神フォルトゥナの物語を紹介し、フォルトゥナはおしゃべりであり、フェリキタスはだんまりであって、何らの善い功績がなくとも人々を幸運な者にするフォルトゥナのお気に入りになってさえいれば、人々は正しく生きるように配慮しなくともよいからではあるまいかと推測する。ここに幸運を呼び入れる宗教の特徴があり、賽銭を投げ入れて幸運を手に入れようとする日本人の宗教性と一致している点に気づかない者があろうか。

ところでローマ人たちは多くの神々の役割はウィルトゥスとフェリキタスとに帰着すると考えていた。もちろんこのような女神を造り出すのは真理ではなくて、虚妄なのである。というのも、これらのものは真の神の賜物であって、それ自体女神ではないからである。しかしアウグスティヌスは言う、「徳と幸福とがあるところで、何か他のものが求められようか」、「徳と幸福とに満足しない者を、何が満足させるだろうか」（同二一）と。というのは、徳が行われなければならないすべてのことを包含しているのに対し、幸福が願い求むべきすべてのものを包含しているからである。だから「徳と幸福」こそ求むべきすべてである。ところがローマ人は既述のように「幸福」よりも「幸運」を求めたのである。前者は入手するのに困難であるが、後者は何をしなくとも与えられる「偶然」の賜物である。ここにローマ人たちの行動原則が「徳と幸運」であることが判明する。

思想史家コックレンはアウグスティヌスの『神の国』の至るところで、異教思想における幸運の概念によって演じられた役割が多数見られる点を指摘し、その重要性に注目する。この概念の重要さは、幸福や至福に当てられた言葉がギリシア語のエウダイモニア（良い神の賜物）やエウトゥキア（あなたの神から獲たもの）であるという事実によるよりもよく示唆されることはあり得ない。この意味でそれは詩人たちによって初めて合意に達した認識なのである。それは詩歌から始まって自然学に移っていき、ここでは歴史家たちや哲学者たちには同様に躓きの石となった。ツキディデスはすでにこの観念を合理化しようと努力しており、その努力はアリストテレスによって継続されることになった[29]。このような傾向がうまくいかなかったことがポリビオスの作品に表明されている。このことは不幸をもたらした。というのもこのように裏切られた理解の理想は、「原理」の性格を引き受けた徳（トゥケー）や幸運（フォルトゥナ）として裏切り者の上にただちに復讐することになったからである。その原理は単なる観察者の主観的な気まぐれな思いつきに基づいており、もしそうでないなら説明できないような「説明」として懇望されたのである。そうしたものとして、それは最も不運な兆しがある「想念上の姦淫」（fantastica fornicatio）という芸術的にして哲学的な悪徳の例証となっている。幸運の「運」に含意されている偶然自身を神格化することに優って明瞭にギリシアの科学知の崩壊を表現するものはないからである。これによって歴史を説明することは、知的な誠実さと道徳的な責任性にとって同様に致命的な欠陥なのである[30]。

5　ウァロの『人事と神事の故事来歴』とローマ宗教の実体

『神の国』第六巻の第三章から第五章にかけて、ウァロの『人事と神事の故事来歴』の内実が詳しく紹介されている。これによってこの紛失した書物の内容がアウグスティヌスによって後世に伝えられた。それは「人事」二五巻、「神事」一六巻からなり、全四一巻から構成されている。

この「人事」の部分はさらに四部に分かれ、それぞれ六巻が振り当てられ、人物・場所・時期・事績について語られ、総計が二四巻となり、それに一巻が加えられて全二五巻となる。

次の「神事」の部分は「人事」の部分と同じ四部構成が取られ、祭事・場所・時・祭事の内容について事細かく記される。その最後に神々の問題だけを論じた三巻が加えられた。こうして五分野が三巻ずつ書かれ、序論として一巻を加えて、全一六巻となった。

こうしたローマ人の故事が順序よく並んでいても、またどのような神事を司ろうとも、そこには永遠の生命に至る道など思いもよらないことであって、これらすべては初めから人間やダイモンによって仕組まれたものにすぎない。まず国家が存在し、国家によって神事が制定されたのだから、その順序に従ってこの大著が書かれた、とアウグスティヌスは言う。だが真の宗教は天の国に基礎を置いているはずなのに、ここでは地の国によって創始される（六・四）。

このように神事が人々の手によって制定されたのであるから、順序として神事の前に人事が書かれることになった。それは「画家が絵に先行するのと同じである」。そのゆえに神々というのは結局人間が勝手に創作したものとなる、との結論が下される。だから神々の本性と言われているものも、人間が造った「誤謬に発する虚構」にすぎないことが暴露される。ところが実際は人事を先行させてその後神事を置いたのは、ウァロが「過去の出来事の記録に依拠しているが、これに対し、彼が神事と呼んでいるものは、根も葉もない事柄に関する揣《し》摩《ま》憶《おく》測《そく》以外のなにものでもないからである」とアウグスティヌスは批判した。さらにこのことは「彼が人間の本性を神々のそれの前に置いたのではなく、人間によって作られた事柄〔神事〕よりも人間を先行させたことをはっきりと示している」、つまり「神事に関わる部分で述べたことが、神々の本性に基づく真理ではなく、誤謬に発する虚構であることを告白している」と痛烈に批判する（同四・一・三）。

次にヴァロは三種類の神学を分類する。それは神話的神学・自然学的神学・国家的神学である。このような名称の理由をアウグスティヌスはギリシア・ラテン語の意味からまず考察する。たとえば「ギリシア語の〈ミュートス〉（神話）はラテン語では〈ファービュラ〉と言われているのであるから、〈ミューティコン〉（神話的）とはもろもろの神話（ファービュラエ）に関わることの謂なのである」。また「二番目の〈フュシコン〉（自然学的）に対しては、すでにラテン語の用法として「ナトゥラーレ」（自然〔学〕的＝哲学的）が通常当てられるようになっており、それに従ってよいであろう。さらに三番目は、彼自身〔「ポリティコン」というギリシア語ではなく〕「キウィレ」（国家的）というラテン語で呼んでいる」（同五・一）と言う。

さらにヴァロは「神話的神学」について全体的な特質を次のように挙げる。

> 神話的とは、とりわけ詩人たち〔の神々に関する創作〕に見られるものであり、自然学的・国家的とは、それぞれ哲学者と国民一般の間に見られる〔神観の〕通称である。わたしが最初に挙げた類のものには、神々の品位と本性にもとるような多くの作り話が見受けられる。たとえば、ある神（ミネルウァ）は別の神（ユピテル）の頭部から、またある神（バッコス）は他の神（ユピテル）の太腿から、またある神（ウェヌス）は血の滴りから生まれたといった類の話が語られており、盗みをはたらく神（メルクリウス）がおり、姦通をしでかしたり（ユピテル）、人間の下僕になり下った神（アポロン）がいたりする。要するに、神話におい

ては、人間に見られるような、それも最も軽蔑に値するような人間でしかやりそうもないありとあらゆることが、このように神々に帰属させられているのである（同）。

それゆえ神々の本性と言ったものは、嘘八百の虚構によって多大の不正が加えられたものを示しており、ウァロが語っているのは自然学的神学や国家的神学のいずれについてでもなく、作り事からなる神々に関する教説にすぎないと、アウグスティヌスは論じる。

次に自然学的神学についてウァロは次のように主張する。

わたしが第二に挙げた神々に関する教説とは、哲学者たちが書き残した多くの著作の中に見受けられるものである。つまり、どのような神々が存在しているのか。それらの神々はどこにおり、どういった来歴や本性の持ち主なのか。またある特定の時に誕生したのか。それとも永遠このかた存続し続けてきているのか。ヘラクレイトスの考えたように神々とは火のようなものなのか、それともピュタゴラスの考えたように数をその本性とするものなのか。あるいはエピクロスが述べているように、アトムからなるものなのか、といった事柄なのである（同五・二）。

ウァロはこのような哲学者たちに属する自然学的神学をすべて認める。彼は何も非難しないで、そこに多くの哲学の諸学派が成立していることだけを述べ、さらに哲学者間の論争に見られる多くの見解を指摘するだけである、とアウグスティヌスは言う。こうしてウァロはこの類の神学を公の広場から隔絶させ、諸学派の内に封じ込めている。これに反し、彼は、第一に挙げられた類の、嘘八百で固められ、破廉恥きわまりない神々に関する教説を、何でも信じようとする国民から遠ざけようとはしなかった。民衆というものは例外なく哲学者の議論には耳を傾けず、「詩人たちが歌い、役者どもが演ずるところの、不死なるものの品位と本性にもとるような作り事に……喜んで耳を傾け……神々自身の側からも嘉納されることだと考えている」（同）。このように神話的と自然学的との二つの種類の虚構から成る神学からウァロ自身は国家的神学を区別しているので、次にはその国家的神学について彼の見解を検討する。

ところで国家的神学を自然学的神学から区別する根拠が分からない、とアウグスティヌスは言う。自然学的（ナトゥラーレ）神学が、文字通り神々の本性（ナトゥラ）に即したものであるのなら、それを〔国家という〕公共の場から締め出さなければならない不埒な点はそれにはないのに、国家的と称されている神々に関する教説が、神々の本性に即したものなら、いったいどのような意義をそれに認めて自然学的神学から区別しようとするのか。このことは人事から初めて神事に至ったのと同じ理由である。つまり神事に関してウァロが神々の本性にではなく、人間によって制定されたことに依拠していることを示している。彼は第三の国家的神学を定義して次のように言う。

第三の神学とは、国々において、その国民、とりわけ祭司の地位にあるものが心得かつ実行しなければならないものである。それは、国家がどのような神々を崇拝する必要があり、国民各人がそれに対しどのような祭式と供犠をしなければならないかをその内容とする。……第一に挙げた神学は、特に劇場に適し、また第二、第三の神学はそれぞれ、宇宙と国家の目的に適うようになっている（同五・三）。

ウァロの証言によれば、第二の神学は素晴らしい宇宙に適合するものであり、残りの二つの神学はそれぞれ劇場と国家に関連づけられることになる。そうすると第一と第三の両者は、どういうことになるのだろうか。国家は確かに宇宙の中に位置を占めているが、だからといって国家に関わることがただちに宇宙に属するとは限らない。実際には宇宙の内にも外にもないものが、誤って国家で信じられ崇拝されるということもありうる。だが劇場というものは、国家の内部以外のどこにありうるのだろうか。国家以外に劇場を建てるものがあるだろうか。さらに、芝居の上演の外に劇場を建てる目的があるだろうか。特にこの芝居の上演こそ、彼がこの書でとても巧みに書き上げている神事に属することなのである。

『神の国』の第六巻第六章では、アウグスティヌスはウァロによる神話的神学と国家的神学の区別は、厳密には妥当しない点を追求する。ウァロは神事を人間が捏造したたわけ事や虚偽から区別することがいかに重要かは承知しており、本末転倒した臆説と国家の宗教上の諸慣行とが衝突するのを避けようとする。人間の憶測や諸慣行は神々とすらも相容れない。アウグスティヌスはそれに気づいていても黙っている。この問題には人間の才能など役立たない。

きみ〔ウァロ〕は、虚構の神々は劇場に、自然的な神々は宇宙に、国家の神々はローマという国家にそれぞれ適うようになっていると述べている。だが、宇宙は神の創造に関わるものであるのに対し、劇場や国家は人間の作ったものである。そうすると、劇場で笑いものにされている神々と神殿で崇拝されている神々とは別物ではなく、きみが供犠を捧げている神々とまったく同じ神々を祝して、劇場では公演が開かれていることになる（同六・一）。

要するにウァロの国家的神学と神話的神学との区別は無意味となってしまう。そして永遠の生命をこのような詩人たちの創作や公の舞台芸能に登場する神々に、請うたり望んだりしてよいのか、とアウグスティヌスは問わないわけにはいかない。「永遠の生命を求めるべき相手が、己がおかした罪が公にもてはやされればされるほど、それに興じ、慰撫される神々であるなど、なんたることか！」（同六・二）。真に神話的な神学は、神々に似つかわしくないような物語を捏造して種を蒔き、国家的神学はそうした物語を褒めそやすという仕方で採用しているにすぎない。要するに劇場公演の種となる神学は公衆の面前に神々の乱行をさらけ出し、国家による神学はそういった乱行で飾り立てている。

結論的に言えば、これまでしばしば言及してきたように、ウァロが国家的神学を、神話的ならびに自然学的な神学から何か別種のものとして区別しようと努めた意図は、この国家的神学が、他の二つの神学と無縁のものではなく、むしろ両者が適当に混じり合ったものであることを示唆しようとしたことに求められる。つまり彼は、詩人たちの著わした神話は、〔それだけでは〕国民をそれに従わせるにはあまりに卑俗すぎ、他面哲学者たちの述べるところは、〔それだけでは〕あまりに高尚すぎ、一般の国民はそれをいくら丹念に思索してみても益することは少ないからであるとアウグスティヌスは言う(31)。

さらに『神の国』第六巻第七章では、神話的に捏造された物語が国家的神学の教説と類似していると批判される。これは神々を祀るために国家によって建立されている偶像を見れば明瞭である。これらの偶像は、〔神話の神と同じ〕当の神々の姿、年格好、性別、衣装をただ示しているにすぎない。それとも崇拝の目的上、聖域に置かれた場合と、笑いを誘うために劇場に登場する場合とでは、姿が異なってくるのか。同じ神々でも、役者の扮する年老いたサトゥルヌスや若々しいアポロンと、神殿に祀られている偶像とは違っているのか。なぜ扉と敷居を司るフォルクルスとリメンティヌスとが男神なのに、これらと同類の蝶番の守護をなすカルデアは女神なのだろうか。劇中のアポロンは竪琴を奏しているのに、デルフォイにおけるこの神は、こうした技芸とは無縁なのか。実際は同じではないのか、と言わざるを得ない。馬鹿げた骰子遊びがヘラクレスの名の下に捏造されて、国民の賞賛の的になったりする。捏造したのは悪霊の他に考えられない。そんなわけで「もし詩人たちの創作に関わり、役者が劇場で演じたものであれば、疑いなく虚構を内容とする神学に帰属させられ、国家的神学からはその品位を汚さないために切り離すべきだと見なされたであろう。ところが、実際には、こうした下劣な行為は、詩人たちではなく国民に、芝居ではなく祭事に、劇場ではなく神殿に、要するに虚構の神学ではなく国家に関わる神学に属するものとされている」（六・七）。ウァロのような学識のある人物が伝えているので、役者たちが、神々の破廉恥な行為を面白おかしく再現しようと技をふるうのは分かるが、神聖な儀式で神官たちが神々を立派なものに仕立てようとするのは、それはもともとないのだから無駄なことである。色々な故事にちなんだ祭事があっても、その中には劇場で上演される卑猥な場面のどれよりも、おぞましさの点では引けをとらないものがある。こんなにも嫌悪を催させる異教徒たちの神々の祭事には、いったいどんな意義を認めるべきなのだろうか。

ところでアウグスティヌスによると、このような祭事においてなされていることの意義など、キリスト教徒の知るところではない。わたしたちが分かるのは、どのような手段が用いられているかである。そこでは神々を敬うからといって、卑猥なことが演じられている舞台ですら登ることの許されなかったような類の輩が、祭りを執り行うために選ばれている（同）。

続く第八章では、既述の三種の神学がなぜ区別されたのかが論じられ、自然学的な観点から祭事の中でも神々の母である大地母神の祭りが取り上げられるが、神々の母が大地であることをあれこれと穿鑿《せんさく》しても意味がなくなる。この大地が神々の母であると主張されても、キリスト教の観点から見ると大地は神の創造物であって母とはいえないとしか批判できない。しかもその祭事では男性が女性の役を演じるなど、自然に反している。クロノスと同一視されたサトゥルヌスがわが子を次々に呑み込む残虐な物語は時間による消滅を象徴していると見なされる。だがこのような祭事は自然学的神学と言われるが、神話的な作り事にすぎず、神話的神学の創作に他ならない。さらにこの神学は神々の品位を汚す物語となっているから、国家的神学からも区別される（同八・一二）。

したがってウァロの意図は神話的、国家的神学を排撃して自然学的神学を支持することにあった。そこに見られるさまざまな愚行や猥雑さは虚構であって、排斥されねばならないのに、実際には、前者について非難に及んだのであり、後者についてはそうする勇気に欠けていただけなのである。彼は前者に対しては筆誅《ひっちゅう》を加え、後者については比較すれば前者と似たようなものであることが判明するに違いないような叙述にとどめている。換言すれば、別に前者よりも後者を採択すべきだと考えてそうしたわけではなく、両者とも却下すべきことを示唆したわけである。実際は国家的神学を非難すると被る危険を避け、「神話的、国家的の双方をともに蔑視し、結果的には、自然学的と一般に呼ばれる神学が、秀れた心の持ち主に畏敬の念を引き起こすようにと計ったと見られる」（同）。国家において実際に執り行われている祭事を見れば、神話上の神々とまったく瓜二つであるがゆえに、神々は〔エウヘメルスが説いたように〕もともとは人間だったのにそれを祭りに引き上げたのはダイモンどもの教唆の仕業か、それとも不浄きわまりない妖霊（スピリトゥス）どものわざに他ならない。

続けてウァロは神々の職務について詳しく述べているが、それがいかに無益であって、道化芝居に見られる茶番にすぎず、神の尊厳を汚すものとなっているかをアウグスティヌスは批判する。多数の神々がそれぞれの仕事に携わると見なされているが、それがどんなに馬鹿げたものかが例を挙げて批判され、宗教的な救いとは無関係であると断定される。さらに彼はこの種の批判がすでにセネカによってなされたことを、散逸した著作『迷信についての対話』によって紹介する。神々の姿はすべて偶像で、怪物としか思われない代物である。プラトンは神が肉体をもたないと言ったのに、人々は心の不安を神々として崇めている。また大地母神の祭事に関してもセネカの批判は厳しい。さらにユピテルの神殿における祭りの光景まで厳しく批判する。一年に一回の乱心ごとである祭事なら我慢できても、神官たちによって日々大げさに演じられるユピテル神殿のたわけた愚行には我慢ができない、とセネカは批判する。ウァロにはセネカのような徹底した批判がなく、神話は批判しても国家の行事に対する批判はなかった。彼はうわべだけでこの行事を古来の俗信として認めていた。ところでセネカは元老院議員であったので、自分が非難したものを崇拝し、酷評したものを実行し、咎め立てたものに祈願して、神殿でうわべだけ役割を演じていた、とアウグスティヌスは彼の「実人生における行動」を批判した。またセネカはユダヤ人の安息日が無駄であると批判したが、キリスト教徒について述べたときにも自己の考えを述べず、非難は控えたと言われる（同一〇―一一）。

こうしてアウグスティヌスはウァロが区別した三つの神学のいずれからも、永遠の生命を期待すべきではないことを詳しく論じてきた。それ以前にも第四巻で論じた至福の授与者としての神に関する議論を合わせてこの点を考慮してもらいたい。そこで論じたように、もし至福が本当に女神であるならば、永遠の生命を願おうとする場合、この女神だけで他の神々は不必要であるが、実際は、至福は女神などではなく、神からの贈物にすぎない。このような至福を授けてくださる神を除いて、帰依すべき神が他にあっても無意味である。こうして国家的神学が崇拝の的としている神々が真の至福を授けることなどできないなら、これまでの全五巻を通して主張したように、死後の来たるべき永遠の生命を求める目的からも、神々は崇拝されるべきではない。それゆえ国家的神学に見られる神々は、現世・来世のいずれを目的としても、崇拝されるべきではない。これがウァロに対する批判の総括である。

さらにアウグスティヌスは第七巻においてウァロの『人事と神事との故事来歴』（第一六巻）の「選ばれた神々」、たとえばヤヌス、メルクリウス、マルス、サトゥルヌス、ケレス、リベル、ネプトゥヌス、テルス、アッティス、ガルス等について詳しく批判し、この神々がいかに汚点に満ちているかを詳述する。そして神々が永遠の生命を与えることができないことが結論づけられる。だが自然学的神学で論じられる神は、重要な意義をもっており、その思想が深淵的で知的であると説かれる。その最も高尚な形式において神が宇宙の魂や生命であり、地は神の身体であると主張された、とアウグスティヌスは理解する（七・五）。このことは神が自然の宇宙に広がる法則であるというストアの理論とうまく一致する。この自然学的神学は多神教的な異教主義と比べるといくらか唯一神教的である（同六）。しかし最大の欠陥は神と自然、創造者と被造物との間に何らかの明瞭な区別を置くのに失敗し（同三〇）、汎神論に転落していることである。アウグスティヌスの一貫した態度は、異教の神々なるものの正体が、ダイモン、もしくは妖霊にほかならないことを明らかにすることにあったと言えよう

（同三三を参照）。

6　ダイモン崇拝の批判

『神の国』第八―九巻では、当時のダイモン礼拝が詳細に検討された上で批判される。その批判はプラトン派の中でもアプレイウスの『ソクラテスの神』が典拠とされる。彼はこの時代には魔術と宗教と性とを独特に混ぜ合わせた『黄金のろば』（変身物語）を書くことによって当時の流行作家となった。彼はアウグスティヌスが教育を受けたマダウラの出身であった。彼はプラトン哲学についての入門書『ソクラテスの神』を著し[32]、プラトンに従ってダイモンを神と人間とを仲介する霊として説いた。

当時、プラトンに従ってダイモン信仰が起こってきたのに対決して、ダイモンが悪霊であることをアウグスティヌスは繰り返し説き明かした。そこでダイモン信仰の起源の歴史を詳しくは述べないで、ここではその概要だけを指摘するにとどめたい[33]。

(a) **ギリシア世界におけるダイモン信仰**　悲劇作家ソフォクレスの代表作『オイディプス王』には、このダイモンが幸福の絶頂にあった王を不幸のどん底に突き落としている有様が見事に描かれる。たとえばオイディプスは自己の破滅を悪霊たるダイモンの仕業に帰して言う。「おおおそろしや、見るにも堪えぬ苦難のお姿！　わが目はかつてこれほどまでむごたらしい観物をしらぬ。いたましや、どんな狂気があなたを襲ったのか。どんな悪意のダイモンがめくるめくかなたの高みより跳びかかり幸うすきあなたの運命を苛んだのか[34]」と。

(b) **プラトンの哲学**　そこには多くの神話が用いられており、神話の時代から哲学の時代への移行過程にあることが示される。一例をあげると、愛の神エロースは「偉大なるダイモン」として理解され、天上の全知者なる神と地上の無知なる人間との間を仲介する神霊であると理解された。このダイモンはソクラテスに語りかけて彼の良心に警告を発し、人間としての歩むべき道を天啓のように指示した。

(c)災いをもたらす「悪しき霊」の誕生　このダイモンがもっている中間的な性質もしくは多義性から悪しき霊となる変化は、ソクラテスの時代にはまだ完了していなかった。だがプラトンの弟子のクセノクラテスが仕上げをして、善い神々を悪いダイモンから引き離して、神々がもっていた悪い性質や破壊的な性質をすべて悪霊に移した。ストア派とプルタルコスなどはこのクセノクラテスを踏襲し、プルタルコスに至っては、アポロンが都市を破壊したという記述があるなら、それはダイモンがアポロンの姿をとって行ったに違いない、と論ずるまでになった。こうして後期ヘレニズムの時代になるとダイモニオン（ダイモンの複数形）という語はほとんど例外なく悪い意味をもつに至った[35]。

(d)古代ローマ文学における守護霊としてのダイモン　プルタルコスの『ブルートゥスの生涯』を参照すると、ブルートゥスもダイモニオンを経験しており、それが生涯の終わりに近づくと日ごとに強くその声「ブルートゥスよ、わたしはお前の悪い守護霊である。お前はわたしをフィリピ[36]で見るであろう[37]」を聞くようになった。フィリピの合戦という運命の日が差し迫ってきたとき、彼はまたアジアにいた。ほぼ真夜中に彼がテントの中で習慣によって目覚めていたとき、もうランプは消えており、何か恐ろしい人間の様子を超えた人影を見たように思われた。彼は大胆不敵にも直ちに「一体だれなのか、人間なのか神なのかと質した」。するとその姿は低い声で彼に上記のテキストのように囁いた。こうして同じ人影は戦っているフィリピに現れたが、それはブルートゥスにとって確かに最後の戦闘であった。これは「悪しき霊」の物語である。

古代においては総じて霊は、人間を守り導く「良い守護霊」と破滅に導く「悪しき霊」とに分けられ、ダイモンという言葉は一般には複数形でダイモニオンと呼ばれるようになった[38]。このことがプルタルコスによってマーカス・アントニウスとオクタビアヌス（アウグストゥス）についても報告されている。つまりこの二人はその他のことでは相互に愛情を込めて、また最も友好的に振舞ったが、敵意を引き起こしてしまった遊びではオクタビアヌスがいつも勝利者となる習わしであった。そのことをアントニウスはひどく苦しんだものだった。ところでアントニウスの従者の中にはエジプトの魔術師がいた。先の引用にあったように彼がアントニウスの運命を本当に知っていたからにせよ、それともクレオパトラの好意を得ようとでっちあげたからにせよ、アントニウスがカエサルからできるだけ離れるように警告した。というのは彼の守護霊が他の点では元気なのに、カエサルの守護霊にしり込みして、また彼がカエサルに近づくに応じて、ますます卑屈になり、打ちのめされるように思われたからである。(39)

(1) アウグスティヌスのダイモン批判

アウグスティヌスは『神の国』でアプレイウスの『ソクラテスの神』を検討し、神とダイモンとは区別されており、後者は悪しき霊であるがゆえに、その表題は『ソクラテスのダイモン』とすべきであると主張した。(40)
アウグスティヌスによると至福で永遠不滅の善なる神々は、宇宙の最も高い地位を占め、人間は最低の地上に住み、死すべき悲惨な存在である。神々と人間との間は断絶し、なんらの交わりもない。両者の中間の大気圏に位置するダイモンは、神々と不滅性を共有するが、その魂は人間と汚れや悲惨を共有する。神殿で祭儀や供犠を求めるのは、人間と関わりをもたない神々ではなく、このダイモンなのである。彼らは、人間の願いを神々に届け、神々からの贈り物を人間に届ける仲介者であると信じられていた。

これに対して彼はダイモンの仲介の役割を否定し、それへの礼拝を非難する。ダイモンが神々と同様不死であっても、人間と同様悲惨な魂をもつため、両者の仲介者として人間を幸福にできるはずがないからである。当時、プラトンに従ってダイモン信仰が起こってきたのに対決して、それが悪い霊であることを彼は繰り返し説き明かした。事実、ローマ帝国では魔術を施すことはれっきとした犯罪行為であり、「魔術師」と呼ばれるのは侮辱でも悪口でもあった。(41)

そこで『神の国』第八―九巻におけるダイモン批判を考察してみたい。同じくプラトン派に属する哲学者であったアプレイウスは、ダイモンの性格について次のように語っている。ダイモンは、人間が魂の激情によって駆り立てられる同じ激情によって駆り立てられて、不正によって刺激され、恭順や贈与物によってもてはやされ、名誉を喜び、さまざまな宗教的祭儀を楽しみとし、もしそれを怠るならば不愉快に感じ、それらを行うように駆り立てる、と。その他のことにおいても、例えば、鳥占い、腸卜、予言、夢の啓示などはダイモンの働きであり、魔術師の不思議なわざもまたダイモンによって起こると言われる。しかし、彼はダイモンをより簡単に定義して、ダイモンは種類としては生命的存在であり、魂の点では感情的であり、精神の点では理性的であり、身体の点では空気からできており、時間的には、永遠である。そしてこれら五つの性質のうち、初めの三つはダイモンとわたしたち人間に共通しており、四番目のものはダイモンだけに固有なものであり、五番目のものはダイモンと神々とが共通して持っている、と言う。

しかし、ダイモンはわたしたち人間と共有している上記の三つの性質の中、また二つの性質を神々とも共有していると主張される。アプレイウスは神々もまた生命ある存在であると言い、それぞれの元素をそれぞれの存在に配分して、わたしたち人間を、地上に生き感覚している他の存在と共に、地上的な生命ある存在の中に位置づけており、魚やその他の泳ぐものを水中の生命ある存在の中に、ダイモンを空中の生命的存在の中に、また神々を（光を伝える媒質である）エーテル的な生命的存在の中に位置づける。それゆえダイモンは、種類からして生命ある存在である限り、彼らはただ人間と共通しているのみならず神々とも獣とも共通している。精神の点で理性的である限り、彼らは神々と人間とに共通しており、時間の点で永遠である点で彼らは神々とのみ共通しており、魂の点で感情的である点で人間とのみ共通し、身体の点で空気である限りダイモン自身に固有なあり方をしている（八・一六）。これをアウグスティヌスは批判して次のように言う。

ある宗教によってわたしたちがダイモンに服従させられることは何と愚かなことであり、むしろ何と狂気じみたことであろうか。というのは、アプレイウスのような人でさえもダイモンに対して大いに好意を示し、ダイモンは神的名誉に価すると評価しているけれども、それにもかかわらず、彼はダイモンは怒りによって駆り立てられると告白せざるをえなかったからである。けれども真の宗教は、わたしたちが怒りによって駆り立てられることなく、むしろそれに抵抗するようにとわたしたちに命じる。ダイモンは贈答品によって饗応されるが、真の宗教は贈答品を受けることによって人に好意を示すことがないようにわたしたちに教える。ダイモンは名誉によってもてはやされるが、真の宗教はそのようなものによって決して動かされることがないようにとわたしたちに教える。ダイモンは、思慮深い冷静な判断によってではなく、激情的と呼ばれるような魂によって、ある人を憎み、またある人を愛するのであるが、真の宗教は敵をも愛するようにとわたしたちに命じるのである。

最後に、真の宗教は、心のすべての激情、精神の不安、魂のあらゆる混乱と嵐——アプレイウスはダイモンがこうしたものによって激し、動揺すると言っているが——そうしたものを捨てるようにとわたしたちに命じる。それゆえ、きみが生き方においてそれに似ないようにと乞い願っているものに対して、畏敬をもって謙虚の限りを尽くすということは、また、崇拝しているものにまねるものとなることが宗教の最高の本質であるにもかかわらず、まねることを欲しないものを宗教の名によって崇拝するということは、愚昧さと憐れむべき誤謬によるのでないとすれば、いったいどのような原因によるというのであろうか（同一七・二）。

ところでアウルス・ゲリウスは、その書物の中に、ストア派の哲学者によって次のような事柄が結論されているのを読んだと言っている。すなわち、ストア派の哲学者がファンタシア「幻影」（表象）と呼んでいる精神〔の視覚〕現象があり、それらが精神に起こるかどうか、起こるとしてもいつ起こるのか〔その時を決定すること〕

は、わたしたちの精神の力の外にあると言う。したがって、それらの幻影が、恐ろしい、身の毛のよだつような状況から襲ってくるとき、必然的に知者の精神さえも動揺させてしまい、知者の精神も、しばらくの間、恐怖のあまりおびえたり苦悩したりすることが起こる。それはあたかも、精神と理性の働きがそうした激情によって妨げられてしまうかのようである。しかし、このことは、精神の中に悪への妄想が起こったり、それが承認されたり、それに同意が与えられ〔それに従っ〕たりすることを意味しない（九・四・二）。それなのにダイモンに神と人とを仲介する役割が一般に説かれている。この仲介者についてこう言われる。

また、そのものの介入によって人間が神々と結び合わされる、そうした神々と人間との仲介者は、神々と永遠の身体を共有しており、他方では悪徳に満ちた魂を人間と共有している。いわばダイモンによって人間と神々とを結びつけようとしている宗教〔の本性〕は、身体において成立するものであって、魂において成立するものではないかのようである。彼ら仲介者たちは、動物の劣等な部分、すなわち、身体をよりすぐれたもの（神々）と共有し、よりすぐれた部分、すなわち魂をより劣ったもの（人間）と共有しており、また服従する部分（身体）において天上の神々と結びつけられ、支配する部分（魂）において地上の悲惨なもの（人間）と結びつけられている（九・九）。

ところで、聖書によると、あるものは「善い天使」であり、またあるものは「悪しき天使」であって、決して「善いダイモン」は語られていない。ダイモンという言葉はダイモネスという〔男性複数〕形でも、ダイモニアという〔中性複数〕形でも語られているが、その場合は、ただ邪悪な霊を意味している（九・一九）。他方、ダイモンという名称の由来そのものは、もし聖書に目を向けるならば、ある考慮すべき事柄を告げる。ギリシア語のダイモンは知識という意味でそう呼ばれている。しかし使徒は聖霊によって次のように語っている、「知識は

〔人を〕誇らせ、愛は〔徳を〕建てる」と。この句の正しい理解は、愛がその中に宿るときにのみ知識は役立つという意味である。愛がなければ知識は高慢になるからである。すなわち知識は誇大妄想的な、いわば大言壮語する自惚れの中に人を引き込むので、ダイモンの中には愛のない知識があるといえよう。こうしてダイモンは自惚れが強く、高慢な者となり、神聖な栄誉と宗教的奉仕とが自分に向けられるよう要求する。そのようなダイモンの高慢に対して──人類は自分たちの犯した過誤（罪）のためにそうした高慢のとりこになったが──キリストにおいて明らかになった神の謙虚がどんなに大きな力をもっているか知っていない（九・二〇）。アウグスティヌスはその当時プラトンに従ってダイモン信仰が起こってきたのに対決し、ダイモンが聖書に説かれている悪い霊であることを正しく理解し、それを信じてはいけないと説き、アプレイウス著作の表題は『ソクラテスのダイモン』とすべきであると主張した（八・一四・二参照）。またダイモンが、プラトンの『饗宴』で説かれているように[42]、人間の願いを神々に届け、神々からの贈り物を人間に届ける仲介者であると主張されている点に対して、アウグスティヌスはダイモンの仲介を否定し、それへの礼拝を非難する。というのもダイモンが神々と同様に不死であっても、人間と同様に悲惨な魂をもっているので、ダイモンは神々と人間との両者の仲介者として人間を幸福にできはしないからである。彼はこのようなダイモン信仰に対決してそれが悪霊であることを繰り返し説き明かした。事実、ローマ帝国では魔術を施すことは歴とした犯罪であり、「魔術師」と呼ぶことは相手への侮辱でも悪口でもあった[43]。

7　ポルフュリオス批判

ポルフュリオスは二六四年にローマに移り、プロティノスのもとで哲学を学んだ。プロティノスは神経質なポルフュリオスに自殺を思いとどまらせ、シキリアに帰省させた。その後彼はローマに帰り、教育に携わり、学校の校長となった。彼はプロティノスの教えに忠実に従った。彼はプロティノス伝を書いている。[44] プロティノスの思想は存在の五段階説によって最も簡潔に説明される。[45] 一者が最高存在であって一者の下にある階層の低いレベルのすべては区別され、一者が完全に善いのに対し、それらは存在が次第に減少し、善に関して少しずつ劣っている。階層の頂点には段階的に三つの神的存在、つまり一者、精神、魂がある。これらは三にして一なる関係にある。その下には身体と質料が属している。魂は物を生産する力をもっており、善なる一者から存在階層の反対の極に存在している質料は、宇宙論的な術語で言うと、形相を欠いた非存在という全くの悪である。

ポルフュリオスは『イサゴゲー』と呼ばれるアリストテレス論理学の入門書と多数の著作を書いたようであるが、そのほとんどは断片的にしか残っていない。その理由には彼が『キリスト教徒駁論』を著わしたこと、また『神の国』第一〇巻第九章で魔術とか招神術が当時禁止されているにもかかわらず、天使たちと神々との仲介者としてダイモンとの友好関係の必要を説いたことが考えられる。また『神の国』第一〇巻第二九章に見られるように、キリストの受肉を批判したことで、キリスト教の公認後、コンスタンティヌス帝によって彼の書物が禁書になったからでもある。

ポルフュリオスの教説はその師プロティノスのそれとよく似ていた。新プラトン主義の中には神々の祭儀に関して意見の不一致があった。プロティノスとポルフュリオスとは、神霊をなだめるために犠牲を捧げるべく祭儀に参加することに対して態度を保留していた。ポルフュリオスは「魂の帰還」(De regressu animae) という論文を書いた。これはアウグスティヌスによって受容され、『真の宗教』にその影響の跡を残している。[46] しかしポルフュリオスは、神殿での犠牲や外面的な儀式の行事が魂の清めに役立たず、魂の清めはただ「身体からことごとく逃避すべきである」(omne corpus fugiendum) の実行によってのみ実現できると考える。その際、彼は「あなた自身に帰還するようにあなた自身で訓練しなさい。みすぼらしい半端ものの堆積へと散乱し零落している霊的要素のすべてを身体から切り離して集めなさい」と勧告する点では初期のアウグスティヌスの思想とよく似ているといえよう。彼はまた「魂は知性である本当の自己を発見することによって真実に豊かになることができる」、さらに「わたしたちの目指す目標は存在の観照に達することである」と語った[47]。これらの言葉をアウグスティヌスの『告白録』は反響させている。事実、ポルフュリオスは肉食を絶ち、性生活を禁欲することによって魂は次第にその身体上の足かせから解放されうると説いた。

ポルフュリオスはプロティノスの五段階説から存在の連鎖の頂点に存在・生命・知性活動からなる神的三肢すべてが相互的に関わりながら、内的に統一されているという思想を取り出した[48]。この究極的な存在の運動から律動的な発出もしくは流出が起こるので、永遠な魂の運命は魂が由来するところへ向かって帰還することである。このように魂は生まれながら不滅なのである。彼は晩年になってからキリスト教信仰と聖書の歴史的信憑性とに関して批判した[49]。

アウグスティヌスの『神の国』第七巻(七・二五)と第一〇巻にはポルフュリオスの『神像論』、『アネボ宛書簡』、『魂の帰還』からの引用、もしくはそれに基づく主張が見られる(一〇・九、一一、一六、二三、二六―二七、二九、三二)。その意味でも『神の国』の中には歴史的に重要な資料が残されている。

ポルフュリオスは、自分の見解ではなく他人の説だと断わってから、善なる神とか神の霊は、その怒りが宥められないと、人間のところに来ない。そのため仲介する霊が必要であると説いた。なぜなら悪い霊の抵抗に遭うと、人間は神々のもとに行くことができないからである。というのも善なる霊は無力であって、悪い霊に抵抗できないからなのである(一〇・二二)。

確かにプラトンやプロティノスは高潔な観念論者であったが、新プラトン主義の指導者たちは、たとえばマダウラのアプレイウスやポルフュリオスのように、思想的な欠点が多かったと言えよう。プロティノスの思想では一者は表現を超えた原理であって、一神教的な神の属性を含んでいた。さらに一者からの流出の道は、同時に一者への帰還の道でもある。この神への帰還を最善な人たちは実現することができる。ところがポルフュリオスはプロティノスの教えを多神教に単純に適用し、多くの人たちが神々との関係に入れる道を考え出した。こうして人間と神々とを仲介するダイモンの教えをプラトンから引き出した。これが魔術や招神術であって、この方法によって神なる一者に向かうことができるように試みた。ここから当時のダイモン崇拝が一般に普及するようになったことが説明できる。だが、これはプロティノスの思想の堕落した形態にすぎなかったといえよう。

ポルフュリオスはキリスト教の受肉の教えを拒絶し、魔術と招神術に傾いた。彼は確かにキリスト教の教えがキリストを受容することであると理解していた。それでも彼が招神術を採用したことをアウグスティヌスは批判し、「聖書のどの箇所にもこの名詞〔ダイモン〕は見出される。……その場合には、ただ邪悪な霊を意味している」(九・一九)との正しい理解をもって彼を批判した。それゆえ彼が説いた神に対する「正しい礼拝」(latria)には仲保者キリストが不可欠であるがゆえに、プラトン的なダイモン論は退けられねばならなかった(一〇・一)。実際、プロティノスは神が人間の魂の叡知的な光であって、叡知的な被造物に必要なのは神の他にないと説いていた(一〇・二)。その限りでこの思想は正しいといえるが、神に対する「正しい礼拝」は、キリスト教徒が主張するように、仲保者キリストによる以外にはあり得ないというのがアウグスティヌスの主張であって、彼はプロティノスとヨハネ福音書の思想とが思想的に一致するといってプロティノスを称賛したが、その弟子のポルフュリオスは師の教えを転倒させ、歪曲させたと言うことができた。

注

(1) フュステル・ド・クーランジュ『古代都市』田辺貞之助訳、白水社、一九六一年、七一―七二頁。この統一のため「竈・墓・家督などは元来分割してはならないものであった。したがって家族も不可分であった。この不可分の家族、これこそまさしく古代の氏族であった」。

(2) クーランジュ、前掲書、一八九頁。

(3) クーランジュ、前掲書、三二四頁。続けて次のように言われる。「市民はなにごとにつけても無制限に都市に服従した。そして、心身ともに都市に従属していた。国家を生んだ宗教と宗教を維持する国家とは、相扶相助の関係にあって一体をなしていた。相結合し混淆したこの二つの力は、ほとんど超人間的な勢力をもち、市民の精神と肉体とはどちらもこれに隷属していた」。

(4) たとえばソクラテスはアテナイに対する犯罪者、つまり青年に対する有害な教育者にして、無神論者であるとの廉で処刑された。このことはプラトンの『ソクラテスの弁明』が詳しく報告している通りである。特に、ここで言われている無神論というのは国家公認の宗教を認めないという意味である。

(5) クーランジュは言う、「人類は自然を征服できるが、自分の思想には奴隷のように屈従する」と(前掲書、一九三頁)。

(6) 僭主(turannos)とは元来は「賢明で力ある指導者」の意味である。

(7) それは、古代エジプトの支配から逃れて、被支配部族が「宗教連合」(誓約共同体 Amphiktyonie, Eidgenossenschaft)によって防衛組織を造り上げたことを意味している。これに関して関根正雄『イスラエル宗教文化史』岩波書店、一九五二年、四五頁以下を参照。

(8) M・ヴェーバーはこの連合を「祭祀共同体」として捉え、ヤハウェの熱心な担い手であった「小家畜飼育者」(デーリーム)が農民の氏族を巻き込みながらその中に入っていく過程として理解している。彼は『古代ユダヤ教』の中でイスラエル民族を他の古代民族と比較して、それがパーリア民族(Pariavolk 賤民)の性格をもち、周囲の世界から遮断された客人民族であったが、現実の世界秩序は神の救済の約束によって変革されると信じていたことから、「古代ユダヤ人の生活態度は、政治的および社会的革命が将来神の指導のもとに行われる、というこうした観念によって、すみずみまで規定されていた」(ヴェーバー『古代ユダヤ教』内田芳明訳、みすず書房、一九八五年、六頁)。

(9) ベルグソンは預言者の思想の内に「開かれた社会」を把握した。『道徳と宗教の二源泉』平山高次訳、岩波文庫、一九七七年、二九三—二九八頁参照。

(10) この点に関してトレルチ「キリスト教社会哲学の諸時代・諸類型」住谷一彦・佐藤敏夫ほか訳、『トレルチ著作集7』ヨルダン社、一九八一年、一八八頁を参照。

(11) トレルチによると次のような五つの事実が認められる。(1)イエスは基本的に虐げられた人たちや貧しい人たちに語りかけた。(2)イエスは富を魂に危険なものと見なし、またユダヤの祭司貴族たちと支配的な神学者たちに敵対した。(3)初代教会は信徒を都市の身分の低い層に基本的に求めていき、事実、見出した。(4)二世紀になってようやく教養と資産のある上層の人たちが信徒に加わり始めた。(5)上記の加入はひどい摩擦を起こさないで行われた。これとは別に三つの基本的事実をもトレルチは確認できると主張している。すなわち(1)新約聖書と初代教会の文献は社会問題を提起することを何も知らない。(2)中心的関心は魂の救い・宗教・死後の生活・純粋な礼拝・正しい共同体の組織・信仰の真理についての実践的証明・聖性についての根本原則の確立である。(3)初めから階級の相違はなく、それは永遠の救いと内面性の中で消えている(『古代キリスト教の社会教説』高野晃兆・帆苅猛訳、教文館、一九九八年、三六頁)。

(12) 当時は大規模の戦争がなく平和であった、また経済的にもあまり悲惨ではなかった。そのため奴隷市場は枯渇し、奴隷の数も減少していたので、蜂起や一揆も起こっていない。実際、教団内の奴隷は主人に仕えるというよりは、その代理人であった。教会は奴隷の自立化を無視しなかったが、解放よりも服従を勧めていることによって知られるように、宗教的な純粋さが重んじられ社会政策への無関心さが示されている。

(13) これはイエスの生存中には組織されず、彼を追憶する共同体の中から形成されている。そこには社会的な民族の復興運動は見られず、財の共有を愛の表現と見なす、愛の共産主義が見られる(トレルチ、前掲書、七七頁参照)。

(14) ヘーゲル『歴史哲学 上』武市健人訳、岩波文庫、一九七一年、七八頁。

(15) アウグスティヌスの出身である都市参事会員(クリアーレス)は、四世紀においては所属する都市とその領域の税の査定と収税の責任を負担し、帝国駅逓勤務、軍の必需品調達などの賦役を負わされていた。内田芳明『アウグスティーヌスと古代の終末』弘文堂、一九六一年、四六—五四頁を参照。

(16) この階級は帝政ローマの自治都市の栄誉ある地位であったが、三世紀の動乱の後には国家権力により自治組織の排除、世襲身分化、国家財政の局地収税の責任を負う機関となっていき、アウグスティヌスの時代には、古代末期の経済社会的苦悩を表現するものとなった。内田芳明、前掲書、四六頁参照。

(17) ローマ帝国末期にはグルンドヘルシャフト（荘園制）の基礎が創られ始めており、ドプシュはアフリカでその兆しがあった点を指摘している。『ヨーロッパ文化の経済的社会的基礎』野崎直治ほか訳、創文社、一九八〇年、三五六―三五九頁参照。この点に関して内田芳明、前掲書、五三頁をも参照。

(18) アウグスティヌス「書簡」一二四、一二六、一五〇参照。アウグスティヌス『アウグスティヌス著作集　別巻Ⅱ　書簡集(2)』金子晴勇訳、教文館、二〇一三年、一一、一四、七七頁。

(19) I・モンタネッリ『ローマの歴史』藤沢道郎訳、中公文庫、一九九六年、三八一―三八二頁参照。

(20) サルスティウス『カティリナの陰謀』九・二。

(21) サルスティウス『歴史』断片一・一一。

(22) サルスティウス、前掲書、同箇所。

(23) サルスティウス、前掲書、同箇所。

(24) サルスティウス、前掲書、一・一六。

(25) サルスティウス『カティリナの陰謀』七・六。

(26) サルスティウス、前掲書、五三以下。

(27) サルスティウス、前掲書、一一・一―二。

(28) リウィウス『歴史』二七・二五・七。

(29) アリストテレス『政治学』一三二三b二七「魂のうちにある善なるものにもすべて至福なものが備わっていなければならない」、一二九五a二八「幸運の賜物」その他ギリシア語の引用あり。

(30) コックレン『キリスト教と古典文化――アウグストゥスからアウグスティヌスに至る思想と活動の研究』金子晴勇訳、知泉書館、二〇一八年、七九一―七九三頁。

(31) 確かに彼は次のように述べている。「神々に関し、詩人たちの述べるところと哲学者の教説とでは、敵対する面があるにもかかわらず、これら双方から、少なからぬものが国家的神学に取り入れられている」（同六・一二）。

(32) アプレイウスの『ソクラテスの神』については Apuleius, On the God of Socrates, in: The Works of Apuleius, 1879, Oxford, 1876 を参照。
(33) 詳しくは金子晴勇『霊性の証言――ヨーロッパのプネウマ物語』ぷねうま舎、二〇一八年、第一章「古代ギリシア・ローマの守護霊」一一―三六頁参照。
(34) ソポクレス『オイディプス王』藤澤令夫訳、岩波文庫、一九六七年、九八頁。
(35) ラッセル『悪魔――古代から原始キリスト教まで』野村美紀子訳、教文館、一九八四年、一四三頁。
(36) 古代マケドニアの都市。この地でアントニウスとオクタビアヌスの連合軍がブルートゥスを破った。
(37) プルタルコス『ブルートゥスの生涯』四八・一。
(38) エラスムスの『格言集』(一・一・七二)にはローマ文学における「悪しき守護霊」のことが紹介されているので参照してもらいたい。金子晴勇『エラスムスの格言選集』知泉書館、二〇一五年、一五―一九頁。
(39) プルタルコス「アントニウス」三三・一。
(40) アウグスティヌス『神の国』八・一四・二参照。
(41) 詳細はR・L・ウイルケン『ローマ人が見たキリスト教』三小田敏雄・松本宣郎・阪本浩・道躰滋穂子訳、ヨルダン社、一九八七年、一六一頁以下参照。
(42) プラトン『饗宴』森進一訳、新潮文庫、一九八四年、八一―八二頁参照。
(43) 詳細はウイルケン『ローマ人が見たキリスト教』一六一頁以下参照。
(44) プロティノスは同門のオリゲネスと同じように、最小限の食物と睡眠、せいぜい菜食主義者のとる食事および風呂に入らない禁欲生活を送っていた。彼はまた自分の肖像を描かせなかった。というのは肖像は身体の影であって、身体が精神の影であるがゆえに、それは精神の影の影にすぎないからであった。そして自分の誕生日を一度も祝ったことはなかった。だが、多くの弟子たちにとりプロティノスは人生の大小の決断に際して相談にのってくれる父親のような存在であった。彼はうそを見抜く超自然的な眼識をもっていた。そしてキリスト教徒の司教のように、紛争の仲裁をよく頼まれた。
(45) プロティノスは存在階層の頂点に一者・精神・魂があると教えた。一者は最高の善である。その下には完全に善いということよりも存在が減少している、精神がある。しかしさらに段階を下った魂は、物を生産する力をもっている。善なる一者から存在階層の反対の極に存在している質料は、形而上学的に言えば形相を欠いた非存在という全くの悪である。

(46) アウグスティヌス『真の宗教』第四〇章を参照。というのもポルフュリオスが「存在を所有するすべてのものは、それが存在を所有する限りで善である」と述べていることを、アウグスティヌスが『真の宗教』で語っているからである。そこでタイラーはアウグスティヌスに見られる新プラトン主義からプロティノスを引いたものをポルフュリオスに帰した。ここから『告白録』第七巻にある「プラトン派の書物」はポルフュリオスの著作であると推定した。Willy Theiler, Porphyrios und Augustin, in: Forschungen zum Neuplatonismus, 1966, S.161ff. 参照。

(47) H・チャドウィック『アウグスティヌス』金子晴勇訳、教文館、二〇〇四年、三七頁からの引用。

(48) 『神の国』(一〇・二三)では「父なる神」「子なる知性」「宇宙霊魂」がポルフュリオスでは三位一体をなしていると紹介されている。アウグスティヌスによるとこの考えはキリスト教において実現している。

(49) これに対してアウグスティヌスは『キリスト教の時代について』(De tempore christianae religionis)で反論している。この書は『異教徒を論駁する六問題　一巻、あるいは手紙一〇二』の第二問に付けられた題目である。その一部が『聖徒の予定』(九・一七)に再録されている。

第Ⅱ部　『神の国』の基本思想

これまでわたしたちは『神の国』という大部な著作の全体的構想を主な筋道に従って検討してきた。こうしてこの著作の全体的な枠組みと構想とが解明されたと考えたい。これに続いてわたしたちは、この大作に展開する基本思想もしくは根本思想を解明すべく第Ⅱ部を設けて考察を続けなければならない。

しかしこの著作は第Ⅰ部でこれまで探求してきたように実に多岐にわたる問題が扱われており、何がその中心思想であるかは一見すると明瞭ではない。その生涯を通じてアウグスティヌスはさまざまな問題に出会って、思索と論争を重ねてきた。その歩みの痕跡を顧みると、彼が実に多面的な能力を発揮した思想家であることが判明する。「はしがき」で述べたように、『告白録』が探求しているのは「神と心」であり、『三位一体論』は「神と理性認識」を、『自由意志』とペラギウス派の駁論書は「神と意志」を扱っており、さらにドナティスト論争では政治問題を、『書簡集』では教会問題をそれぞれ主題的に考察している。それに対し『神の国』が問題としているのは、「神と歴史および社会」であるといえよう。しかもこの問題は異教徒のキリスト教批判に答えるという護教的な意図をもって開始し、歴史に関わる大問題として展開したのであった。

これまでの本書第Ⅰ部の内容を再度問題としてみると、神の国の前半が異教徒への反論であって、そこには「社会の繁栄には多くの神々が必要であり、神々の礼拝を禁止したことが災いを招いたとする人々への反論」（第一―五巻）と「この世の災いのためではなく、死後の生命のために多くの神々の礼拝が必要だとする人々への反論」（第六―一〇巻）が行われた。それに続けて本書の第Ⅱ部では「神の国と地の国に関する積極的主張」（第一一―二二巻）が展開し、「二つの国の起源」（第一一―一四巻）、「二つの国の進展」（第一五―一八巻）、「二つの国の終局」（第一九―二二巻）について論じられた。

彼の積極的な主張がこのように歴史の進展に集中しているので、この『神の国』の中心思想が彼の歴史観に求められたのは、きわめて適切なことであった。しかし同時に、この歴史観を成り立たせている基本的な構成要素を十分に検討することなしには、アウグスティヌスの歴史思想を解明することはできない。その歴史観は歴史以前の世界創造を前提としており、神と民との人格的な契約がどのような背景において成立したかを彼は詳細に検討している。しかも彼が依拠した旧約聖書は古い契約（約束）を述べた文書という意味である。イスラエルの宗教史では「契約」が重要な概念であって、旧約とは「古い契約」を、新約とは「新しい契約」を意味し、前者はモーセがシナイ山において締結したため、シナイ契約と呼ばれる（出エジプト二四・三―八）。この契約がパウロによって「古い契約」と呼ばれ（Ⅱコリント三・一四）、後者の「新しい契約」は旧約聖書のエレミヤ書（三一・一―三二）に記され、旧約聖書の中から契約の刷新への待望が語られる。

したがって聖書の劈頭を飾る天地創造の物語は、この契約の歴史が始まる舞台がどのように造られたかを物語る。この契約によって成立した共同体は預言者の時代には滅亡の危機に見舞われ、他の大国によって征服されると、この契約に立つ国家は滅亡したが、新たに契約は更新されなければならなくなる。ここに「新しい契約」が説かれ、キリスト教徒たちはイエスにおいてこれが実現したと信じた。

このような歴史を背景として『神の国』は実際に書かれたので、まずはアウグスティヌスが「創造と歴史」に関してどのような思想を懐いていたかが考察されなければならない（第五章）。次に神の国と地の国が分かれて国民《くにたみ》の歴史という観点から論述されたのであるから、次には「国」（キウィタス）の概念がどのような意味内容をもっているかが検討されなければならない（第六章）。さらに、わたしたちは時間の観点から歴史に関する基本的思想が「時間の秩序」としてどのように解明されたかを扱わねばならない（第七章）。それに加えて、そこに探求された「秩序」の思想が、国家・倫理・人間の三つの領域でどのように具体的に探求されたかが考察されなければならないであろう（第八―一〇章）。

第五章　創造と歴史の意義

はじめに

アウグスティヌスが創造について『告白録』の終わりの三巻や『創世記逐語注解』などで叙述している聖書の創造思想は、『神の国』ではどのように把握されているのであろうか。キリスト教の教父時代には創世記第一章の解釈が極めて重視されており、「紀元一世紀はその第一哲学を天地創造の物語に則って所有している。ここに教父時代の心理学的・人間学的認識において厳密な意味で独創的なものは、創世記第一章以下の注釈に由来している」と言うことができる[1]。アウグスティヌスにとって創世記の本文は、神がモーセに口述した神の言葉である[2]。彼の講解の大部分は比喩的な解釈であって、そこには彼の優れた哲学的な思索が展開する。たとえば、『告白録』第一一巻では独創的な時間概念の分析がなされており、創世記の解釈でも独創的な思索の展開が予想される。そこには聖書の本文の比喩的解釈の実例として、「天の大空」が彼には確実な権威を意味し、「天のもろもろの光」が聖徒たちを意味すると見なされる。このような理解は原典の単純な意味からはるかにかけ離れている。それでもすべての被造物が神の創造の意志を象徴的に述べていると見なす解釈には、原像に対し映像を象徴的にするプラトン主義的な発想があって、そこでは比喩が当然適切な解釈方法であると考えられた。それゆえ、神が世界を無から創造したという創造思想は、発想においてはキリスト教的であっても、実際には表現しがたい思弁的な形而上学に属する思索となっている。

1　キリスト教的自然観

そこでわたしたちは、まず、アウグスティヌスの創造について『創世記逐語注解』(De Genesi ad litteram, XII, 401–415) の叙述を参照して創造思想を考察してみたい。

創造思想の特質として指摘される「無からの創造」(creatio ex nihilo) という教説は創世記の冒頭から始まり、預言者たちにおいて発展したものであって、神の全能から理解された思想の存在論的な理解の最終的な表現である。「無からの創造」は聖書的な典拠として、「子よ、天と地に目を向け、そこにある万物を見て、神がこれらのものを既に在ったものから造られたのではないこと……を知っておくれ」(Ⅱマカバイ七・二八) があげられる。ここでは創造が「既に在ったものから造られたのではない」として語られ、何らかの素材を前提していない。こういう「在ったものではない」ということが無からの創造の教説となり教義的に定着するのは二世紀後半になってからである。[3] 確かに世界を建築するために必要な先在的な材料があるとすれば、それは神が造ったものではない。したがって神が造ったのではないものとして「無」が理解される。ここにはプラトンの世界製作神デミウルゴスの世界創造とは異質な理解があって、何らかの質料に形相を付与するというギリシア的な観念論的な理解は見られない。それとは反対に事物が必然的な宿命や必然性からではなく、新たに刷新されるという体験や希望から世界創造という思想が生まれる。このことは創世記の天地創造の物語がイスラエルのバビロン捕囚の悲惨な体験から生まれたように、何らかの存在の無の体験に淵源する。たとえばアウグスティヌスでは理性の無知と意志の無力の深刻な体験であり、ルターでは義認信仰の背後にある絶望的な無力の自覚である。

アウグスティヌスの場合にはプロティノスの思想が前提となっていると思われる。このプラトン主義者によると世界は根源的な一者から自然に流出してきたとされる。この説に従ってアウグスティヌスは一者なる神の体験に迫っても、一瞬の瞥見に達しただけで、直ちにもとの空しい習慣に引き戻されてしまう。ところが神からの声を聞いて新たに救済を求め、自己の空しさと恥ずべき姿を知って初めて回心を経験し、神の全能と世界の創造が理解されるようになった。このように創造思想は自己の空しさや悪の理解とも深く関連しており、アウグスティヌスによれば悪の起源は先在する物質のうちにあるのではなく、魂の自由な決断のうちにある。また『神の国』で繰り返して強調される視点、つまり神が世界を時間においてではなく、時間とともに創造したという創造思想は、創造者なる神の世界計画や意志を内蔵しており、存在の無の自覚がそこに前提されている。こうした前提に立って創造者の意志が強調されるようになり、単に永劫回帰する時間を説くギリシア哲学と対立するようになった。

次に重要な点は、アウグスティヌスがプラトンのイデアを「永遠の理念」(rationes aeternae)として、つまり神の創造思想の内容として把握していることである。プラトンのイデアには階層的秩序があって、その最上位に善のイデアが「神のように」もろもろのイデアのイデアとして存在しており、それは「存在を超えて」さえいる(4)。プラトンではこのイデアが原像であり、これに基づいて世界製作神デミウルゴスが素材を使って感覚的に知覚されうる世界を造ったと説かれた。だが、今やキリスト教徒たちが信じる神が最高の位についているがゆえに、人格神が非人格的な善のイデアの地位に立ち、もろもろのイデアを世界創造の思想内容としてもつようになった。このイデアを人間は意識の中で直観できるがゆえに、まず信仰によって神に向かい、その思想を追想し、創造された自然世界の根拠を把握することができると考えられたのである。

(1) 創造論と自然の秩序

次に創造思想を具体的に叙述している『創世記逐語注解』について考えてみたい。もちろん、全一二巻からなる膨大な思想を全体として扱うことはできない。[5] ここでは創造論だけを問題としてみたい。聖書の創造に関する記述には、創世記第一章から第二章四節前半までと、それ以後の第二章との二つの物語が併存している。[6] この記事をアウグスティヌスが永遠の創造と時間的創造とに分けて扱ったため、あたかも創造が二回行われたかのごとき印象をわたしたちは受けるが、彼はこの二つの物語の関係を「種子的理念」(rariones seminales)で説明し、それによって創造と時間との内的関連を把握したのであった。すなわち神の創造は永遠者の働きによって一瞬にしてかつ同時的に完了し、そこに時間が入る余地はない。だが時間は被造物の創造とともに発生し、この時間過程において種子的理念が可能態から現実態へと生成する。とりわけ彼は、この理念を用いて動植物の創造とその個体として完成する実現過程を説明した。それゆえ人間の起源もこれによって解明される。彼はこの種子的理念を、神が創造した理念もしくは根源であって、目に見える現実の種子ではないと言う。この説はストア哲学に由来しており、彼がプロティノスを通して継承している思想である。彼は当時のギリシア自然学の知識を援用して、生物の種を創造のわざの中に入れて聖書を解釈している。

アウグスティヌスによると、神は天地を創造したとき、水と地のような元素と同時に時間の経過とともに発生し、完成に向かう生命体をも可能態において、もしくは生成の原因をもつものとして、すでに創造しておいた。したがって創造は一回的にしてかつ同時的に生じたが、それでもそこには二つの側面があって、その第一の局面は、地・水・火・風の四元素から成る物質が種子的理念とともに造られたことであり、第二の側面は、この理念が時間の経過とともに可能態において潜勢的にあったものが顕勢態にまで達し、個体として完成することである。アウグスティヌスはこの二つの側面を「始源の創造」と「管理」によって区別し、時間の開始の瞬間と神の支配による時間過程の展開とを考えた。

(2) 創造と時間

これら二つの側面の中で神の管理の行為は、今日に至るまで働いている神のわざであるが、それは世界創造のわざに続くものである。「神がその創造したもうたすべてのわざから休まれたという意味は、さらに新しい自然を創始することなく、神が造ったものを保持し、かつ、治めることをやめなかった、ということである(7)」。神の創造は永遠者の働きによって一瞬に、かつ、同時的に完了し、そこに時間が入る余地はないが、被造物の創造とともに時間が発生し、この時間過程を導く神のわざが「管理」と言われた。したがって、この時間過程の出発点に「種子的理念」が元素間に織り込まれて与えられ、将来の個体の発生に至る原因が可能性において与えられたのである。

それゆえ時間は被造物の運動と変化との過程のうちに存在する持続なのであるが、それは被造物の可変性とともに生じているから、被造物が存在する以前に求めることはできない。したがって『神の国』において神は時間の中で世界を造ったのではなく、時間を世界とともに造ったと繰り返し説かれた。こうして時間は創造との関係の中に据えられることにより、プラトンのコスモスのように、神から独立した自律性が世界から失われ、最初の創造以来神の意志と計画に従う方向性が被造物に与えられたのである。

このように、神が世界を時間の中では創造されなかったという主張は実は、アウグスティヌスに特有の深遠な思弁に属することである。もし世界が永遠であるというギリシア哲学の支配的傾向に対立して出発点となる始原をもっていたとすると、神は創造以前に、いったい何をしていたのだろうか、神はどうして自己が現に選んだ瞬間に世界を創造したのであって、空虚な無限時間の中に他の世界を創造しなかったのか、という問題に直面することになる。実はこのような質問を出して、哲学的訓練を受けていた異教徒たち(マニ教徒)は、素朴な神話的創造信仰を有するキリスト教徒たちを容易に窮地に追い込むことができた。これに対してアウグスティヌスは一つの悪意ある返答――もちろんそれを斥けてはいたけれども――を述べる価値があると考えて、次のごとく言う。「創造の前に神は、神の神秘をさぐり知ろうとしている人びとに対し、地獄を創っていた(8)」と。実際、この種の質問に対する何らかの回答というものはあり得ない。わたしたちはむしろ質問自体が間違って立てられているとすべきである。なぜなら神にとって固有な存在は時間のうちにはない。神の存在は絶対的現在であり、過去とか未来とかいう概念を神に適用することはできない。神は在ったのではなく、在るであろうでもなくて、神は在るのである。アウグスティヌスはこのような関連の中でわたしたち人間が知っている流れゆく時間を、古代のどのような哲学者よりもいっそう深遠的に、かつ、はるかに現代的であると感じられる方法で『告白録』第一一巻で心の時間として分析したのであった。しかし彼がこのような分析を行ったのは、このような時間概念が神に適用し得ないことを示すためであり、そのために時間の分析を利用したのである。神は時間のうちには存在しない。神は世界を創造したときに、時間を創造したのである。「神が創造した」とか「神が創造したとき」というような表現自身も、創造を人間から見た側面、したがって流れゆく時間の内部に現れる側面を言い表しているのであって、神から見た側面を言い表してはいない。

(3) キリスト教的自然原理

この時間の変遷によって生じている運動には、星辰の運動・四季交代する天体運動・生物のライフ・サイクル、たとえば植物における芽の生長・緑化・凋落、また動物が周囲世界(周界)を形成し、誕生・成長・老化・死を通過することなどが属している。それゆえ、壮大な自然法則の展開は種子的理念を原理として生じたことになる。したがって被造物は、人間であれ、自然の事物であれ、全能の神がその知恵に従って与えた所与の定めを超えられない。

あまねく知られた自然の進路のいっさいは自己の自然法則をもっている。この法則により、被造物である生命をもつ霊も、ある仕方で決められた自己の欲求をもっており、その限界を悪しき意志といえども越えることはできない。また物体的世界の要素も一定の力と自己の性質をもっていて、各々は何をなしうるか、なしえないか、そこから何が生じうるか、生じえないかが決められる。……しかし創造主の能力は、自然的事物のこの運動と進路とを越えて、これらの事物の種子的理念が所持しているものとは別のものを、それらすべてのものから造りだしうることを自己のうちに備えもっている。けれども、神がこれらのものから造りうるか、もしくは神によってそれが可能となるように、神が彼らのうちに〔あらかじめ〕置いておかなかったものを神は造りだしえない。実際、神の全能は偶然的な能力ではなく、知恵の力によって成立している。そして知恵は各々の事物から、それにふさわしい時に至ると、知恵が以前その事物のうちに可能性として造っておいたことを、形成するのである。(9)

このような自然現象の根源としての神の知恵が自然現象の中に認められるが、それは神が直接関与して生じる奇跡の原理ではない。したがって種子的理念が生物の種類に従って始源から完成したかたちで創造時に造られていたのであって、「種」が時間過程の中で変化すると説く進化論は意図されていなかった。(10)

2　プラトンの『ティマイオス』との比較考察

このようなアウグスティヌスの思想を、彼が『神の国』で考察しているプラトンの『ティマイオス』に示された宇宙論と比較してみよう。この書でプラトンは、ギリシア思想で一般に認められているように、世界の生成をその本質であるイデアから説明した。(11)

(1)プラトンの世界製作神デミウルゴス

初期のキリスト教の思想家たちは「教父」と呼ばれる。彼らはプラトンの『ティマイオス』に登場するデミウルゴス（世界製作神）が旧約聖書の創造物語に由来しており、プラトンは聖書からこの神について学んだと信じていた。アウグスティヌスもそう考えた（『神の国』一一・二一）。しかし、今日では、誰もそのようには考えていない。では両者の間にはどのような相違点が見出されるのであろうか。

プラトンは「常に存在していて生成をもたないものと、常に生成しているが決して存在しないもの」とを区別し、前者は理性的言論に従い思惟によって把握されるものであり、後者は理性の働きと異なる感覚作用に従って捉えられると考えた。この生成するものはすべて必然的に或る原因から生成しなければならないが、その際、「或る物の製作者が、常に同一に存続しているものを模範として観て、それの形姿と性能とを模写するならば、すべてのものを美しく完成するに違いない」。このように考えて製作神デミウルゴスがイデアを観て、世界を造ったと彼は次のように説いた。

彼〔世界製作者〕が永遠なるものを観ていたことは誰にも明らかである。なぜなら、この世界は生成したものの中で最も美しいし、彼はあらゆる原因の中で最善のものだからである。このようにして調和的世界は、理性と思惟とでもって把握され、常に自己同一に留まるものにかたどって形作られて、生成したのである。(12)

ピタゴラス派のティマイオスはこのように語って、世界創造の物語を開始する。この宇宙創成説で注目すべき点は、まず第一に、生成した世界の由来が問われていることであり、第二に、この世界を造った者は時には「神々」と名づけられ、時には「製作者」（デミウルゴス）と名づけられ、また少なくとも詩的に高揚した場合には、「万有の父」と名づけられている点であり、第三に、恒常不変に存在しているものの範型に基づいて世界が造られたことである。

『ティマイオス』は永遠なる原像と生成した模像のほかに、原像にかたどって模像を造った第三者なる神について語る。この神はギリシアの宗教において知られている神々の一人ではない。プラトン以前のギリシア人が世界の創造者というような思想を述べたことはなかったように思われる[13]。したがってキリスト教教父たちが、旧約聖書の創造神に最も近いものとしてプラトンを持ち出しても少しも不思議ではない。プラトンはロゴスによって論証できないときには、しばしばミュートス（神話）を創作する。事情はここでも同じである。それゆえデミウルゴスは、神話とは別のことを比喩的に示唆しているといえよう。この神話が創作されたのは時間を超えたイデアの世界を時間の継起として説明するためだったと考えられる。この神は「静止することなく多様な運動をしている可視的なるものすべてを引き取り、無秩序から秩序へと導いたのであるが、それは秩序があらゆる点において無秩序に優ると判断したからである[14]」。また「なぜならこの調和的世界の生成は必然性と理性との共同作用によって混ざり合った結果であった。理性は必然性を説得することによって支配し、生成する事物の大部分を最善へと導いた。そして必然性が理性的説得に服することによってこの万有は初めて生成したのである[15]」と彼は言う。したがって世界には神的理性の秩序と盲目なる必然性の偶然との二原理が働いており、前者が後者を説得して秩序に服させているという理性的な解釈こそプラトンの根本思想に他ならない。

しかしキリスト教の創造思想は、人間を含めた天地が神の手によって創造されたと説いている。そうすると、被造物には神の思想と意志が刻印されており、被造物は厳密にこれに従っていることになる。それゆえ世界がそこから造られた「質料」は創造によって自己の内に法則をもつ「物質」として把握されていることになる。ギリシア思想では、プラトンが先に説いていたように、非形態的な質料が理性によって初めて形を与えられているのに対し、キリスト教では被造物自身のうちに理性的法則が含まれていると説かれている。このことが明らかになることによって古代キリスト教の自然観の特質が把握される。

(2)『神の国』における創造論

このようにキリスト教の創造思想は無からの創造を説き、形をもっていない未形態の物質〔無〕の中にも種子的理念が含まれているため、無から創造された物質は創造者が定めた法則に厳密に従って生成した、と説かれるようになった。確かにギリシア存在論では本質が自然に先立っている。それゆえそれは本質的に観念論であった。それに反しキリスト教の創造論では創造者の思想が自然に刻印され、自然の内に含まれていると説かれた。ここから両者の自然観の根本的差異が生まれた。先に取り上げたアウグスティヌスの『創世記逐語注解』ではギリシア哲学の影響がなお残っていた。たとえば最初に創世記一―三章を解釈したアレクサンドリアのフィロンは、第一章を霊的世界の形成、第二章を可視的世界の形成として、両者を原型と模像のように理解したのであった[16]。その考えはオリゲネスの創造説にも反映していたが、アウグスティヌスも先の『創世記逐語注解』ではまだそのような影響が残っており、霊的ないし比喩的解釈を試みたのであるが、『神の国』ではそのような解釈は極力避けられており（『神の国』一四・二二）、創造と歴史の結合が新しく説かれるようになった。

創世記の第一章と第二―三章とは今日では祭司資料とヤハウェ資料に区別されているが、創造が二回あったとは考えられていない。したがって創造と堕罪の物語が歴史と結びついて創造の歴史を形成している。それは一―三章だけでなく、フォン・ラートによっても明らかにされたように一―一一章でもなされている[17]。ここでは祭司資料とヤハウェ資料とが平行しているが、祭司資料には宇宙と人間の創造に続いて祝福、系図、洪水がある。洪水後も祝福と系図が繰り返されて一二章以下へと移る。他方ヤハウェ資料は宇宙創造にはほとんど関心を示さず、ただちに人間の創造に入り、しかもこれに堕罪が続いている。したがって、ここでは創造以後の歴史の前面に現れるものは罪とその罰との繰り返しであり、祭司資料とちがって、一二章に移る直前にもう一度バベルの塔という高慢と反逆の出来事が現れるが、それでもなお祭司資料の場合と対応する、労働と文化への祝福がある。これらは罪のゆえにかえって苦しみを伴うものとなったが、そのために生命と祝福が奪われたのではない。したがって創造が堕罪なり洪水なりによっていったん絶たれたにもかかわらず、世界と人間が神の正義によって保持され、それによって創造と歴史が結ばれていることになる。このような保持する働きが創造の重要な機能となっている。アウグスティヌスは『神の国』第一一―一四巻で、創造と堕罪をもって歴史の始まりとなし、これを歴史的世界の出来事に結びつけた。彼は創世記第一章の六日のわざを一日の出来事と見なしたが、この「一日」はあらゆる日の原型を意味すると同時に、歴史の第一日とも解される多義的なものである。したがって創造の六日は太陽暦のような時間の間隔をもたず、時間も事物に与えられた秩序の下に造られ、神の管理の導きによって秩序あるプロセスをもって回転し始めたのである。これと同様な時間論が『神の国』には次のように述べられている。

時間は何らかの運動変化なしにはないが、永遠の中にはどんな変化もないのである。時間と永遠に関するこの区別が間違っていないとすれば、だれが次のことを理解しないであろうか。すなわち、何らかの運動によって何らかの変化を起こす被造物が生じなかったならば時間は存在しなかった、ということである。……それゆえ、疑いもなく、宇宙は時間の中に造られたのではなくて、むしろ時間と共に造られたのである（一一・六）。

時間は被造物の運動と変化との過程のうちに存在している持続であるが、それは被造物の可変性（mutabilitas）と共に生じているから、被造物が存在する以前にそれを求めることはできない。神は時間の中に世界を造ったのではなく、時間を世界と共に造ったのであるから、神の一回的な創造のわざが時間をも同時に生じさせたことになる。こうして時間は創造との関係の中に立てられることによってプラトンのコスモスのように神から独立した自律性が失われ、神の意志と計画に従う方向性が最初の創造以来与えられていることになる。

『神の国』に見られるこれらの解釈は、アウグスティヌス自身にとっても新しいものである。続く第一五巻以降、創世記第四章（カインとアベル）以後に見られる二つの国の混合のさまを叙述することが、歴史の大まかなプログラムなのである。先に指摘した神の意志と計画というのが「永遠不変な神の計画」であって、アウグスティヌスによるとこれが「時間の秩序」として最初から歴史の歩みの計画として授けられていた。ちょうど動植物の生体には「種子的理念」が創造とともに授けられているように、人間の歴史には「時間の秩序」があたかも「巻き物」のように最初から与えられており、これによって創造から歴史への発展過程が成立するのである。

3　世界時代と歴史

『神の国』の叙述の中で第一五―一八巻は、最初の人間たちから生まれたアベルとカインに始まる人間の歴史を考察する。アベルからは信仰による「神の国」が、カインからは不信仰によって「地の国」が始まり、人類は自らの意志で神に背き、死を罰として負わされ、楽園から追放されることが起こり、こうして悲惨な人類の中から、ある者を恩恵によって神の国の永遠の生命へと救い出し、残りの者を地の国の者として永遠の罰へと至らせる。これが「神の永遠の計画」であった。これに基づいて歴史は着実に進行すると見なされたのである。

(1)　「神の永遠の計画」と歴史

この「神の永遠の計画」はイスラエルの歴史において「聖なる歴史」つまり「聖史」として叙述される。それは聖書に具体的に記された「六時代史」として説かれたのであるが、その時代史には神と人との仲保者イエス・キリストの救済の位置づけが一見すると不明瞭のように思われる。そこに『神の国』のコメンタリーを書いたシヨルツが注目し、アウグスティヌスの歴史理解を批判するようになった。彼は言う、「アウグスティヌスがキリスト教を世界史の転回点として評価するのを放棄していることは、単に歴史哲学的観点からのみでなく、信仰の哲学的観点から見ても、一つの欠陥である[18]」と。確かに『神の国』の後半の叙述は「神の国」と「地の国」との対立と抗争の歴史を叙述しているために、これが一種の二元論のような感じを与えるかもしれない。ところが実際にはこの対立と抗争の歴史には「神の永遠の計画」がそれらの実現の歩みに刻まれているというのがアウグスティヌスの考えであった。それは年老いたアブラハム夫妻にイサクが授けられるという、神の歴史への奇跡的な関与によっても説かれた。実際、これこそ歴史における神の関与を告げる、最初の受胎告知であった。彼は次のように言う。

ここではイサク、すなわち約束の子におけるもろもろの民の召命がいっそう明らかに約束されている。この約束の子は自然本性ではなく恩恵を表すが、それは彼が年老いた夫と、年老いた不妊の妻に約束された子だからである。出産という自然本性のなりゆきも神の働きではあるが、自然本性が損なわれて不能となり、神の働きが明らかな場合には恩恵がいっそう明らかに知られるのである。そしてこのことは、出生を通してではなく、新生を通してそうなるべきことである……。すべてのことが新しさを鳴りひびかせており、旧い契約の中に新しい契約が影として潜んでいる（一六・二六）。

これに続いて神が「またわたしはあなたと、あなたの後の子孫に、あなたの住んでいる地、カナンの全地を永遠の所有として与えよう」と言われていることについて記してから、地上的なものは「永遠の所有」とはならないので、その実現をどのように理解すればよいかについて、彼は次のように発言する。

そのように人が迷うならば、「永遠の」（アエテルヌム）という語はギリシア人が「アイオーニオン」と呼ぶものとわたしたちは解していることを知るべきである。この「アイオーニオン」は「世代」(サエクルム)から由来するのである。というのは、「サエクルム」はギリシア語では「アイオーン」と呼ばれるからである。だがラテン人はあえてこれを「サエクラーレ」とは訳さなかった。それははるかに違った意味にしてしまわないためであった。というのは、この世で短い時間の中に変化消滅する多くのものを「この世的なもの」(サエクラリア)と言うからであり、それに対し「アイオーニオン」とは、終わりのないもの、あるいはこの世の終わりまで続くものを指すからである」(同)。

このようにアウグスティヌスはアイオーン(αἰών)という言葉を説明する。アイオーンはラテン語ではsaeculumであるが、その訳語を彼は使おうとしない。それでは意味が変わってしまい、世俗化を起こし、この過ぎゆく世界に起こることに適用されてしまうからである。αἰώνからαἰώνιονという言葉が派生し、それは神がアブラハムに与えたカナン全地の「永遠な」(aeterna)所有に使われたのである。周知のように新約聖書はαἰώνを「永遠なる」の意味と「世界・世・世代」の意味にも用いる。そして永遠も決して無時間的または時間の終わりを意味するのではなく、人間の理解を超えた無限の時間を意味する。それゆえ永遠と時間との対立はなく、キリスト教においては永遠が良い意味で世俗のうちに実現され、実践的地盤を獲得し、永遠を担った時、永遠の現在という意味となってくる。したがってわたしたちはアイオーンをまた「永代」という意味での「世代」や「世」と訳すことができる。

(2) ニーグレンの「アイオーン」解釈

先の引用文の最後の一節「アイオーンとは、終わりのないもの、あるいはこの世の終わりまで続くものを指すからである」(αἰών autem quod dicitur, aut non habet finem aut usque in huius saeculi tenditur finem) は聖書においてはどのような意味をもっているのであろうか。アイオーンの転換をもってローマ書の中心思想であると洞察したニーグレンは、『ローマの信徒への手紙注解』で独自の解釈を披瀝する。[19] 彼によるとアイオーンという言葉は近代人には全く理解できないようになった。それは西洋近代文化の世俗化に原因が求められる。saeculum というラテン語は αἰών と同義語であったが、次第に世俗的な見方を言い表すようになり、人間の一代を考えるようになった。[20] しかしパウロがアイオーンという言葉によって考えているのは、互いに相対立する二つの領域であり、その一つは死の支配（dominion of death）する世界であって、人類のすべてを、つまりアダムの世代を支配する。他は生命の支配（dominion of life）であり、キリストの世代を支配する。[21] そしてキリストの出現は新しい世代（the new aeon）つまり生命の世代（the aeon of life）をわたしたちに与えるためである。アイオーンがこのようであると、それはキリストの広大無辺な意義（cosmic significance）と呼ぶべきであろう。「キリストは古いものに打ち勝ち、新しさに至る道を照らしながら、二つのアイオーンの境界線（frontier）に立っている」[22]。このようにニーグレンはキリストを古い世代から新しい世代に、つまりこの世から来たるべき世に至る橋渡しとなし、世代の転換こそキリストの意義であると説いた。

ニーグレンは歴史が古いアイオーンに属しており、キリスト教のアイオーンには歴史は属さないと主張する。そうすると歴史をキリスト以前と以後とに分ける見方は誤りとなり、歴史はパウロにとって罪と死の世界にのみ属することになる。[23] しかしクルマンは言う、「永遠が複数形で言い表されている事実は、永遠が時間の終結、無時間ではなくて、無限の、したがって人間の頭脳では把握できない時間の進展を意味するものであることを証拠立てる」[24]と。そうするとキリスト教のアイオーンは歴史の終わりではなく、クルマンが言うように、新しい時間の無限の進展と見なすべきであろう。また終末の完成に至るまで絶えず歩み続ける経過をキリスト教的なアイオーンとなし、連続的に進行する救済史が展開すると考えるべきである。こうしてキリストによって世界史は以前以後に二区分される救済史となっている。クルマンは次のように言う、「この救済史は二つの運動の中に経過する。一つは多数性から一に経過する。それは古い結びつきである。他は一から多に推移する。これは新しい結びつきである。まさしくこの中心にキリストの死の決定的な事実が立っている[25]」。ここから歴史の伝統的な二分割法は正当であるし、アウグスティヌスが教会内部の悪者の存在も救済史の完成への要請と見なすことで歴史の終局を希望するように導いている。

この世俗化の問題をイギリスの教会史家R・A・マーカスは『アウグスティヌス神学における歴史と社会』において考察した。アウグスティヌスの歴史意識がエウセビオスの非終末論的な国家的神学と対照的であることは確かであり、この点はとりわけカムラーの終末論的な神の国の解釈で指摘されていた[26]。マーカスが強調したのは、アウグスティヌスにはキリストの受肉以後を救済史的に新しい時代と見なすことはなかったという点である。したがって人類の第六の時代は受肉の時であり、そのあとに来るものは再臨と終末の待望のみである。ここから「世」(saeculum)の出来事自体は聖性をもたないことが説かれた。したがって、今の時代が「キリスト教時代」と呼ばれるとしても、それは被造物である「世」が新しい質のものに変わったことを意味しない。この解釈はサエクルムを神の救いの出来事として世に示すことに集中しており、中世における位階制度の先がけを見るというものであるが、新しい「世代」のもつ「転換」の意義が十分に理解されていないのではなかろうか。

(3) 世界時代としての世代の転換

それではアウグスティヌスにとってアイオーンとしての世代の転換は、いかなる表現でもって言われるであろうか。それは二つの観点から説かれていると言えよう。

(a) 神の人類救済計画　時間が被造物と同時に創造されたことは、創造の六日も太陽暦のような間隔をもたず、その発展の全体が「事物の中なる諸原因の連結」の中に「時間の秩序」としてすでに与えられていることを意味する。しかし、ここでの時間は自然の領域における物理的時間であって、人間の歴史における発展、つまり文化的時間からは区別される。ところで『三位一体論』では、時間の秩序は時間を超えた永遠者である神の知恵の内にあって、時満ちる「カイロス」（plenitudo temporis）において御子の受肉として実現したと説かれた。このことは次のように語られる。

神の知恵自身において御子は時間なしにいましたもうたが、この時間において神の知恵は肉体をとって現れなければならなかった。したがって御言は時間の開始なしに始源から存在しており、御言は神のもとにあり、神であったから、御子は時間なしに御言自身の内にあったのに、その時間の内に御言が肉となり、わたしたちの間に宿りたもうた。……御言自身においては時間なしにあったお方が、こうした満ちた時に生れたのである。時間の秩序は確かに神の永遠の知恵の中に時間なしに存在している。[27]

このような時間の秩序は『神の国』で説かれている時間を世界とともに創造し、始まりを与え、歴史を導く「永遠不変な神の計画」（immutabile aeternumque consillium）と思想内容が全く同じであると考えられる。すなわち「神は永遠であって始めのない方であるが、その深みのゆえにある始めを取り、以前には造らなかった時間と人間とをあるとき造り、しかもそのことを新しい突然の思いつきによってではなく、不変の永遠の計画をもって行ったのである」（一二・一五）。また「神は新しいわざを新しい計画によってではなく、永遠の計画に従って行うことができる」（一二・一八）。このようにして『神の国』ではこの時間の秩序という概念が歴史に適用されたと考えられる。

この「時間の秩序」は神の知恵のうちにある歴史を導く理念であるが、それが歴史において実現するプロセスも「諸時代の発展過程」（voluminoa saeculorum）として神の知恵の中にあらかじめ存在していたとも説かれた（四・一七・二三）。この「発展過程」というのは元来「巻き物」（volumen）であって、一巻の歴史絵巻のように、すべては神の内に永遠者の計画として最初から存在していた。アウグスティヌスはそれを段階的発展を含む秩序の理念として、したがって歴史を解明しうる根本的な原理として確立したのである。こうして「時間の秩序」は御言の受肉を頂点とする歴史に適用され、この観点からの歴史解釈が『神の国』において大規模に展開したといえよう。

(b) 生殖(generatio)から再生(regeneratio)へ この世代の転換が自然的な生殖(generatio)による罪の支配からキリストによる再生(regeneratio)によって新生し、生命の支配に転換するという思想の中にそれが表現されているとわたしたちは考えることができる。その古典的な表現はイサク誕生の物語である。すなわち老いて死んだも同然の両親からの誕生は、自然の生殖力がなくなったところに、神の力が現れて自然の法則を破る、神の力による新生を意味する(一六・二六)。このことはイスラエルの歴史において神が不思議なわざを啓示する最初の出来事であった。それゆえタルムードはイサクの誕生を強調する。[28] しかしパウロがイサクの誕生とキリストの死からの復活とを結びつけた点に新しい意味がある。こうしてイサクの誕生はキリストによる霊の新生を象徴する出来事となる。キリストによって自然の生殖が支配する世界から脱出して、霊によって新生し、「新しさ」(novitas)が得られる。生殖(generatio)の支配する世界は、アウグスティヌスによると、理性を無化する悪の最深の「強欲」(concupiscentia)が支配する世界であり、「情欲」(cupiditas)において「性愛の全我欲と自己肯定が肉と結ばれて」[29]、人類に伝わる原罪となった。このような生殖と原罪との密接な結合によって古い全世代は遺伝的に罪が支配する世界となる(一四・二〇)。それは第二のアダムであるキリストの復活に至るまで「死に至る存在」となった(一三・一二)。だがひとたびキリストが死に、かつ、死から甦ることによって自然から恩恵への転換と移行が可能となったのである。

(c) アイオーンの転換とキウィタスの転換 さらに注目すべきことは世代の転換が時間的な意味のアイオーンの移行を意味するだけでなく、同時に時間的な契機と並んで、社会的な契機であるキウィタスの転換も行われたことである。したがって時間とともに世界を創造した神は、新しい時間とともに新しい社会を創造したのである。古いアダムにおける肉の生殖による社会からキリストによる霊の中に生きる贖われた社会にアイオーンと同時に社会は転換する。既述のようなキウィタスの空間的・社会的に把握された全き異質的な対立は、アイオーンの転換と結びついている。二つのアイオーンの矛盾と衝突が時間を通して解消されるのを見るとき、そこにはアイオーンの相違が重要な意味をもっていることが判明する。こうして歴史を通して見たキウィタスは社会的・空間的要素と歴史的・時間的要素の結合体であり、その結合関係は、神が世界を時間とともに創造したという思想に見事に表現されていることを銘記すべきである。[30]

4　歴史の非歴史的解釈と歴史的解釈

このような考察によって時間に対する二つの態度は歴史の解釈においても異なってくる。すなわち創造における被造物に伴われた循環する無限の時間（古いサエクルム）と神の救済計画に基づくキリストと一緒に出現した時間（新しいサエクルム）とは、質的に相違する。このような歴史の解釈は古代ギリシアの歴史家ヘロドトスとの比較によって明らかとなる。

(1) ヘロドトスの『歴史』との比較

ヘロドトスは「歴史の父」呼ばれる。彼が生きた時代はギリシアが危機に見舞われたときでもあって、それはペルシア帝国の出現とその拡大によって惹き起こされ、ギリシア諸国の協力によってペルシアが戦役に敗北したことで終焉した。彼が歴史の父と呼ばれるのは、最終的には、彼がその仕事を開始した精神に基づいており、著者自身が次のような『歴史』冒頭の言葉でもってその精神の証人となった。

これはハリカルナッソスのヘロドトスによって着手された調査（ヒストリア）の記録であって、人々の業績が時の経過とともに忘れられないために今やそれを開始する。それはギリシア人によっても同じく異邦人によっても成し遂げられた偉大にして驚異的な業績が知られずに見捨てられないためにであり、そして最後にはどうして彼らが互いに戦ったかという理由を見出すためである。(31)

この叙述の中で使われたヒストリアという言葉は、すでにヘラクレイトスによって哲学的な探求の実践を示すために使用されていた。(32) ヘロドトスは自分の作品の本質を指摘するためにこの言葉を採用することによって、多くの人が分担して連続的に記録する一般の方法〔筆記による記録法〕から自己自身を切り離している。(33) 同時にペルシア戦役から起こってくる諸問題にロゴスを適用するに当たって、その調査を単なる物語形式や年代記の水準から向上させ、著者の叙述を古典的な歴史家の中で「最も哲学的なもの」として正当化する。こうしてヘロドトスのロゴスは自らが詩のロゴスではなく、哲学のロゴスであると言い切る。とりわけヘロドトスの目的は、彼が言明しているように、三重のものであった。それは、(a)事実の研究、(b)価値の研究、(c)原因の研究として追究された。

このように歴史を「諸原因の探求」として考察することによってヘロドトスはイオニアの自然哲学の精神と伝統との協力関係を明らかに示している。「ヘロドトスのギリシア文化における特別な地位」は「彼が小アジア－ギリシアの海岸地帯の知的な偉大さの冠である」という事実から起こっているということが当然のことながら認められている。(34) したがって彼のうちにわたしたちは、当然のことながら、ヨーロッパとアジアとの間の国境地方の生活を特色づける思想と関心事の記録を見出すことができると期待する。しかしヘロドトスはこれよりもっと先まで歩んでいった。彼は知性的に理解する可能性の原則を追究して、タレスによって創始され、途切れない熱意をもってヘラクレイトスの作品で頂点に達するまで連続する哲学の継承者たちによって追究された営為に参与していった。特にヘラクレイトスには歴史家の霊感が豊かに備わっていたと言ってもよい。彼にとっては宇宙の運動を支配する法則は永遠であり、包括的である。したがって、そのことは人類そのものでも例外でない。歴史家としてヘロドトスの課題はこの法則を人間の行動、「その目的を追求する人間の活動性」の解明に適用することであった。これに対する基礎はすでにイオニアの自然学者たちの仕事によって準備されていた。この哲学の影響によって歴史は自然学的に探求する方法によって把握されることになり、歴史の非歴史的解釈が生まれることになった。つまりヘロドトスは自然学者によって探求され、かつ、指摘された被造物に伴われて循環する無限の時間（古いサエクルム）に基づく歴史解釈を遂行したのである[35]。

(2) ティリッヒの「歴史に対する非歴史的解釈」

先に指摘した歴史に関する二つの相違は、ティリッヒの「歴史に対する非歴史的解釈」（non historical type of interpreting History）と「歴史的解釈」（historical type）との比較考察に明瞭に語られている。前者では「歴史は崩壊の過程として解釈され、世界の時代（world Era）の不可避的自己破滅に至る」が、後者では「歴史はその意味が表される転回点あるいは中心を有し、歴史的経過の自己破滅的傾向に打ち勝ち、自然の円環運動によって破られることのない新しいものを創造する」。また救済の観点から見ると前者では「救済は時間と歴史からの個人の救済であり、時間と歴史を通しての社会の救済ではない」が、後者では「救済は歴史を通しての歴史における悪しき力からの社会の救済である。歴史は本質的に〈救済史〉（history of salvation）をなす[36]」。

このような歴史の解釈の差異をもたらす根源は、二つのアイオーンにある。その一つはアダムによって発し、他はキリストによって、以前には隠されていたが、歴史を通して顕わにされた。一つは人間の生殖によって広まり、他は霊（プネウマ）の復活によって広まって行く。一つは罪と死の支配する社会をなし、他は救いと生命の支配する社会をなすのである。また逆に言えば、罪と死が一方のアイオーンの全出来事を悪の力に引き入れ、救いと生命が他方のアイオーンを満たす出来事を、悪の力に打ち勝って救済に導く勝利によって特徴づける。キウィタスが二つの国をなして対立しているように、アイオーンもそれを満たすものの性格の相違によって支配される。両者は相関連しており、「神の国」は古いアイオーンを支配する悪しきダイモンからキリストによって歴史を通して救われた社会である。それはキリストから新しいアイオーンとして出発するも、時間に始原を与えた神の永遠の予知においてすでに在ったものであり（一二・二〇）、旧約の時代を通して象徴もしくは預言によって形が与えられ、キリストにおいて原理的に決定的に授けられ、それ以後は「神の国」の現実化の過程である千年王国となって完成に至るまで「来るべきアイオーン」として絶えず進展する。このような時間概念に基づいてアウグスティヌスは歴史を救済史として捉えたのである。

(3) 歴史の転回点の意義

わたしたちはこれまでアウグスティヌスの『神の国』の創造と時間との関連を考察してきたが、時間は神によって創造・支配され、世界史の三段階からなる人類救済の全過程の中に、その救済の決定的出来事としてキリストが立つことによって歴史が二つに区分されたことを解明した。この区分ではキリストがカイロスとして人間を古いアイオーンから解放し、歴史に生きるわたしたちに新しい意味を授ける転回点として立っている。この転回点を神は人類救済計画に基づいて歴史に与えたとアウグスティヌスによって主張された。ショルツが疑問を提出した転回点の問題は、ティリッヒが行ったように、救済史の視点から社会の救済を解明することで十分に論証されたといえよう。わたしたちはアウグスティヌスが現実の社会である教会に立って歴史を解明していることを忘れてはならない。ヘーゲル学徒であるショルツが歴史を普遍的な理念の発展として理性の立場から捉えるとき、アウグスティヌスの歴史哲学は欠陥が多かったかもしれない。そもそもヘーゲルにおける「自由の理念」も、ヘルダーにおける「人間性の理念」に相当するものもアウグスティヌスには欠けていた。しかし彼の立場は異教と対決するキリスト教会の主張を弁護する護教家の立場であった。教会の歴史的現実がキリストによる新しいアイオーンの主張に彼を向かわせたのである。それは「神の国」として古代末期の世界に完成しつつあり、古いアイオーンの支配する「地の国」と全面的に対立していた。そして二つの国の間に横たわる懸絶と断絶は無限であり、この差異や落差から生じるエネルギーがキリスト教中世世界の形成力となったのであり、決して単なる「神の国」というイデーによっては新しい世界の建設は不可能であったといえよう。

注

（1）F. Seifert, Psychologie. Metaphysik der Seele, 1928, S.24.
（2）このような講解には、一九世紀以来聖書学がどのようにして聖書本文が成立したかと問うてきた批判的考察が当然のことながら欠けている。
（3）有賀鉄太郎『キリスト教思想における存在論の問題』創文社、一九六九年、二七八―二八二頁参照。なお、「無からの創造」と近代自然科学の成立については伊東俊太郎『近代科学の源流』中央公論社、一九七八年、七八―九〇頁。また標宣男『科学史の中のキリスト教――自然の法からカオス理論まで』教文館、二〇〇四年、三五頁参照。
（4）プラトン『国家　下』五〇九B、藤沢令夫訳、岩波文庫、一九七九年、八五頁。
（5）V. J. Bourke, Augustine's Quest of Wisdom: Life and Philosophy of the Bishop of Hippo, 1947, pp.224-47 には詳しい説明がなされている。
（6）周知のように、この二つの創造物語は、今日の旧約学によると前者が祭司資料であり、後者がヤハウェ資料であって、資料の成立年代が相違している。

(7) アウグスティヌス『創世記逐語注解』四・一二・二三。
(8) アウグスティヌス『告白録』一一・一二・一四。
(9) アウグスティヌス、前掲書、一一・一七・三二。
(10) 種子的理念の参考文献については金子晴勇『アウグスティヌスの人間学』創文社、一九八二年、二九九—三〇七頁、三四七頁注13参照。
(11) プラトン『ティマイオス』七d—二九a、三〇a、四四d、四七e—四八a、八四e。金森賢諒『プラトンの神学と宇宙論』法蔵館、一九七六年参照。
(12) プラトン、前掲書、二七d—二九a。
(13) 後代のオヴィディウスがこの点に関して次の伝聞を残した。「人間の誕生の次第は次の二つの場合のどちらかだと思われる。すなわち、造物神が神々の種子から人間を造ったか、それとも、大地が、高邁なアイテール〔大空〕から引き離されたばかりでまだ瑞々しく、親しい大空の種子をいくらか宿していたときに、プロメテウスがそれを降雨と混ぜ合わせ、万物を支配する神々の似姿へと造形したのか、そのいずれかであろう」(W・K・C・ガスリー『ギリシア人の人間観』岩田靖夫訳、白水社、二〇〇七年、四五頁)。
(14) プラトン、前掲書、三〇a。
(15) プラトン、前掲書、四七e—四八a。
(16) フィロン『宇宙の創造』一六など参照。
(17) G・フォン・ラート『ATD旧約聖書註解 創世記』山我哲雄訳、ATD・NTD聖書註解刊行会、一九九三年、一五〇—五一頁。
(18) H. Scholz, Glaube und Unglaube in der Weltgeschichte. Ein Kommentar zu Augustins 'De Civitate Dei', S.174.
(19) A. Nygren, Commentary on Romans, Englisch Translation by C. C. Rasmussen, pp.16–26, 206–224.
(20) A. Nygren, op. cit., p.24.
(21) A. Nygren, op. cit., pp.20–21.
(22) A. Nygren, op. cit., p.23.

（23）A. Nygren, op. cit., pp.20–21.
（24）O・クルマン『キリストと時——原始キリスト教の時間観及び歴史観』前田護郎訳、岩波書店、一九五四年、三〇頁。
（25）O. Cullman, Königsherrschaft Christi und Kirche in NT. Theologische Studien, Heft 10, 1941, S.36.
（26）W. Kamlah, Christentum und Geschichtlichkeit. Untersuchungen zur Entstehung des Christentums und zu Augustins "Bürgerschaft Gottes", 1954.
（27）アウグスティヌス『三位一体論』二・五・九。
（28）International Critical Commentary, Romans, by Sandy and Headlam, p.115.
（29）トレルチ『アウグスティヌス——キリスト教的古代と中世』西村貞二訳、新教出版社、一九六五年、八二頁。
（30）E. Salin, op. cit., S.205.
（31）ヘロドトス『歴史』一・一。
（32）ディールス『ソクラテス以前のギリシア思想家断片』、「ヘラクレイトスの断片」一二九。
（33）ヘロドトス、前掲書、二・四五。
（34）J・ウェルズ『ヘロドトス研究』第一〇巻、英文一四八頁。コックレン『キリスト教と古典文化』金子晴勇訳、知泉書館、二〇一八年、七六〇頁からの引用。
（35）この点に関してはコックレン、前掲書、七五七—七七六頁を参照。
（36）P. Tillich, Historical and Nonhistorical Interpretation of History, in: The Protestant Era, Eng. trans. by J. L. Adams, pp.16–31.

第六章　キウィタス概念

わたしたちはまずアウグスティヌスの『神の国』に集約的に述べられているキウィタス概念の特質について考えてみよう。「キウィタス」(civitas)はポリスのラテン語訳であり、「国」とか「都市」を意味する。この語は「普通には〈市民たること〉、〈市民権〉したがって都市、さらに国の意義に用いられた」[1]。しかし、それは同時に「社会」(societas)を意味し、「団体」「集団」「交わり」と、また「市民共同体」とも訳すことができる[2]。『神の国』で明らかに説かれているように、彼はこの概念をプラトンの普遍的な理想国家よりもキケロの「世界市民」の思想から学んだ。というのも、前者がギリシアの都市国家を基盤に国家論を展開したのに、後者はローマ帝国を背景にして論じていたからである。

1　スキピオの「国家」概念とキウィタス

アウグスティヌスはカルタゴで教育を受けた一六歳の青年時代にキケロの『ホルテンシウス』を読み、哲学への知的回心を経験したことからも知られるように、プラトンよりも先にキケロの影響を受けた。したがってそのキウィタス学説でもキケロの影響のほうが大きいと言わねばならない。彼はキケロによって記されたスキピオの国家の定義を挙げて言う、「国家(res publica)とは国民のもの(res populi)であるという。そして国民とは、多数者の結合体ではなく、法による利害と共通性とによって結び合わされた結合体であると規定されている」（二・二一・二）と。また「民とは法への合意と利益の共有によって結び合わされた多数者の集団である、と彼〔キケロ〕は定義している」（一九・二一・一）とも言う。したがって、国家は「法への合意」と「利益の共有」なしには成立しないことになるが、キウィタスの方は、国家よりも規模の小さい都市の市民的共同体を指している。法への合意とは、それによって民が正義の実行を目指すことを含意する。それゆえ正義なしには共同体は存立しがたく、「正義なき王国は大盗賊団である」との有名な言葉が次のように発せられる。

こういうわけであるから、正義が欠けていれば、王国は大盗賊団以外の何であろうか。というのは、盗賊団も小さな王国以外の何であろうか。盗賊団も人間の小集団であって、親分の命令によって支配され、仲間同志の協定にしばられ、分捕り品は一定の原則に従って分けられる。もしこの悪〔人の集団〕がならず者の加入によって大きくなり、場所を確保し、居所を定め、都市（civitates）を占領し、諸民族を服従させるようになると、一層歴然と王国（regnum）という名称を獲得することになる。この王国という名称は欲望を取り去ることによってではなく、罰を受けないことが度重なることによって、いまや公然と〔世の中に〕認められるのである。事実アレキサンドロス大王に捕らえられた或る海賊は、大王に対し優雅に、かつ、真実に次のように答えた。すなわち、王がこの男に向かって、どういう了見でお前は海を荒らし回っているのかと尋ねたところ、その男はなんら憚ることなく豪語した、「あなたが全世界を荒らし回っているのと同じ了見でです、わたしはそれをちっぽけな船舶でしているから海賊と呼ばれるが、あなたは大艦隊でやっているから、皇帝（imperator）と呼ばれているのです」と（同四・四）。

ここには小集団が王国を形成してゆくプロセスも説明されている。つまり小集団が「都市」を占領し、拡大していって「王国」に、最終的には「帝国」にまで達すると語られる。この都市がキウィタスであるが、それはローマ帝国の時代に小規模の都市（キウィタス）から空前の大規模な形態へと拡大したため、都市国家ポリスの意味が消失し、キウィタスは一般に共同社会を指すものとなった。したがって、それはポリスのような場所を暗示していても、現実の都市から離れていって、特定の場所と空間に縛られない「市民共同体」という普遍性をもつに至った。そこには総じて「法への合意と利益の共有」のような共通の意志によって支配を遂行する共同体が考えられている。というのも「キウィタスというものは何らかの共同の紐帯（societatis vinculum）で結ばれた人間の集団に他ならない」（一五・八・二）と規定されているからである。ここでの紐帯は「家族」（familia）が大きくなって「民」となったとき、「共同」（societas）や「共有」（communio）としてキウィタスを強固にし、「共同社会」（Gemeinschaft）を形成したといえよう。それは血縁的・地縁的原始共同体よりも規模においては大きいが、土地や民族から離れた「結合意志」（テンニエス）を共通の本質とする市民の共同体を意味する。[3]「なぜなら、キウィタスの生活は確かに社会的であるから」（Quoniam vita civitatis utique socialis est. 一九・一七）。

2　キウィタス概念の新しい内容

このようなキウィタスの社会学的考察は主としてキケロに従っているが、アウグスティヌスはキリスト教思想の立場から新しい思想内容をこれに加えながら独自のキウィタス学説を確立した。その主たる思想の特質を次に挙げてみよう。

(1)人間の本性的な社会的存在

アウグスティヌスは何よりもまず人間の本性的な社会性を強調する。実に集団形成の根源はここに求められる。

それは神の戒めが与えられる以前の創造の始原から説き起こされる。彼は言う、「人間は一人の者として造られたが、決して独りのままに放置されなかった。というのも、人類ほど争い好きという悪徳をもち、かつ社会的という本性をもつものは他にはないから」（一二・二八・一）と。人は一人の者から造られたがゆえに、本性を一つにして共通しており、この一致が「親近さの感情」（同二二）によって強められ、さらに創世記に記されているように女も男から造られたがゆえに、男女の対立よりも根源の一つなることから結合と和合とが生じる、と説かれた。こうして人間の自然の本性が他者との共同によって社会を形成しながら生きるのは、創造者の意志であると考えられた。それゆえ、この思想は人間の本性的な社会性というのがアリストテレスのゾーオン・ポリティコン（ポリス的動物）に近いとしても、そこには「本来的に政治的なものと古代的なものとが消え失せており、人類は本性から社交的なものであると見なす理解は注目に値する」[4]。したがってキウィタスは「都市」や「国家」よりも人間本性の社会的性格に発源しており、「社会」「社交」「交わり」を意味する。しかし、これも現実には人間の性格や意志と愛によって対立して現れている。

(2) 個人性と社会性との関係

このように人類が最初一人のアダムから造られたことは人類に統一性を付与するが、一人であるという個人性が自己中心的になり、人類の統一性と社会性に対立する場合には、神の意志に反するものとなり、次のように批判されている、「この二種の愛の一方は清く、他方は汚れ、一方は社会的、他方は個人的である。また一方は天上の社会のため共同体の利益を求め、他方は高ぶった支配のため共同体の財を私物化する」[5]と。それゆえ、この種の個人性は社会と共同体とに対立し、神に反逆する意志たる「自己愛」に汚染されていることになる。先に社会的結合が「共同の紐帯」（それは前述のように「法への合意」と「利益の共有」からなる）に基づいている、と説かれていたが、人々を究極的に結び付けているものは結合意志たる「愛」であり、この愛は、共同体の中心にいる神との関係において二つの対立する性格規定、つまり「神への愛」(amor Dei)と「自己への愛」(amor sui)とに分けられる。

(3) 現実におけるキウィタスの対立

したがって、キウィタスは対立する二つの愛によって性格づけられ、「神の国」(civitas Dei)と「地の国」(civitas terrena)とに分裂し、現実には激しく対決し合っている。それゆえ「二つの愛が二つの国を造ったのである。すなわち、神を軽蔑するに至る自己愛が地的な国を造り、他方、自己を軽蔑するに至る神への愛が天的な国を造ったのである」(一四・二八)と言われる。この対立はさらに「支配欲」(dominandi libido)と「相互的愛」(invicem in caritate)との違いとしても語られる。それゆえ「国」(civitas)の性格は、それを構成している国民のあり方によって、究極的には愛によって決定される。しかし、ここでの「国」は社会集団であって、現実の国家ではない。だから、「アダムの子、カインが初めて国を造った」といわれる場合、現実の国家は兄弟殺しという罪の産物であり、同じことがローマの建国物語にも窺われる(一五・五)。このように国家の実体は人々の交わりたる社会なのであって、そこに集う人々の性格によって二つの国に分けられる。したがって国家を成り立たせている試金石は、その構成員が現実に共通して所有する愛にある。それゆえ「支配欲」によって発生する現実の国家には本質的に正義が欠けていることになる。それでも国家の定める法は、さらに悪い犯罪を防止する務めを担っており、「罪に対する反動として地上の国家でも相対的正当性をもっている」点が認められる[6]。もちろん地上の平和が目指されている限り、二つの国の間には或る調和が認められ、キリスト教国家の可能性は排除されていない。

(4) キウィタスの歴史的展開

二つの国の「起源」・「経過」・「終局」についての歴史神学が『神の国』の後半の主題となっている。[7] 確かに二つの国が、キリスト教会とローマ帝国という二つの社会形態の中に、次第に形をとって現れ始めているとしても、神の国と教会とを同一視し、地の国と地上の国家とを同一視することはできない。なぜなら、中世においてはこのような同一視が時になされたとしても、古代の末期には、中世のように教会と国家とは、超自然と自然というように二元論的には、いまだ分離されて考えられていなかったからである。[8] だから国家が本質的に正義を欠いた「大盗賊団」と呼ばれても、それでも神の摂理によって社会の平和と秩序の維持は国家の任務として付託されていた。他方、教会も現実には毒麦の混ざった混合体であり、地上では特定の場所に建設されず、放浪する寄留者にすぎないことが力説された。このようにキウィタス概念は、歴史の終わりの終末時になって初めて完成された姿を現す希望の下にあったので、終末論的意味を濃厚に湛えていたと言えよう。

他方現実の国家であるローマ帝国はコンスタンティヌスの改宗以来、教会に対し国家を援助するように求め、孤児の保護と教育および日常の訴訟問題の処理を教会に委ねており、アウグスティヌス自身もそのため多忙をきわめた。そのあまりの困難さのゆえに「わたしたちは既存の権力との交渉をもちたくない」と彼は本音を吐露している。だが、彼はやがて狂暴なドナティストに対しては、その鎮圧のために国家権力の発動をも要請するように傾いている。しかし、彼は現実の国家と教会とを原則的に超越しているキウィタス観と歴史観とによって通常よりいっそう高い視点から両者の固有の領域と働きとを分けて考察することができた。ここに彼の国家観の優れた特質が見られる。

3　キウィタスと国家および教会

これまでわたしたちが考察してきたようにキウィタスは元来社会学的には共通の意志により結合した集団、もしくは共同体を意味した。この共通の意志が古代の共同社会の中心であった神に対する二つの態度、つまり神への愛と自己愛によって二元的に対立するものと考えられ、神の国と地の国という二つの普遍的共同体としてアウグスティヌスによって捉えられた。この対立はプラトン主義的な二世界説（叡知的世界と現実の世界）に立つ二元論を原則として超克したキリスト教の人間学を土台にしており、二元論的なマニ教の批判を意図する初期の著作『真の宗教』においてすでに明瞭に確立されていた。[9] すでに考察したようにキウィタスは社会学的概念として国家と家族との中間にある規模の集団を指しており、共同社会のように特定の地縁・血縁関係に立たないで、人格的に結合された普遍的集団という特質をもっており、現実の国家や教会の中に活動している団体（ゲマインデ）を意味する。[10] そこでキウィタスが「神の国」や「地の国」となって現実の国家と教会に対しどのように関係しているかを考察してみよう。

(1) キウィタスの基本的性格

これまでの一般的傾向ではキウィタスを本質とその現象形態として分ける考え方（ハルナック）また観念的意味と経験的意味とに分けて考える見方（ショルツ、マルー）が優勢であった。[11] また神の国と地の国の中間に第三の国を原型として想定する見方（ジュルネー、ライゼガンク）、さらに徹底的に神の国を終末論的に捉え現実の国家や教会を中間時的な過ぎゆくものと見なす終末論的見方（カムラー、ドゥフロウ）、また神の国のプネウマ的性格から二元論を超克しようとする解釈（ラッツィンガー、キンダー）が提起されている。[12] これらの解釈はキウィタスが国家と教会にどのように関わるかという問題意識から行われているが、このような意識自体は古代や中世でも想定された何らかの二元論を前提にしている。古代には思想界と現実界のプラトン的二元論があり、中世では教会と国家との権力の譲渡の関係を生む二元論が支配的であった。なかでも中世世界は教会と国家がその権力を互いに譲渡し合う関係において成立するという社会意識から判断するなら、キウィタス・デイと教会との同一視は当然の主張とならざるを得ないであろう。さらに中世のみならず近代においても経験的カトリック教会が神の国と自らを同一視しているという想定のもとに批判的に対決し、アウグスティヌス自身の中にもルター的教会概念の二重性（見えない教会と見える教会）が見出せるとロイターは主張する。[13] しかしこの教会概念の二重性は何らかの存在関係に立つ二元構成をなしているのではなく、大集団と小集団との対決から生まれており、しかもすでに前節で述べたように歴史終末論的「今と将来」との間にあるプロセスにおいて捉えられたものである。そこで、アウグスティヌスが古代の存在論から出発してキリスト教的な意識によって新たに創造した人間観から、この関係がいかに理解されるかを解明してみたい。

①アウグスティヌスの人間論においては個人と社会は対立的に考えられていない。古代的人間学では社会から個人が把握されていたが、アウグスティヌスでは古代と相違して、社会も個人の社会性から成立していると見なす傾向が強いため、彼は個人の行動から社会を分析的に理解していると言えよう。とはいえその個人は近代的な個別的な個人とは相違して、本性的に社会的であると考えられている。したがって個人は小集団を形成して大集団に働きかけることができる。同じことは二つの国についても主張される。ローマが拡大と発展を遂げたのは単なる支配欲によるのではなく、国家のために貢献した諸徳の力によることを論じたところで、民族、王国、属州という巨視的問題のため空しい大言壮語に陥らないため、彼は二人の人間を想定し、「貪欲な金持ちの不安な生活」と「貧しいが敬虔な道徳的な人」とを比較し、どちらを選ぶべきかは自明であるとなし、「同じ法則は、これら二人の人間に妥当するように、二つの家庭、二つの民族、二つの王国にも妥当する」と主張する（四・三）。したがって個人は本性的に社会的であるため、家族、キウィタス、教会、国家という諸々の共同体を現に形成しているばかりでなく、個人が共同体を生かす構成要素となっている。したがって規模の比較的小さなキウィタス共同体が規模が大きい組織である教会や国家に対して、有力に働きかける団体や結社となることができる。したがって少数の信仰集団が結束することで大集団を動かすことができる。ところが問題はこの小集団が団結する紐

帯となっている意志統一であって、そこには「神への愛と自己への愛」との二つの愛によって「神の国」と「地の国」とに分裂していることである。したがってアウグスティヌスではこうした対立は何らかの上下の静的な二元論に基づくのではなく、現実に対決する力学的な抗争関係に立っている。

②人間は時間的存在であり、歴史における時代の発展過程の中に置かれて、神の摂理によって神の国の完成を目指して働くよう定められた、と考えられている。この歴史はその中心に神の言の受肉があって、二つのキウィタスは単に平行しているのではなく、終末においては神の国の勝利となり、地の国は永遠の罰に引き渡される。このような歴史観は現実の国家や社会を「今と将来」との時間的進展から判断する視点を提供する。特にキリストの出現によって世界史の時代（アイオーン）が転換すると把握されており、キリスト以前が神の国の預言と予表であるが、キリスト以後は霊的に贖われた社会（societas redempta）として神の国は来たるべき終末において完成される[14]。

このキウィタスの歴史・終末論的要素とならんで個人の立場から歴史を解釈する分析的視点が存在しているため、さまざまな解釈が生まれてくることになった。この二つの要素を結びつけているのはカムラーによると「キリスト教的我々」（das christliche Wir）という終末論的理解である[15]。この「我々」というのは先のキリスト教的な小集団を意味する。アウグスティヌスの言う「聖徒の集い」（congregatio sanctorum）とか「予定された者の数」（numerus praedestinationis）という共同体は「予定された教会」（ecclesia praedestinata）を目指している。この小集団である共同体は信仰によって真の自由を体得しており、規模の大きな集団である教会や国家に働きかけることで、いわば創造的世界の創造的要素として歴史に参加していると言えよう。

(2) キウィタスと現実の国家の関係

同じ観点からキウィタスと国家および教会との関係も考えられる。キウィタスは規模の小さい集団として大規模な社会集団の中で積極的に活動することができる。そのため神の国と地の国は小集団として現実の国家の中にも教会の中にも混ざって存在することになる。したがってカトリック教会が神の国を、ローマ帝国のような地上の国家が地の国を示していると解釈することはできない。国家それ自体は法的に秩序づけられ、正義が実現されている限り、善である。しかし、その善は使用の仕方によっては、つまり支配欲の手段となるとき、地の国ともなり得る。こうして正義を欠いた盗賊国家論(四・四・六)、罪の結果としての奴隷制度と奴隷獲得のための戦争、および征服欲のため他国の不義を喜ぶ大国家論(一九・一五・七)、ローマ人の政治道徳の批判(二・二〇以下)などの国家批判が行われる。それにもかかわらず法治国家は、何らかの形で秩序を維持する限り、存在価値をもっている。その有り様は教会が天上の神の国の模像(imago)であるように、国家は神の国の転倒した模倣(perversa imitatio)であり、したがって「その模像の模像」(imago quaedam huius imaginis)であるという模像説によってもよく語られる(一五・二)。この模像説は新プラトン主義的な表現をとっているが、「預言的模像」(imago prophetica)として「来るべき真理をそのままに表現したのではなく模像として表示する」象徴的解釈が説かれた(同)。また、彼の説く小国家論は近代の帝国主義に対する批判の嚆矢といえよう(四・一五)。さらにキリスト教皇帝のあるべき姿を描いたいわゆる「君主の鑑」の中にキリスト教徒の国家への積極的関わりを見ることができる(五・二四)。たしかに現実の大帝国ローマに対する批判は、それを第二のバビロンと見なすように敵対性の強いものであったが、アウグスティヌスは永遠の都ローマの劫掠という悲観すべき事件に対しても、神への信仰によってローマの再建を信じて疑わなかった(16)。

(3) キウィタスとカトリック教会の関連

次にキウィタスとカトリック教会との関連について考えてみよう。国家における同様に教会でも二つのキウィタスは入り混じった「混合体」(corpus permixtum)をなしている。この状況は教会の中にも悪人がいて現在は見分けがつかないことを述べた「毒麦の譬え」（マタイ一三・二四―三〇）によって印象深く語られる（二〇・九・一）。したがって真の教会（エクレシア）はいわゆる「経験的カトリック教会」ではない。エクレシアは終末において完成された教会となるのであって、そこに至るまでは悪人も共存する「寄留する教会」として歩んでいる。神の国はこの「寄留」（peragrinatio）という歴史・終末論的形態において現実の教会の中に現存している。だから終末論といっても、それは黙示録的な世界破局を夢見るものではなく、キリストとそのエクレシアにおいてすでに実現した神の国を土台としている。だから、いわゆる千年王国はすでに信徒の霊的復活において開始している（同）。それゆえ「千年王国は終末論的な事柄から教会史の期間となっている」（ロイター）[17]。それでもなお地上の教会は神の国でなく、終末時にのみ完成する。すなわち、「神の国」（キウィタス・デイ）はエクレシアとしてカトリック教会の本質を形成しながらも、その現状を超えて彼方において完成する。したがって現実の教会は、歴史性と権威の委任を与える神の国を実現していく基本的な課題を担っていても、教会と神の国とは同一ではなく、教会が自己自身を超えて高まる「神の国」を目指すのである。そこには「寄留する教会」と「完成された教会」との間にエクレシアが次第に形をとって歩む歴史の発展がある。

しかし、エクレシアは地上の社会に寄留する限り、悪人と混合しており、悪人の減少によっても、善人の増加によっても完成には到達しない。また「毒麦の譬え」にあるように善人と悪人の判定は原則的に不可能である。それゆえ神の恩恵の選びによって神の国が成り立っていると考えざるを得なくなる。

『神の国』第五巻九―一一章には、キケロが神の予知を自由意志のゆえに否定したことに対する反論が展開する。アウグスティヌスは神の予知に基づく摂理と人間の自由意志との二つを排他的に設定しないで、前者が後者を含む形で自由意志を排除しない必然性があることを強調する[18]。この摂理の中でもローマ帝国の領土拡大がその徳力に基づいていることの意義を彼は説き、神の摂理の導きのもとに神の国が起源・経過・定められた終局の三段階を経過すると理解した。そのため教会の中に悪人が闖入《ちんにゅう》し、悪人の手からの救済が人間の目には不確実であっても、この摂理の観点からすべては解決されると考えた。つまり予定の神は聖徒の数が満ちるとき教会を完成へと導くがゆえに、現実の不完全な教会といえども神の予定によって導かれており、その完成を望み見る信仰によって彼は歩み続けることができたのである。(19)

注

（1）石原謙『中世キリスト教研究』岩波書店、一九五二年、一六三頁。
（2）『神の国』一五・二〇には「キウィタスとソキエタス」(civitas societasque)「キウィタスとはソキエタスである」(civitas, hoc est societas) とある。カムラーは Bürgerschaft Gottes「神の市民共同体」と訳すべきだと主張する (W. Kamlah, Christentum und Geschichtlichkeit, Untersuchungen zur Entstehung des Christentums und zu Augustins "Bürgerschaft Gottes", 1954)。
（3）テンニエス『ゲマインシャフトとゲゼルシャフト（上）』杉乃原寿一訳、岩波文庫、一九五七年、三四、一六四頁参照。
（4）E. Salin, Civitas Dei, S.190.
（5）『創世記逐語注解』一一・一五・二〇。
（6）N・H・ベインズ「聖アウグスティヌス『神の国』の政治思想」（J・B・モラル『中世の政治思想』柴田平三郎訳、未来社、一九七五年所収）、一二三四頁。
（7）本書第三章一節を参照。
（8）E・トレルチ『アウグスティヌス――キリスト教的古代と中世』西村貞二訳、新教出版社、一九六五年、第二章「中世情勢との相違」三三―五〇頁参照。それゆえジルソンは「アウグスティヌスは、ただ一つの普遍的社会の観念を心に抱いたことはけっしてなかった。かれはつねに二つの社会を考えていたのであって、そのいずれもが普遍的なのである」（『「神の国」論』藤本雄三訳、行路社、一九九五年、七三頁）と言う。

（9）したがってアウグスティヌスの二つの国の思想にマニ教の影響を認めようとする主張は正当とはいえない。確かに彼も善悪の対立をもって現実の世界を説明しているが、それはマニ教のいう宇宙論的な絶対的二元論ではなく、神に対する人間の人格関係から考察された二元論であり、創造・堕罪・救済・完成と段階的に発展する救済史の中に組み込まれ、神の摂理によって克服できるものと見なされた。
（10）オットー・ギールケ『中世の政治理論』坂本仁作訳、ミネルヴァ書房、一九八五年、二一四頁。
（11）A. von Harnack, Lehrbuch der Dogmengeschichte, Bd. III, S.151. H. Scholz, Glaube und Unglaube in der Weltgeschichte, Ein Kommentar zu Augustins 'De Civitate Dei', 1911, SS.84, 97. Marru, La theologie de l'histoire, in: Augustinus Magister=AM III, p.200.
（12）C. Journet, L'Eglise du Verbe incarne, AM. II, p.30. Leisegang, Der Ursprung der Lehre Augustins von der civitate Dei, in: Archiv für Kulturgeschichte, XIV, 1925, 127ff. W. Kamlah, op.cit., S.137. U. Duchrow, Christenheit und Weltverantwortung,- Traditionsgeschichte und Systematische Struktur der Zweireichelehre, 1970.『神の支配とその世の権力の思想史』泉典治他訳、二二二頁。Ratzinger, Herkunft und Sinn der Civitas-Lehre Augustins, AM II 所収論文。E. Kinder, Reich Gottes und Kirche bei Augustin, 1954, S.19.
（13）H. Reuter, Augustinische Studien, 1887, S.151.
（14）神の救済史に組み入れられたこの時間観念がキウィタスの空間概念の中に入り、歴史・終末論的実像となっている。
（15）W. Kamlah, op. cit., S.137. カムラーの解釈については本書二八八頁を参照。
（16）たとえば次のように語られている。「たしかにローマ帝国は〔他の国によって〕取って代わられたというよりも、むしろ苦しめられたのであるが、そのようなことはキリストの御名〔が伝えられる〕以前の他の時代にも起こったし、またローマ帝国はそのような苦しみから立ち直ったのである」（同五・七）。
（17）H. Reuter, Augustinische Studien, 1887, S.114.
（18）「神は単に天と地、また天使と人間のみならず、小さくて取るにたりないような動物の内臓、鳥のうぶ毛、野草の小花、木の葉をも、それぞれの部分の調和や〔そこから生じる〕一種の平和のようなものを与えないでは見捨てたまわなかった。このような神が人間の王国、その支配と隷属とがご自身の摂理の法則から離れた他のものであることを欲したもうたとはとうてい考えられない」（五・一一）。

（19）このキウィタスについての中世から現代に至る解釈史として、①神権政治的解釈、②観念論的（理想主義的）解釈、③終末論的解釈、④プネウマ的解釈がこれまで説かれていた。

第七章　「時間の秩序」と歴史の解釈

はじめに

『神の国』の後半部分でアウグスティヌスの歴史についての神学的考察は、彼自身が歴史について重ねてきた思索の頂点を示しているが、そこに至る思想の発展過程を考察することによって彼が何をどのように問題としてきたかを解明することができる。このような思索の発展を示す問題点の一つとしてここで取り上げてみたいのは、彼の歴史神学にとって、否、彼の歴史自体の理解にとって最も重要と考えられる時間の問題である。一般に歴史における時間は文化的な時間、もしくは人類史的な時代として広大な広がりをもっているが、アウグスティヌス自身は『告白録』第一一巻において心理学的時間意識の分析を行っていることからも明らかなように、単なる文化的時間だけでなく心理学的時間を、さらに物理学的時間をも含む時間の諸次元を理解していたと言えよう。それゆえ、わたしはこの時間の諸次元を彼自身がどのように捉えていったかを考察しなければならないが、ここでは人間存在と歴史との関連を解明してみたい。その際、本章の主題として提示したように「時間の秩序」の観点から論じていくことにしたい。

この「時間の秩序」という観念は、まず『告白録』の時間論の終わりのところで表明され、『三位一体論』の御言の受肉を論じた箇所で具体的に表明され、『創世記逐語注解』で生命体の個体発生を説明するために用いられた後に、『神の国』では歴史における発展の原理として使用されるようになった。そこでこの「時間の秩序」という思想、もしくは理念についてアウグスティヌスの思想的発展に従って簡潔に考察してから、そこから生じる歴史理解の問題を明らかにしてみたい。なお、わたし自身は『神の国』の神学的時間論と『告白録』の心理学的時間論との内的な連関を考察し、二つの著作が「時間の秩序」の理念によって架橋されていることを把握するようになった(1)。

アウグスティヌスは『告白録』第一一巻で有名となった時間論を詳しく展開する。その時間は「心の広がり」(distentio animi)としての心理学的な時間の解明であり、時間は心の三つの作用によって、つまり記憶・直覚・期待という三つの作用に基づいて、したがって時間性に基づいて成立することが解明された。ところが人間の心は有限であるがゆえに、時間意識は未来の期待と過去の記憶に分向し、現在の直覚にとどまることが不可能となり、全時間的に永遠なる神との相違が明らかに自覚された。そういうわけで永遠への帰還の道がキリストの仲保の働きによって求められた。この点に関し、彼は雑多なものに分散した生命の統一を願いながら、次のように言う。

しかし今はなおわたしの年は嘆きのうちにある。主よ、あなたこそわたしの慰めであり、わたしの永遠の父である。ところがわたしは、その秩序を知らない時間のうちに飛散し、わたしの思惟はわたしの魂の最内奥まで喧噪をきわめる雑多によって切り裂かれている。そして遂にはわたしがあなたの愛の火によって浄化され、融解されてあなたのうちに流れ込むまでそのような状態にある(2)。

ここで彼は「その秩序を知らない時間」(tempora quorum ordinem nescio)と語って、時間の秩序を知らないことを表明する。それでは「時間の秩序」とはいったい何であろうか。この概念は『告白録』の時間論ではキリストの仲保の働きと関係しており、この関連で『三位一体論』の「時間の秩序」の理解と結びつく。だが『告白録』

の時間思想は創造論の枠内で展開しているがゆえに、創造論が最も詳しく論じられている『創世記逐語注解』を前に第五章でも扱ったが、重要であるから再度取り上げ、「創造」と「時間の秩序」について省みておきたい。

1　被造世界と時間の同時性

アウグスティヌスは創世記の初めにある二つの創造記事の関連について反省し、それを「種子的理念」(rationes seminales) と「時間の秩序」によって解明する。彼によると「始原の創造」(prima conditio) には時間の契機が入っていない。したがって神は万物を同時に一瞬のうちに創造したことになる。それゆえ創造の六日も時間の順序を示しているのではなく、認識の秩序の中にある原因性を示しており、始原の創造において世界の質料因である四元素と生命体の形相因である種子的理念とが可能態として与えられていたが、続いて生じた「時間の経過」によって人間の身体を含む生命体は個体へと形成される。この経過が神の「管理」(administratio) の下にあり、時間を通しての創造のわざの継続であると説かれた。そうすると始原の創造においては時間が入る余地がないが、被造物の創造とともに時間が発生し、しかもこの時間過程が神の管理によって導かれているのであるから、「諸時間の根本《ねもと》において」(in radicibus temporum) 時間的な展開の秩序が神によってあらかじめ与えられていたことになる。この点に関してアウグスティヌスは次のように言う。

それゆえ、当時、地が植物と樹木とを造り出したと言われているのは、そうなる原因が与えられているからである。すなわち地は生み出す力〔つまり種子的理念〕を受容していたのである。わたしをして言わしめれば、いわば諸時間の根本において、時間の経過によって将来生じてくるものが、すでに確かに地の中に造られていたのである。(3)

このように説いてアウグスティヌスは「時間は創造された被造物の運動によって回転し始めた[4]」と語ることができた。同様に『神の国』でも「疑いもなく世界は時間の中に造られたのではなく、むしろ時間とともに造られた」(一一・六)と語って、被造世界と時間との同時的な開始を主張する。ところが先の『創世記逐語注解』のテキストにおいては時間がその根本において将来の時間の経過を予測させる存在、つまり地が受容していた生産力という種子的理念のもとにあったように、いまだ「時間の秩序」という観念によっては明瞭に述べられてはいないとしても、それが神が与えた秩序の中にあったことが語られている。すなわち、

時間が被造物から開始すると主張されたことは、時間が被造物でないかのように受け取られてはならない。被造物の運動はあるところから他のところに向かうのであるが、それは神の被造物のすべてを神が管理している秩序に従って事物の系列から生じる。……時間が開始するように神が働きたもうた方法は、すべてが同時に造られたのと同じ仕方である。その際、神は時間の間隔によるのではなく、諸原因の連結によって事物に秩序を与えたもうた[5]。

それゆえ創造の六日は太陽暦のような時間の間隔をもたず、時間をその発展の全体を含めて、ある秩序の中に造られた、と言われる。つまり「事物の中なる諸原因の連結」の中に「時間の秩序」はすでに与えられていたと言えよう。「時間が開始するように神が働いた仕方は、すべてを同時に造ったのと同じ仕方である[6]」と述べられている通りである。このような被造世界と同時的にして、同様に、つまり「ともに」生じた時間は、自然の領域における展開、したがって物理的時間を意味しており、堕罪と楽園喪失にはじまる人間の歴史における発展、つまり文化的時間からは区別される。ところがこの著作以前の『三位一体論』を見ると、この時間の発展が御言の

受肉において「時間の秩序」として述べられたため、『創世記逐語注解』ではこの概念を生命体の発生過程に適用することが避けられたと考えられる。

2　歴史の発展過程と時間の秩序

わたしたちが問題にしている時間の秩序という思想が最も明瞭に語られたのは『三位一体論』であり、それが時間を超えた永遠者なる神の知恵の内にあって、時満ちるカイロスにおいて御言の受肉として実現すると説かれた。

神の知恵自身において御子は時間なしにいましたもうたが、この時間において神の知恵は肉体をとって現れなければならなかった。したがって御言は時間の開始なしに始原から存在したまい、御言は時間なしに御言自身のうちにあったのに、その時間のうちに御言が肉となり、わたしたちの間に宿りたもうた。このような時間が満ちたとき「神は御子を女から造り、遣わした」。つまり受肉した御言が人々の間に現れるため御子を時間の中で造られたのである。時間の秩序は確かに神の永遠の知恵の中に時間なしに存在している(7)。

アウグスティヌスは受肉の出来事がすでに神の知恵のうちに予定されており、「時間の秩序」によって歴史の中に実現し始めていると主張し、それはまた「諸時代の発展過程」(volumina saeculorum)として神の知恵の中に存在しているとも言う(8)。ここで言う「発展過程」(volumen)は「巻き物」の意味であって、一巻の歴史絵巻のようにすべては永遠者の計画として初めから、あらかじめまとめられていたものである。彼はそれを段階的発展を含む秩序の理念として、歴史を解明しうる原理として考えた。こうして『三位一体論』では「時間の秩序」は御言の受肉を頂点とする歴史時間に適用され、この理念に基づいて歴史を叙述する最大の試みとその成果が『神の国』で展開することになった。

アウグスティヌスは『神の国』で「あらゆる時間の創造者にして秩序者」なる永遠の神が「永遠不変な計画」をもって歴史を導いていることを一貫して力説する。このような「時間的なものを動かしているお方は、時間的には動かされない」(一〇・一二)とあるように、時間を超越しながら時間過程の全体を支配する方法こそ「時間の秩序」もしくはその歴史における展開としての「世代の秩序」によって言い表されている事態である。

> したがって幸福の創始者にして授与者なる神は、ご自身が唯一の真の神であるがゆえに、善人にも悪人にも地上のもろもろの国を授けたもうが、神はこのことを理由もなく、また偶然になすのではない。……神はわたしたちには隠されていてもご自身には全く明瞭な事物と時間の秩序に従ってそれをなしたもう。しかし神はこのような時間の秩序に奴隷として奉仕するのではなく、主人のようにそれを支配し、統治者としてそれを実現したもう(四・三三)。

ところでこの時間の秩序は、ギリシア人が考えた時代の循環説の空想を打破し、円環的時間から直線的時間を打ち立て、神の言の受肉によって神の救済史が段階的に構成されるように導いた。一般に救済史というと創造・堕罪・救済・完成の図式をとっている。またパウロによると律法以前・律法の下・恩恵の下という三段階が立てられるのであるが、アウグスティヌスの救済史の構成方法は、個人の救済よりも、全人類史的視野に立ち、神の救済計画の歴史における実現をエポックメイキングな「時代の区分」(articulus temporis)によって行われたものと見なし、第一のアダムより第二のアダムであるキリストまでの歴史を聖書の記事に従って全体として六時代に分け、その最終段階にキリストの来臨と歴史の決定的転換を見ており、ここから生じる必然的な帰結として歴史の終局を捉える。しかしこの時代区分も「時間の秩序」という形而上学的意味から導き出されており、『神の国』第一七巻の初めで彼は言う、「アブラハムに対してなされた神の約束が」肉によればイスラエルの民族において、信仰によればすべての民族において、それぞれ、「どのように実現されるかをわたしたちはすでに学んだが、その神の約束は時代の秩序を通して進展する神の国が示すであろう」(一七・一)と。

3　救済史と時間の秩序

このようなアウグスティヌスの歴史に対する考え方は少しずつ変化してきたと言えよう。初期の作品である『真の宗教』では「この宗教が追求する主眼点は、永遠の生命へと改革され回復されるべき人類の救済のための神の摂理の時間的配慮の預言(prophetia)と歴史(historia)である[9]」と語られている場合、歴史は過去に生じた事態(res gesta)に関わり、預言が「将来生じるであろうこと」(res gestura)に関わると考えられた。また中期の初めに書き始められた『キリスト教の教え』では「歴史記述」(narratio historica)と「歴史そのもの」(ipsa historia)とが区別され、次のように語られる。

歴史記述においてこれまでの人間の制度が物語られるが、歴史そのものは人間の制度の中で測られるべきではない。すでに過ぎ去ったもの、為されないではいなかったものは時間の秩序において考えるべきであって、時間の創造者であり管理者であるのは神である。為されたことを語るのと、為されるべきことを教えるのは、別のことである。歴史は為されたことを忠実に、かつ、有益に記述すべきである[10]。

アウグスティヌスはここでは時間の創造者にして管理者の知恵の中にある「時間の秩序」をもって歴史を解釈

する神学的な根拠であると考え、歴史記述のほうはもっぱら人間が行ってきた出来事を忠実に記述することにその本質を捉えた。ここでも歴史は依然として過去の出来事についての記述として考えられている。ところが『神の国』になると、歴史は同じ歴史記述でも過去の忠実な記述としての歴史的真理とも、神の国の将来を予表する預言とも理解されるようになった。「もしすべての人々について記述すれば、きわめて長いものになり、そうした記述は預言的な予知というよりも、むしろ詳細な歴史という性格をもつものとなるからである。したがってこの聖書の記者が、あるいはむしろ彼を通して神の霊が、こうしたことを追求するのは、単に過去のことを語るためばかりではなく、未来のこと、しかも神の国に関することを予告するためである」（一六・二・三）。こうして初期に見られた預言と歴史の区別がなくなり、「預言的歴史」（prophetica historia）のように二概念が結合されて用いられた。彼は歴史記述の中にある預言的な意義を把握しようとする。こうして「歴史」が新しい観点から考察されるに至る。このようにして『神の国』第一五—一八巻は旧約聖書に記述されている「聖史」（sacra historia）を通して神の国の発展を考察する。

まず聖書そのものは王たちについて彼らの事績や出来事を順序立てながら秩序に従っていわば歴史的な考察によって過去の事柄をもっぱら物語っているように思われるのだが、神の霊によって助けられて反省されるとしたら、過ぎ去ったことを報告しようとするよりもむしろ、あるいは確かにそれ以上に、未来のことを予告しようと意図していることが知られる（一七・一）。

このテキストにあるように聖書が行っている歴史的考察（historica diligentia）は「秩序に従って」（per ordinem）過去の歴史的真理を語っているが、その史実性も神の霊の援助によって将来生じるべきことの預言として意味をもたされていると彼は主張する。ここにも歴史と預言が過去と未来に区別されず、歴史的真理としての過去の史実性が同時に将来を預言すると理解される。そうすると王たちの事績や出来事を秩序に従って史実性を確認しながら、それを霊的に解釈して将来的預言を取り出すと、王たちの系列が世代の秩序（ordo saeculorum）となって、やがて世代を重ねてキリストの誕生に至り、預言が実現する道として立てられることになる。こうしてアダムから第二のアダムに至る人類史はマタイ福音書第一章一七節の伝統によって一四世代ずつ六時代に分けられ、この世代という時代の秩序が六時代的発展段階説となる。だがその背後には、「神の永遠不変の計画」としての「時間の秩序」が歴史を導く形而上学的理念として支配していることが求められたのである。

それでは歴史自体と言われる理念としての「時間の秩序」と、その歴史的世界における具体化という意味をもつ「世代の秩序」との間にはいかなる連関があろうか。

アウグスティヌスによると旧新約聖書は多様な内容をもっていても、それを統一する中心的出来事をキリストの受肉において見ているがゆえに、キリストの受肉に先行する歴史はこの出来事を予告し、象徴し、予表していることになり、すべての時代の発展はこの視点から解釈される。このような聖書解釈は神の歴史的行為をすでに決定された計画、つまり先の「歴史自体」の現れとし、いわゆる予型論的解釈（die typologische Auslegung）を歴史に適用したものと見なされよう。

予型論が提起されるのはいかなる場合であろうか。それは主唱者のゴッペルトが言うように、人物・行動・出来事・組織といった歴史上の諸事実が「神によって立てられたひな型的な叙述として、つまり来るべき、しかもより完全でより偉大な事実の〈型〉として理解されている」場合である。たとえば、イスラエルのエジプト脱出という出来事が来るべき救済のひな形となっている。したがって予型論は決して単なる反復の上に立つ古代オリエント的な循環的思考に従っているのではなく、預言の証しと同じく歴史理解に立つと考えられる。パウロが「このアダムは来るべきもの〈全世代〉の型である」（ロマ五・一四）というとき、死の支配を惹き起こしたアダムは生命の支配を樹立したキリストとの対極に立っており、古い人間の原型と見なされる。予型論は歴史経過の枠内における人物（たとえばアダム）と出来事（つまり原罪）との符合において捉えられるのに対し、象徴のほうはある物語の中に字義よりもいっそう深い意味が取り出される試みである。アウグスティヌスは聖書のテキストの歴史的真理と並んで象徴的解釈をも、それに矛盾しない限り尊重するが、字義的な史実性のみを、また比喩的な象徴性のみを主張する極端な方法を退けており、両者の中道を採用し、聖書解釈の三つの方法を確立する。つまり、①字義的で歴史的な真理、②比喩的で、象徴的な解釈、③これらの混合の立場である。こうして旧約聖書のテキストはキリストとその教会を予表する、という予型論を次のように説いた。

わたしたちはこれら聖書の隠されたことがらを、各人に適した程度で可能な限り探求する。だが、わたしたちはそれらが起こったり、書き記されたりしたのは、来たるべきことを予表するためであり、それらはまたキリストとその教会、すなわち神の国にのみ関わるべきものであると信仰において確信している。これの予告というものは、人類の始まり以来絶えたことはなく、わたしたちはあらゆるものを通してそれが実現されるのを見ている（一六・二一・三）。

たとえば地上のエルサレムは歴史的事実であるが、天上のエルサレムの象徴でもある。その場合、歴史と象徴との二つに加えて両者を混合した第三の予型論も主張されて、「象徴的予表」（allegorica praefiguratio）が説かれるようになり、単に「象徴的意味」（significationes allegoricae）だけを主張することは退けられる（一七・三・二）。そこで『神の国』の中でこの予型論が明らかに説かれている箇所を挙げてみよう。まず、カインとアベルが人間の二つの類型と系列をなしていると考えられる（一五・五）。カインとロルムスとが兄弟殺しによって国家を創った原型である（同）。次にアベルとセトがキリストの死と復活の型である（一五・一八）。さらにノアの箱舟が来るべき教会を予表する（一五・二六）。それに加えて祭司職がエリからサムエルに、王国がサウルからダビデに二重に変わった出来事は、永遠に王であるキリストの出来事を予表する等々と説かれた（一七・五・二）。また聖史のみならず、世俗史もカインとアベルの出来事と類似したロルムスとレムスの出来事において考察の対象にされ、地上の国を創設した者がともに兄弟殺しであって、カインという「最初の模範（exemplum）、あるいはギリシア人が呼ぶところの原型（archetypon）に、その種の似像（imago）が対応するとしても不思議ではない」（一五・五）と語られる。『神の国』第一八巻では、聖史における神の国の発展と同時に対立しながら経過してきた地の国の歴史がアッシリア、バビロン、ローマの世俗史と同時並行的に把握され、彼の歴史神学のうちに批判的に受容される。その際、バビロンは第一のローマと、またローマは第二のバビロンと呼ばれる（一八・二・二）。それに対しバビロンの先駆である「アッシリア王国の初期にアブラハムが現れ、彼に対しその子孫においてすべての民族が祝福を受けるというきわめて明確な約束がなされたように、西方のバビロン〔ローマ〕――それは支配するとき、そのような約束を実現するキリストが到来することになる――の登場に際し、預言者たちの口は、単に語るだけでなく、書き記すことによって将来のそのように大いなる出来事の証言のために、開かれた。……ところが、やがて異邦人にとっても有用な預言（エレミヤ一六・七）がいっそう明らかに書き留められるようになると、異邦人を支配するこの国〔ローマ〕が建設されるべき時が始まったのである」（一八・二七）。

このようにアッシリアとバビロンからローマへの世俗史も同時にアブラハムからバビロン捕囚時代の預言者を経てキリストへの発展段階をもつ聖史と共時的に把握され、二つの国の王たちの世代の秩序の発展から救済史が世界史的な射程でもって構築される。しかし、予型論の最大の展開は「時間の秩序」においても起こっており、「創造の六日」の記事から歴史の六時代が導き出され、創造と歴史が同じ神のわざであって、創造がすでに歴史の第一歩であり、創造のうちに歴史的発展が含まれていると考えられたことである。ここにも「時間の秩序」の理念が導きの役を果たしており、歴史の発展は「六段階」をとっていても、それが形式的に歴史に内在する発展過程（アダムから第二のアダムまでの全体を一四世代ずつ六段階をなす）として取り出される。ここにも予型論的な歴史解釈が見られるとしても、実際は超歴史的「神の永遠の計画」の実現として解釈されるに至ったのである。

4　歴史の究極目的としての「秩序の静謐」(tranquillitas ordinis)

「時間の秩序」による人間存在の解明は、自然学的な考察から始まり、歴史的な考察に至ったが、いずれの場合も究極的原理として「時間の秩序」の理念が立てられていた。神の救済史は具体的な歴史記述を通して神の国の発展として客観的に解明されたものである。しかしアウグスティヌスには客観的な歴史、つまり「世代(世界時代)の秩序」をも、絶えず個人の成長と同一視して考える傾向があって、たとえばストア哲学の影響のもとに、嬰児期・幼少期・青年前期・後期・壮年期・老年期に分けて六段階として考察し、「時間の区分」を通して発展していることが説かれた。

人類の真正な教育は、神の民に関する限り、個人のそれとよく似ている。それは個人が年齢を加えて達するように、ある時代の区分を通して(per quosdam articulos temporum)進歩したのである。こうしてそれは一時的なものから見えないものの把握にまで昇ったのである(一〇・一四)。

アウグスティヌスは歴史を通して個人が教育され、しかも「時代の分節」または「区分」が歴史教育の役割を担っていると言う。それがまた時間を通して永遠に至る超越でもある。そうすると救済史の三段階、つまり創造・堕罪・救済(完成)は人間自身のあり方の三段階をもうちに含んでいることになる。彼はこの三段階を叙述するとき、それを「創造と堕罪」の物語を中心にして解明し、アダム的人間の始原の状態・堕罪と原罪の波及・神の恩恵の発展をもって語った。その際、注目すべきことは、罪が神によって定められた秩序を崩壊させ、人間存在の秩序をも破壊したがゆえに、この罪に対する神の罰が神の秩序の反照作用から生じた、当然の報いと考えられている点である。こうして人間は死と時間との必然性に拘束されていたが、神の「時間の秩序」は、死が支配する時間からの人間の解放を計画し、破壊された諸々の秩序の回復を目指すものとなる。それゆえ歴史の発展過程では単に個人の救済を問題にするのではなく、個人を生ける単位として含んでいる「神の国」、つまりキリストの身体《からだ》なる教会の預言・実現・完成が叙述されている。

このようにして、「時間の秩序」という理念がもたらす「秩序」の完成は、個人の救済を内含しながら原則的にこれを超越する世界秩序の完成を目指す壮大な規模をもった究極目標に向かうことになる。アウグスティヌスはこの目標を「秩序の静謐」でもって次のように言い表す。

　だから身体の平和はその部分の秩序づけられた調和であり、非理性的な魂の平和は欲求の秩序づけられた安静であり、理性的な魂の平和は認識と行動との秩序づけられた合致であり、身体と魂の平和は生命体の秩序づけられた生活と健康であり、死すべき人間と神との平和は信仰によって永遠の法のもとに秩序づけられた従順であり、人々の間の平和は秩序づけられた和合であり、家庭の平和はともに住む者たちの間で指導する者と服従する者との秩序づけられた和合であり、国々の平和は市民の間で指導する者と服従する者との秩序づけられた和合であり、天上の国の平和は神を喜び神において相互に愛する完全に秩序づけられた和合した交わりである。万物の平和は秩序の静謐である。秩序とは各々にそれぞれの場所を与える等しいものと等しくないものとの配置である（一九・一三）。

この平和は人間的・社会的・宇宙的秩序の完成であって、この秩序の静謐は無秩序の混乱を克服することで力強く支配する。この支配原理こそ「時間の秩序」の理念であり、その歴史的展開である「世界時代の秩序」は各々の歴史時代を貫いて全体を有機的に統合し、キリストの受肉によって諸々の秩序の完成に至る神の約束の実現を説くのである。確かにこの秩序の上にこそ彼が説く倫理における「愛の秩序」[11]も政治における「平和の秩序」も確立されているからである（一九・一四―一五）。

神の国と地の国との歴史上の対立は、天上の国と悪魔の国の対立が歴史の舞台で激しく闘争する姿として描かれてきたのであるが、こういう対決的な構図は「時間の秩序」と「秩序の静謐」によって創造と歴史を通して終局的な解決へと、否、対立を絶えず和解させて超克する秩序の思想へと導かれる。神の秩序は歴史と社会を導き、かつ、それらを支え、神の国を悪の力に決して屈することなく終局の勝利に向かわしめる。こうして神の国と地の国の対立は、絶対的に相容れない対立の現実がそのリアルな姿を少しも割り引かれることなく、終局的な理解にまで到達する。だからこそアウグスティヌスは歴史を人類が演じる壮大なドラマとして生き生きと描くことができたのである。

注

（1）金子晴勇『アウグスティヌスの人間学』創文社、一九八二年、二九四―二九七頁参照。
（2）アウグスティヌス『告白録』一一・二九・三九。
（3）アウグスティヌス『創世記逐語注解』五・四・一一。
（4）アウグスティヌス、前掲書、五・五・一二。
（5）アウグスティヌス、前掲書、五・五・一二。
（6）アウグスティヌス、前掲書、五・五・一二。
（7）アウグスティヌス『三位一体論』二・五・九。
（8）アウグスティヌス、前掲書、四・一七・二三。

(9) アウグスティヌス『真の宗教』七・一三。
(10) アウグスティヌス『キリスト教の教え』二・二八・四四。
(11) アウグスティヌス「愛の秩序」については本書第九章を参照。

第八章　国家の秩序と平和

アウグスティヌスのキウィタス概念をこれまで時間の秩序を通して考察してきたが、次には社会的な秩序を通して解明してみたい。彼にはプラトンの『国家』やアリストテレスの『政治学』に相当する社会思想の体系的叙述は見当たらないが、『神の国』に展開されるキウィタス（civitas「国」）の概念には、彼の社会思想の概要が示されている。またドナティスト駁論の諸文書には、彼の政治に関する見解が「統治論」という形で述べられている。これらの社会思想の中で最も重要なのは「国家学説」であり、「キウィタス」と国家との関係は社会秩序と平和の観点できわめて重要な意義をもっていると思われる。かつてのポリスが本質的に地縁的・血縁的共同体であったのに対し、アウグスティヌスの社会思想では、これまでの考察によってキウィタスは地縁・血縁関係を離れ、人格的に結びついた市民共同体として現実のローマ帝国やカトリック教会の中に存在していると説かれた(1)。こうしてポリスが古代社会において民族闘争に明け暮れした軍事体として再編成され、本質的に他の国々を排除する傾向をもち、ベルクソンの言う「閉じた社会」となっていったのに対し、キウィタスのほうは神の信仰によって立つ信徒の人格的交わりとして市民共同体を形成していき、他者に対して「開いた社会」となっていった(2)。この普遍的な共同体に基づいて、中世のキリスト教的共同体（corpus Christianum）は歴史的に実現を見るのである。

古代の人間は近代における個人の自主独立性に立つ形態とは相違して、個人はたとえ人類史の観点から理解されたとしても、なお社会共同体との一体性を強く保っていた。アリストテレスの倫理学が国家社会（ポリス）に役立つ良い性格を形成することを目指しながらも、同時に政治学において完成しているように、古典ギリシア・ローマ的理解によれば人間は根本的に共同体に所属している。人間が本性的にポリス的存在であるというのは、人間の本質が国家共同体においてその完成を見ることを意味する。この意味でアウグスティヌスの『神の国』における共同体の理解が問題とされなければ、彼の社会思想の全体像は見失われることになろう。そこでわたしたちは『神の国』における基本概念「国」(civitas)をいかに理解すべきかをまず考察し、現実の国家や社会との関連、および歴史的発展の問題を扱い、終末論的観点から彼の社会的人間存在がいかに把握されているかを明らかにしてみたい。

1 人間の社会的本性と国家の概念

わたしたちはまず、アウグスティヌスの『神の国』に集約的に述べられているキウィタス学説が国家と密接に関わっているのでそれを参照すべきである。そこでまずは「神の国」(civitas Dei)と「地の国」(civitas terrena)の理解に先立って、「国」(civitas)そのものの意味を考えなければならない。civitas と姉妹概念もしくは並行概念として多く用いられているのは regnum, imperium, res publica である。これらの概念はすべて国を意味しているが、国家の政治的機能は古来 res publica をもって示され、キケロはローマの国家制度をもこれによって表し、プラトンの『国家』もこれによって訳出している。アウグスティヌスはスキピオによる国家の定義をあげ、「国家」(res publica)とは国民のもの(res populi)であるという。そして国民とは、多数者の結合体ではなく、法による合意と利害の共通性とによって結び合わされた結合体であると規定されている」(『神の国』二・二一・二)と説いた。他方、regnum は「王的支配」・「王国」を意味する。アウグスティヌスは語源からこれを説明して言う、「一般に言われているとおり〈王国〉(regnum)は〈王たち〉(reges)に、〈王たち〉は〈支配する〉(regere)に由来する」（五・一二・一）と。この意味でイエスの説いた「神の国」は「神の王的支配」として regnum Dei とヴルガタには訳された。この王国はアレクサンドロス大王の「帝国」（imperium）にも、盗賊団のような小集団にも適用されている。アウグスティヌスは「正義なき王国は大盗賊団である」という有名な言葉を語っているが、そこには小集団がやがて王国を形成してゆくプロセスも説明されていた（一九・二一）。

その箇所では歴史に見られる多くの実例をもって国の支配形態がどのように確立してきたかが説明されているが、この王と海賊の対話こそ王国の実体をあばいたものとして優れた叙述と言えよう。そこでは小集団が「都市」（civitas）を占領し、次第に拡大していって王国にまで達すると語られていた。この都市こそキウィタスなのであって、キウィタスはポリスのような「都市」を場所的には意味するが、個別的な具体的都市から次第に離れて、特定の空間にしばられない「市民共同体」としての普遍性をもつようになった。それはまた一つの集団として共同の紐帯によって支配を遂行する共同体を意味している。キウィタスは歴史的にはギリシアの都市国家ポリスに対するラテン的名称として用いられている。彼がアテナイ創立に関する神話をウァロに基づいて説明したところで、「こうして自由学芸およびこのように多くの偉大な哲学者たちの母にして乳母であり、ギリシアに並ぶもののない栄光と高貴に満ちたこの都市（civitas）」（一八・九）とあって、キウィタスがポリスをも意味していることが知られる。しかしキウィタスでも「大国家が所属する帝国のようなキウィタス」（imperiosa civitas, cuius est magna res publica）、たとえばローマ帝国のような大規模な存在はキウィタスではない、と見なされた（同）。

したがってキウィタスは家族共同体と国家共同体との中間に位置する規模の共同体、つまり市民共同体であるといえよう。そこには明白な意志統一が存在している。カインの子エノクがキウィタスを創立したとある聖書の記事に関連して、エノク一人では国は成り立たないことを論じて、アウグスティヌスは次のようにキウィタスを説明している。「国（civitas）というものは、何らかの共同の紐帯で結ばれた人間の集団（hominum multitudo aliquo societatis vinculo conligata）にほかならないから、その当時一人の人間によって国が成立したことはあり得ない。この人間の家族（familia）が増えてきわめて大多数となり、今や民（populus）という大きさにまでなったとき、たしかに彼が国（civitas）を建て、その国に自分の長子の名を付与するということができたのである」（一五・八・二）。したがってキウィタスの規模として「国民《くにたみ》」（populus）がここに考えられているが、民とは多数の民衆を指している。そうすると先に「共同の紐帯」と言われていたものが法的合意と利益の共有であることも明らかになっている。またキウィタスが「共同」（societas）「共有」（communio）により成立しているため、「共同社会」をも意味することが知られる。もちろん地縁・血縁的原始共同体、もしくは家族共同体よりも規模は大きいが、共通の結合意志を本質としたゲマインシャフトであるといえよう。「なぜなら、キウィタスの生活というものはたしかに社会的であるから」（quoniam vita civitatis utique socialis est. 一九・一七）。したがって、キウィタスとソキエタスとは同義語である。たとえば「わたしたちはこれら二つの類を秘義的に二つの国（civitas）、すなわち人類の二つの社会（societas）とも呼ぶ」（一五・一・一）、またエルサレムが聖徒の国もしくは社会を意味するように、バビロンは不義なる者の国もしくは社会を意味する[3]」と語られている。

キウィタスは社会集団であり、法や利益により結合されているが、集団形成の根源は人間が本性的に社会的である点に求められている。アウグスティヌスはこの点を神の掟や戒め以前に遡り、創造の始源から人間が男と女に造られている事実において明確にとらえている。

> 神はこの人間を個々に造ったが、むろんそれは人間が社会をもたずに独りでいるためではない。神の意図は、人間が本性の一致によってのみならず親近さの感情によっても結ばれるものであるならば、人間社会の統一と和合のきずなとがそれによってますます強くなることであった。神は最後に女を造り、これを男と合わせようとしたが、この場合女を男と同じ仕方で造るのをよしとしたのではない。神は女を男から造ることにより、全人類が一人の人間から広がるようにしたのである（一二・二二）。

さらに人間の社会性は多数の和合と統一を求める点が強調される。彼は次のように主張する。

人間はまた、先に述べた理由で——ほかにもっと大きな理由がかくれているかもしれない——、一人の者として造られたが、決して独りのまま放置されなかった。というのも、人類ほど争い好きという悪徳をもち、かつ社会的という本性をもつものはほかにいないからである。この争いという悪徳に対しては、それがあってはならないと警告し、現に起こった時にはそれを癒そうとして、人間本性が告げているのであるが、それによればわたしたちは、最初の親が神によって一人の者として造られたのは、その一人から多くの者が生まれ、これをもって人類は多数の中での和合一致を保たねばならぬことの戒めとするためであった、という事実を想起すべきなのである。さらに、女は男のためにその脇から造られたということもまた、男と女の結合がどんなに強く求められるかをはっきりと示している（一二・二八・一）。

人間の自然本性が他者と共同して社会を造りながら生きるのは創造者の意志である。人間が社会的本性をもつという場合、アリストテレスのゾーオン・ポリティコン「国家社会的動物」を連想させる。このような人間本性の社会性について『創世記逐語注解』ではいっそう明確にされ、実にキウィタスの二つの種類を社会的と個人的との対立において捉えている。つまり創造者が人間を社会的に造ったことに対立するものを神に敵対する立場として非難している。「この二種の愛の一方は聖く、他方は汚れ、一方は社会的、他方は個人的である。また一方は天上の社会のために共同体の利益を求め、他方は高ぶれる支配のために共同体の財を自己のものとしておさえる」[4]。個人的な愛が外見上「地の国」を造っても、本質において創造の秩序に反しているため、キウィタスに対し自己破壊的にならざるを得ない。だから最後の審判の後では地の国が共同体の形式をとらなくなっているのは当然である。

キウィタスの社会学的概念をこれまで考察してきたが、その際、社会的結合を本質的に意志する共同の「紐帯」（vinculum）によって形成されていることを解明できた。もちろん、この「紐帯」は法の合意と利益の共有を含意しているが、合意（consensus）や共有（communio）の根底にあるのは人間の社会的本性であり、それに基づく結合の意志、つまり「愛」（amor）である。この愛の性質に基づいて共同体も多様に現象している。アウグスティヌスにとって共同体の中心に立っているのは神であり、この神への愛によって初めて、人間相互の愛も真実なものとなり、共同体の中心への正しい応答によってこそ、社会も真の平和と秩序に到達することができる。

2　キケロの国家論

それに対してキケロの思想は、ヘレニズム時代に栄えたストア哲学の影響のもとに形成された。ストア哲学の開祖ゼノンは、アレクサンドロス大王に始まる世界主義的国家という理想を掲げて、個々の民族国家の形態を超えた全人類的世界国家が一つの神的ロゴスによって支配され、法と生活および秩序も一つにすべきであると説いた。こうした人類に共通な法という考えにより、「世界国家」および「世界市民」に立った社会思想が成立している。また、ストア派第三代の学頭クリュシッポスは、「種子的ロゴス」（logoi spermatikoi）説によって、人間が神の法を本性的に分有していると説いた。ここから、ローマの万民法が「共通の生得観念」（notiones innatae）である「自然法」（lex naturalis）によって基礎づけられるようになった[5]。この自然法は一般には次のように規定されている。①他人を害してはならない、②誠実に生活しなければならない、③各人にそれぞれの分を得させなければならない。

ところでキケロはこのようなストアの思想を体系的に完成させたので、その主要点をいくつか列挙しておきたい。

(1)国法の基礎は民族・祖国・市民法にあるのではなく、法の本性は人間の天性にまで遡って把握された。法の根源は「至上の掟」であり、それは「自然に内在した最高の理性であり、なすべきことを命じ、なすべからざることを禁じるものである」。それは「万人に共通の原初的知識」から生じている。(6)

(2)理性は人間に共通しており、「正しい理性」という「掟」によって人間は神と結びつき、さらには「天の配剤、神聖な意志、強力な神がすべてを支配する。だから、この宇宙は、神々と人間が共有する一つの国家だと考えねばならない」(7)。このように世界国家の思想が理性論的かつ神学的に基礎づけられた。

(3)人間は自然本性的に他者を愛するようにできており、共通の生活原理が生まれた。すなわち、「すべての人間は、ある種の自然な親切と情愛とによって、さらに法を共有することによって、一つに結ばれている」、また、この「法はただ一つしかなく、これによって人間の社会は一つに結び合わされている」(8)と説かれた。

(4)自然主義的・理想主義的人間観がキケロの思想から看取される。それはまた汎神論的性格を帯びていた。たとえば、このように語られている。「人間は神とは同一の徳を共有しているが、徳というのは、完成され、最高度に高められた自然に他ならず、したがって、人間と神とのあいだには類似があるということになる」(9)。さらに、「それならば、よいかこれ、神であるぞ、おまえは。神であるのだとは、生命溢れるもの、予知するもの、わが手にその監督の責がある身体を、支配し制御し動かし、その業が、ちょうどこの宇宙に対するあの長《おさ》なる神の御業と同じ者、そういうものについて言われることである限りでは」(10)。

ストア哲学者キケロは狭いポリスから個人を解放し、人間性の自由と平等を高らかに謳っているが、著しく理想主義的であり、内的な思想の領域での心情的な自由が力説されており、人間の力の及ばない社会・政治・制度に対しては、これを変革するというよりも、運命として受容するように説いた。したがって、「それは……ただ世界に浮浪する知性人をその浮浪のままに安住せしめる心術に他ならなかった。しかもこの安住さへも、孤立した個人の自律と自由を原則とするストア本来の立場では……遂に得られなくなって、この原則を放棄し、その〈世界の国〉は一先づ超自然的恩寵の支配する〈神の国〉（Civitas Dei）に席を譲らねばならなかった」[11]。では、キケロに対してアウグスティヌスの国家観の特質はどこに求められるのであろうか。

3　アウグスティヌスの国家観の特質

アウグスティヌスは人間が本性的に社会的であって、社会の秩序と和合を求めていることを強調する。その際、秩序とはプラトンによって提示されたイデアの国のように理性によって考えられた観念形態にではなく、どこまでも行動の連関に求められる。この点が最も重要な視点を形成している。このことを明らかにするためには初期の著作『秩序論』におけるプラトン主義的な秩序理解が修正されてくる経過をも理解しなければならない。

(1) 青年時代の『秩序論』における「秩序」の理解

若きアウグスティヌスはプラトン主義の影響の下に「秩序」を考察した。初期の著作『秩序』では哲学や知恵の定義が「知恵の愛」（amor sapientiae）として語源的に説明された[12]。ギリシア語では自然的な世界である「宇宙」（コスモス）は元来「美しい飾り」を意味し、それは同時に「秩序」を意味していた。それゆえ、この宇宙にみなぎる「法則」（ノモス）に従うことが求められた。ところがアウグスティヌスではこの「宇宙」や「世界」ではなく、哲学の対象全体を人間と神との二つと見なし、両者の関係が重要な関心事となっている[13]。したがって「魂と神」という哲学の主題は、「魂とその起源」の問題として順序づけられ、魂の問題を通して神の問題に至る学習の「秩序」が確立された。もちろん身体的な愛であっても、それ自体が悪ではなく、現世的なものにのみ向かう邪悪な愛こそ悪なのである。それゆえ徳によって愛を導き、悲惨を生みだした恐るべき愛と有害な情熱を呪い、純粋真実な愛にまで高まり、学問により精神を豊かにし、徳により美しくなり、哲学により知性に結びつけられ（copulantur intellectui per philosophiam）、最も幸福な生活を楽しむことができる[14]。このように愛は哲学によって知性に結びつくとき幸福に達する。こういう理解にまでアウグスティヌスは『秩序』で達している。さらに『秩序』の中でアウグスティヌスは偶然や運命と思われているものも神の摂理の下にあって、隠された秩序として導かれているという信念を学問的に論証しようと試みる。したがって秩序とは自然の世界に行き渡った理念であるのみならず、生涯を通じて人間を神に導くものでもある[15]。神の創造世界に行き渡っている秩序は理性から流出し存在するに至ったものである[16]。この存在する理性を考察の対象とするのが哲学の任務である。

このような経験から救済の秩序が探求されることになり、信仰から理性への順序が救済の秩序として探求されることになった。したがって秩序は理性から流出した存在の特質と見なされたが、そこに至る道が信仰から認識への救済の秩序として自覚され始めていた。

(2)『神の国』における「秩序」の特質

すでに第六章で考察したようにキウィタスは現実の国家においては二分され、「神の国」と「地の国」に分裂している。つまり神の愛によって結合した社会と、それに対立する自己愛によって結集した社会との二つの社会が対立して存在する。『神の国』第一五―一八巻はこの二つの社会の歴史を論じていた。それに先立って彼は第一四巻の最終章で二つの社会の特質を次のように二つの愛から明瞭に規定している。「二つの愛が二つの国を造った。すなわち神を軽蔑するに至る自己愛が地の国を造り、他方、自己を軽蔑するに至る神への愛が天的な国を造った」と。このように「神の国」と「地の国」とは神に対する関係と態度によって根本的な規定が与えられた。つまり「神に対する愛」（amor Dei）と「自己愛」（amors sui）という対立する二つの態度によって神学的に規定されたし、またそれは謙虚（humilitas）と高慢（superbia）との対立であり（『神の国』一四・一三）、真実（veritas）と虚栄（vanitas）との差異をもって語られた（一二・一一）。この神に対する関係と態度は当然のことながら現実の世界に対する態度となって現れている。これが「支配欲」（dominandi libido）と「相互的愛」（invicem in caritate）との相違であり、ここから政治的な支配形態が対立してくるが、この対立は解消されないのであろうか。

(3) 支配欲から相互的な愛への転換と秩序の回復

ところがアウグスティヌスは支配欲（支配する愛）から相互的な愛への転換を強調するようになった。この相互的な愛への転換は神が授けた秩序への愛によってもたらされるというのが彼の独自な思想であった。ではどのような「秩序」が求められているのか。彼によると人間は神と世界の中間に位置しており、「時間的で肉的な善」は最低の善であって、「神という永遠の、内なる、恒常的な善」が最高の善であり、「神が後置されるなら、それは悪い仕方で愛されている。……すべて被造物は善であるが、良く愛されもするし悪く愛されもする、すなわち秩序が保たれている場合は良く愛され、秩序が乱されるなら悪く愛される」（一五・二二）。したがって秩序は神を最高善とし、肉体や物体を最低善と見なす存在者のあいだの関係にあると考えられた。したがって彼によると罪は、肉体や金銭などの被造物にあるのではなく、創造者なる最高善よりもそれらを優先的に選びとっている愛が創造の秩序を転倒させている点にある。外的な事物はすべてこの秩序が保たれているなら善である。そこには「神が後置されるなら」（postposito Deo）とあって、価値選択における優先と後置が、価値位階の秩序に従って決断されるならば誤りはあり得ない。この場合の価値位階の秩序は創造者と被造物との関係に置かれた。したがって、被造物は「それ自身の限度と形象と秩序」とをもって存在しており、それ自身は善である。それは秩序との関連で「秩序が保たれるなら良く愛され、秩序が乱されるなら悪しく愛される」と語られた。

アウグスティヌスは悪の根源を行為する主体である意志とそれを動かす愛に求め、外的対象から主体的意志へ、つまり神に対する主体の関係行為に求めた。ここから愛そのものが神と人との根本的秩序に基づいて秩序づけられて初めて、善き行為を生みだす徳が形成されると主張した。しかしこの愛の秩序が転倒すると、原罪に続く第二の大罪が起こり、それがまず創世記第六章にある神の子たちの間違った性愛に現れ、人類の全体にその罪が波及して行った。それゆえこのような意志の歪曲《ねじれ》（preversitas voluntatis）こそ罪の根源となっており、その影響は神との正しい関係へ愛が回復されるまで続くことになる。[17]

(4) 国家における秩序の回復と平和

このような愛自体に特有な運動はアウグスティヌスによる「天上の国の平和」に関する記述の中にも見出される。自然的な生体の秩序や社会と国家における人倫の秩序が「和合・調和・平和」に向けて秩序づけられているという客観的世界の秩序を『神の国』第一九巻でアウグスティヌスは論じ、「万物の平和は秩序の静謐である。秩序とは各々にそれぞれの場所を配分する等しいものと等しくないものとの配置である」（一九・一三）との偉大な秩序思想を展開させた。その中で彼は「天上の国の平和は神を歓び、神において相互に愛する完全に秩序づけられた和合した交わりである」（同）と規定した。ここでの平和は「最も秩序があり、最も和合した社会」と言われているように、秩序の最高形態を示している点で注目に値する。

そしてこのように愛を癒し、神への正しい関係たる秩序へと導き入れる力こそ、神の愛にほかならない。『神の国』の歴史神学は、この神の愛による人類の救済計画が、神が創造の始源において与えていた「時間の秩序」（ordo temporum）によって実現していることを、詳論している。[18] 神の予知はその全能のゆえに人類の歴史の全過程をあらかじめその救済計画とともに自己の知恵の中に捉えていたので、神の管理と統治のわざは、生物の個体発生のみならず、人類の歴史をも、あたかも巻き物が広げられてゆくように、時間の中で秩序をもって発展させる。[19] そのため神の国の完成という究極目標を目指してあらゆる存在・社会・国家の関係が「和合・調和・平和」に向けて秩序づけられるという偉大な秩序思想が説かれる。その中で国家における秩序について次のように言われる。

国々の平和は市民のあいだで指導する者と服従する者との秩序づけられた和合であり、天上の国の平和は神を喜び、神において相互に愛する完全に秩序づけられた和合した交わりである。万物の平和は秩序の静謐である。秩序とは各々にそれぞれの場所を配分する等しいものと等しくないものとの配置である（一九・一三）[20]。

ここに示されている「配置」（dispositio）関係に成立する秩序は、存在者の間の等・不等を適切な関係へと秩序づけており、対立しているものを適切な関係の中に入れて各々にその場所を配分する。これにより「秩序づけられた」（ordinata）身体の「調和＝調節」（temperatura）、欲求の「安静」（requies）、魂の「合意」（consensio）、生体の「生活と健康」（vita et salus）、神に対する人間の「従順」（obedientia）、人と人、家庭や国々また社会の「和合」（concordia）が成立する。これら一切の関係を貫く秩序の厳然たる支配を彼は洞察して、それを「秩序の静謐」（tranquillitas ordinis）と呼んだ。この静謐には騒乱の影もないため、それは悲惨を内に含んでいない平和そのものではあるが、それでも現実の悲惨な人々に見られる事態は「罪の罰」という秩序の反照作用にほかならない。

このような秩序の概念は、存在を高低の価値によって観念的に秩序づけるプラトン主義よりもいっそう厳しく相対立する存在者の間の正しい関係であって、神がそれを創造することによって、対立を和解させ、平和を実現させている。

アウグスティヌスのこのような秩序の思想は、プラトンよりもアリストテレスの正義論に近似すると言えよう。アリストテレスは『ニコマコス倫理学』第五巻の正義論で、正義の徳を「対他的な関係における」徳とし、共同体において実現されるべき徳として規定する。それは「配分的正義」と「矯正的正義」とに分けられる。前者は「名誉とか財貨とかその他および国の公民の間に分かたれるものの配分における」正義であり、後者は「もろもろの人間交渉において矯正の役目をはたす」徳である。両者の区別は、配分に際し、それにあずかる「人」の不均等を考慮に入れて、争いが起こらないように均等化することから立てられる。矯正的正義は「幾何学的（比例的）正義」と「算術的（司法的）正義」とからなっている（この区別はピタゴラス学派から発している）。労働時間のように量的に割り出せるものは、比例配分が可能であるが、人間間の交渉では立ち入った調整が求められる。たとえば、一方が殴り他方が殴られる場合、能動的な「する」と受動的な「される」とでは不均等に区別されるので、「裁判官は、一方から利得を奪うことによって罰という損失をもってその均等化を試みる」。彼はまた、取引における交換の正義を「応報的正義」とし、貨幣により通約的に均等化する「交易的正義」にも言及する。こうして「各人に各人のものを相応しく帰する」という秩序の正義は具体的状況に適用され、実践されるに至った[21]。このような正義は普遍的な理性によって現実にも実現するように説かれており、普遍思考が着実に進んでいることを如実に示している。

ところがアウグスティヌスは物的な配分よりも人間的な配置関係の中に秩序をもたらすことによって社会的な正義を実現しようと試みたといえよう。このことはキリスト教的愛の理解に基づいて説かれた。そこには神が「時間の秩序」によって人間をその救済と完成とに導き平和を実現させているという救済史的・歴史的理解が「秩序」の概念に加えられており、神の意志する秩序を人間は自己と社会において実現すべきであるとの要請が愛に対し求められる。こうして愛という主体的行為のうちに神の国の完成という究極目標に向けて一切の行為を機能的に関連づけるという、秩序の新しい思想が誕生したのである[22]。

ギリシア人は混沌としたカオスの世界の中にあって人間が生きる秩序世界コスモスを求めてきた。この秩序は神話（ミュートス）の時代から哲学的な言論（ロゴス）の時代に移ると、形而上学的な最高存在からすべてを秩序づける試みにまで発展した。それはプラトンのイデア論によく示されているように超越的な範型によって現実世界の変動しやすい行動を規制するものであって、不動の存在が優位を占めている。古代や中世の階層的に固定した社会ではこの存在論的な秩序が妥当性をもっていたが、個人の活動意識が社会を動かす力となってきた近代においては新しい秩序が要請されてきた。それは個人の行動がいかにして究極目標との関連をもちうるかによって主体的に形成されると考えられた。こういう考えは古代からもあって、アウグスティヌスの秩序の思想にその萌芽が見られる。今日では秩序が社会や存在の組織よりもわたしたちの行動の連関の中に求められるようになってきた。それはある目的を実現するための行動が機能的に連関を形づくっていることをいう。この意味で現代の哲学者ショルツは「秩序とは決して固定した存在論的規定ではなく、むしろ行動の連関に機能的に関わりをもつことである」と語り、この意味で「善とは秩序の総体である」と説いている(23)。

4　終末論的希望

それでもアウグスティヌスは現実の国家の恐るべき状態を決して忘れていない。たとえば地の国について次のように言われる。

　これがまさに地の国の特質であって、神、あるいは神々を崇めるのは、その助けによって勝利と地上的な平和の内に支配するためであるが、その支配は愛をもって人々の利益をはかるものではなく、支配欲によるものである。というのは、善人は神を享受するためにこの世を用いるが、悪人はそれとは逆に、この世を享受するために神を利用するからである。とはいえ、この人もまた、神が存在し、人間の事柄を配慮されるということをすでに信じている。実際、そのことをさえ信じない人は、この人にはるかに劣っている(一五・七・一)。

このように神を信じている人々の中にも、その愛が自己愛と支配欲にすぎない人が存在するため、現実社会では二つの国は混合しており、最後の審判と復活のときに、つまり終末においてしか神の国は完成しない。だから、カインは国を建て、定住者となったが、「アベルはいわば寄留者（peregrinus）であって国を建てなかった。なぜなら、聖徒たちの国は上なる国だからである。確かに彼らもまたこの世にその市民を生み、その内に寄留しているが、その国の支配の時が来ると、みな各自の身体において復活して集まってくる。そのとき、彼らに約束されていた王国が与えられる。彼らはその王国で、世々の王である主君とともに、いかなる時の終わりもなく支配し続けるであろう」（一五・一・二）。神の国は終末において王国として実現するため、現世においてその形態は「寄留する社会」としてとどまり、世の迫害と神の慰めの間を旅する集団である（一八・五一）。彼らはこのように現在は終末論的な希望をもって生き続けている。

それゆえ神の国と地の国とは現実には混合していても、その本質においては原理的に対立し、矛盾した様相を帯びている。つまり神学的には神への愛か自己愛かのいずれかによって成立しており、神への愛に生きるか自己愛に生きるかは二者択一的に対立する。この対立はなお次のようにも表現されている。「一時的な国と永遠的な国」、「死すべき国と不死の国」、「神の国と悪魔の国」、「信者の民と不信者の民」、「敬虔な人々の社会と不敬虔な人々の社会」、「信仰に生きる人々の家と信仰に生きない人々の家」などにより対立関係が示される。これらすべては神への愛と自己愛に還元されるが、この二者の関係は「神に従って生きる」と「人に従って生きる」との対立である。「わたしたちは人類を二つの類に分けた。その一つは人間に従って生きる人々であり、他の一つは神に従って生きる人々である」（一五・一・一）と語られている通りである。この二つの類型は人間学的には「霊に従って生きる」と「肉に従って生きる」との相違に還元される（一四・一）。このような人間学的な霊と肉の対立はプラトン的な魂と身体との二元論的な対立とは異質的である。(24)

このような対立の状態にある国家は「神の国」の超越的な終末論によって支えられており、いかなる楽観的な歴史観とも異質な要素をもっていた。それは、エウセビオスに始まり、プルデンティウス、さらにアウグスティヌスの弟子オロシウスなどに代表されるコンスタンティヌス体制の帝国イデオロギーに対する激烈な批判を秘めていた。彼の『神の国』に展開する国家学説はこれまで考察してきた秩序による平和の思想を強調していても、教会の国家化と国家の教会化とのいずれをも原則的に否定する姿勢、したがって政教分離の聖書的な根本思想に貫かれている。そこには安易な国家との妥協などあり得ない。このことは東方ビザンツ帝国や西方カロリング王朝においてその後に試みられ、形成を見た皇帝－教皇制の主張（Caesaropapism）とは決定的に対立する。このようなキリスト教的な政教一致の体制についてもアタナシオスとアンブロシウスの考えがアウグスティヌスには決定的に影響している。(25)

5 統治論と君主の鑑

ローマ帝国はコンスタンティヌスの改宗以来、教会に対して国家を援助するように求め、孤児の保護と教育および日常の訴訟問題の処理を委ねており、アウグスティヌス自身もそのため多忙を極めていた。(26)だが、彼はやがて、狂暴なドナティストに対しては、その鎮圧のために国家権力の発動さえも求めるようになった。しかし彼は、現実の国家と教会とを原則的に超越しているキウィタス学説と歴史観とによって、高次の視点から両者の固有の領域と働きとを分けて考察することができた。ここに彼の社会思想の優れた特質が見られる。

そのような社会思想はドナティストとの対決において明確に示された。特にドナティストの中でも反乱を扇動した過激な「放浪修道士団」（circumcelliones）の暴挙を鎮圧するため俗権の介入を要請した出来事について終わりに考えてみたい。(27)ドナティスト運動は、カルタゴの司教カエキリアヌスの叙階をめぐって発生し、その叙階が迫害に屈した背教者によって行われたがゆえに、無効であるとする訴訟に端を発し、アフリカ教会全体を巻き込んだ国民的運動に発展していった。ところでカトリック教会がローマ皇帝の権力を要請せざるを得なくなったのは、バガイの司教マクシミアヌスに対する常軌を逸した過激な迫害であった。この要請は、アウグスティヌスではなく司教マクシミアヌスが行ったものであったが、彼も同じく要請せざるを得ないと感じていた。こうして四一二年に発令されたローマ帝国の「ドナティスト鎮圧法」によって教会の秩序は回復されたが、教会への俗権介入の是非をめぐって教会批判が高まってきた。それに応えて書かれたアウグスティヌスの文書に、彼の政治に対する基本的な考えが示されている。

その思想の中でも後代において最も問題視されたのは、分離派を教会に戻すための説得が不可能な場合には強制によるしかないと見なし、見捨てられた人々に主イエスが語った「無理に連れてきなさい」（ルカ一四・二三）を典拠としてそれを是認した点である。アウグスティヌスの基本思想と人柄からは考えられないこの解釈は、元来は、ドナティストの狂暴からカトリック教会を法的に守るための措置として講じられたのであったが、結果的には教会に対する国家の強制的干渉権を認めることになった。確かに信仰は自由であるが、信仰内容が明白に誤謬に満ちているときには、そのままに放置すべきではなく、父がその子に愛の鞭を加えるように、愛の心をもって強制措置がとられねばならない、と彼は説いた。それゆえ、愛の根から出た行為こそ大切であり、「愛しなさい。そしてあなたの欲するところをしなさい[28]」という有名になった言葉に示されている態度こそ、彼の基本姿勢であった。したがって彼は、実際には、アフリカの行政官ボニファキウスに法的強制措置を緩和するように勧めている。とはいえ、強制権の発動の前になすべきこととして彼が説いている「説得と勧告」にとどまるべきであったといえよう。国家が教会に権力をもって介入するということは、すでにキリスト者皇帝によって始められていた。それは、コンスタンティヌス大帝によって開催されたニカイアの公会議に典型的に現れている。そして、君主は義務として平和を志し、教会の治安をも維持することが重要な課題となってきていた。実際、現実の国家は治安のために正義を行使できるにしても、その正義は神の正義によって支配され、導かれなければならないというのが、『神の国』の基本姿勢であった。

さて、アウグスティヌスの『神の国』はその後、中世の政治・社会思想に対して大きな影響力を及ぼすようになった。とはいえ、そこには他の多くの原因がそれに結合して初めて、歴史上重大な結果が生み出されるといえよう。「あなたがどんなに高くルソーを評価したとしても、彼がフランス革命を起こしたのではなかった。それは長い間活動してきていた力の結果であった。ルソーはマッチをすって、火薬庫に火を付けたかもしれない。だが、彼は火薬を造ったわけではない」[29]。フィッギスはこのように語ってから、アウグスティヌスの社会学説の中世における受容過程を辿っている。その中でも、九世紀の著作『カール大帝伝』の著者アインハルトによると、カールは『神の国』を愛読し、その第五巻にある有名な「君主の鑑」を自己の理想としていたことが記されている。次にその一部を引用しておきたい。

わたしたちは彼らが正しく統治するならば、彼らを幸福であると呼ぼう。また高ぶることなく、……自分が人間にすぎないことを覚えているならば、また神の礼拝を最大限に広めるために自己の才能を用い、神の尊厳に仕えるしもべとするならば、また神を畏れ愛し礼拝するならば、……また、しばしば厳罰を下さざるを得ないときでも、それを寛大な憐れみと惜しみない善意とによって償うならば、また、〔欲すれば〕勝手に放蕩に耽ることができても、かえっていっそう厳しく抑制するならば、さらに、いかなる民族よりも邪悪な欲望を支配しようと望み、このすべてをむなしい誉れの熱望のためではなく永遠の幸福への愛のために行うならば、さらにまた、自己の罪のゆえに真の神に謙遜・懺悔・祈りという犠牲を怠りなく捧げるならば、わたしたちは彼らを幸福な者と呼ぼう。このようなキリスト者皇帝たちは、現在希望によって幸福であるが、わたしたちの待望するものが到来するとき、現実に幸福になろう、とわたしたちは断言する（五・二四）。

アインハルトによると、カールがローマ皇帝の称号（imperator et Augustus）を受けたことは、カール自身の希望に反していた。たしかに教皇レオ三世の要請によってカールはローマの治安を回復したが、教皇による俗権の抱え込みの事実はあっても、そこには、ローマ市民の古ローマ復活の憧れ、つまり「ローマ的イタリアの統一」の願いが大きく働いていたことが認められる。[30] しかし、この新しい皇帝はヨーロッパという西方世界の皇帝であり、ローマ帝国はいまや「キリスト教帝国」（imperium Christianum）として甦り、アウグスティヌスの「神の国」の理念がカールによって受容されるに至った。「ところで、アウグスティヌスは（あなたがどう解釈しようと）神の国をいかなる地上の国家とも決して同一視しなかった。だが、彼は他の人々がそのようにする道を準備していた」[31]。こうして神聖ローマ帝国は、彼の『神の国』に基づいて形成されることになった。彼の社会思想は、さらに一二世紀の叙任権論争やグラティアヌスの有名な法令集の中に、さらに一二世紀のフライジンクのオットーの『年代記』の中に、著しい影響の跡を残している。

注

（1）本書第六章の叙述を参照。
（2）ベルグソン『道徳と宗教の二源泉』平山高次訳、岩波文庫、一九七七年、三七―三九頁参照。
（3）アウグスティヌス『教えの手ほどき』（De catech. rud.）二一・三七。
（4）アウグスティヌス『創世記逐語注解』一一・一六・二〇。
（5）古代社会における自然法の成立に関してはA・P・ダントレーヴ『自然法』久保正幡訳、岩波書店、一九五二年、二三―二七頁参照。
（6）キケロ『法律について』中村善也訳、『世界の名著　キケロ』中央公論社、一九六八年、一三六、一四三、一四九頁。

(7) キケロ、前掲書、一三八頁。

(8) キケロ、前掲書、一四八頁。

(9) キケロ 前掲書、一三九頁。

(10) キケロ『スキピオの夢』水野有庸訳、『世界の名著 キケロ』八一頁。

(11) 出隆『ギリシアの哲学と政治』岩波書店、一九四三年、三八三頁。

(12) アウグスティヌス『秩序論』一・一一・三二。

(13) それに次のように語られる。「哲学の問題は二重である。一つは魂に関し、他は神に関してである。前者はわたしたちをして自己自身を認識するようにさせ、後者はわたしたちの起源を認識するようにさせる。前者はわたしたちにとりいっそう甘実であり、後者はいっそう貴重である。前者はわたしたちを幸福な生活に値するものとなし、後者はわたしたちを幸福な者となす。前者は学んでいる者にふさわしく、後者は学者にふさわしい」(アウグスティヌス、前掲書、二・四・七)。

(14) アウグスティヌス、前掲書、一・八・二四。

(15) アウグスティヌス、前掲書、一・九・二七―二八。

(16) アウグスティヌス、前掲書、二・一二・三五。

(17) この点に関しては詳しくは、本書第九章「愛の秩序と倫理思想」を参照。

(18) 本書第七章参照。

(19) 金子晴勇『アウグスティヌスの人間学』創文社、一九八二年、二九七―三二三頁を参照。

(20) このテキストの全文は本書第七章一九七頁を参照。

(21) アリストテレス『ニコマコス倫理学 上』高田三郎訳、岩波文庫、一九七一年、一七七―一八九頁参照。

(22) このような秩序の思想はパスカルがアウグスティヌスから引き出したものである。B. Pascal, Pensèe, L. 298, B. 283.『パンセ』田辺保訳、角川文庫、一九六八年、一八二頁。詳しくは本書第九章二三七頁参照。

(23) ワルター・シュルツ『変貌した世界の哲学 4』藤田健治ほか訳、二玄社、一九八〇年、九頁

(24) 金子晴勇、前掲書、九七―一〇二頁参照。
(25) 詳しくはC・N・コックレン『キリスト教と古典文化――アウグストゥスからアウグスティヌスに至る思想と活動の研究』知泉書館、二〇一八年、三一六―三二二頁を参照。
(26) 「わたしたちは既存の権力との交渉をもちたくない」(アウグスティヌス『説教』三〇二・一九)を参照。
(27) 詳しくは金子晴勇「ドナティスト論争」『アウグスティヌスとその時代』二〇九―二二三頁所収を参照。
(28) アウグスティヌス『ヨハネ第一の手紙講解』七・八。
(29) J.N. Figgis, The Political Aspects of St. Augustine's City of God, p.81.
(30) 増田四郎『西洋中世世界の成立』岩波書店、一九五〇年、二三三―二三七頁。
(31) Figgis, op. cit., p.84. この「他の人」の中には日本でも妥当する人たちがいる。たとえば国家神道や靖国問題として批判されている人たちとも関連している。

第九章　愛の秩序と倫理思想

はじめに

　アウグスティヌスが神と人間について論じた思想はすべて愛を中心に展開する。物体が重さによってそれぞれの指定された場所において安定した状態を求めて運動するのと同じく、「わたしの重みはわたしの愛であり、それによってわたしたちはどこへでも運ばれてゆく」[1]と語られる。このように人間の意志も愛の重みによって働くが、その愛は、物体の重力と相違しており、絶えざる不安にさらされている。なぜなら「あなたはわたしたちをあなたに向けて造られ、わたしたちの心はあなたのうちに憩うまでは不安である」[2]ということは真実であるから。このように人間的な愛が不安にかられ、不幸であるがゆえに、わたしたちは神を求め幸福を願わざるを得ない。「神よ、わたしがあなたを求めるとき、確かにわたしは至福の生を求めている」[3]とある通りである。こうして神を愛し求める人間の愛、つまり神への愛は、プラトン的なイデアの認識に向かうエロースと同様、神に向かって上昇する愛であるが、『告白録』が詳述しているように、神の御子の受肉と卑賤な姿に示される、神の人間に対する愛、つまりアガペーに支えられていないなら、神への愛は生じることはない。それゆえアウグスティヌス的愛であるカリタス（caritas）の学説はエロースとアガペーの総合から成立し、独特な特質を帯びている。

　このようなカリタスの学説は、アウグスティヌスが新プラトン主義とキリスト教とを対立的に受けとらず、

『真の宗教』で典型的に示されているように、「プラトン哲学が説いた神の観照という目的はキリスト教信仰により実現される」との根本見解によって、両者を相互補完的に受容したことから起こったといえよう。したがってカリタスにはプラトン的エロースには還元できない要素が明らかに示され、独自の論理を形造っている。ここではこの点を「愛の秩序」(ordo amoris)の概念によって考察してみたい。というのはヨーロッパ精神史上初めてアウグスティヌスが『神の国』第一五巻で「愛の秩序」を倫理の基礎もしくは中核に据えたからである。[4]

倫理の基礎としての「愛の秩序」について『神の国』第一五巻二二章には「簡潔で真実な徳の定義とは愛の秩序である」(definitio brevis et vera virtutis ordo est amoris)と規定される。ここに初めて「愛の秩序」というヨーロッパ思想史における優れた倫理思想が誕生した。[5] プラトン以来「徳」は「良く生きるため」に不可欠な善性であったとしても、アウグスティヌスによるとそれは単なる人間の自然的な性質なのではなく、わたしたちの愛が秩序づけられ、「秩序づけられた愛」(ordinata caritas)となることなしにはあり得ない。

では、わたしたちの愛が「秩序づけられる」ことはいかにして行われるのか。初期の思想ではストア主義に拠って、知者は心中に刻印されている永遠の法に則って理性によって情念を支配することが説かれた。つまり人間の精神は理性を用いて身体的欲望を支配することによって有徳になり得ると説かれた。[6] また初期の著作『秩序論』では宇宙を貫く不変な秩序と因果の連鎖という自然の秩序の中で個人に対する特殊な神の摂理は実現するとの確信が表明され、自由学芸の研究が精神を高次の真理に向けて準備するので、上昇の梯子を昇るように学習の順序が守られ、幾何学と音楽によって宇宙の根底をなす数学的秩序が解明されると示唆された。[7] このような形而上学的な秩序の観念はプラトン主義の伝統的な存在論に由来しており、プラトン的なエロース説がアウグスティヌスの中に流入して来ていることを示している。しかし中期および完成期の著作になると秩序の概念が、前章で考察されたように、プラトン主義の形而上学的な背景から離れて、愛という主体的行為自体の中に求められるようになった。つまりエロースが対象の価値によって引き寄せられて生じているのに対し、アウグスティヌスの説く「愛の秩序」は、愛の対象に関わる仕方が秩序にかなっているか否かを問うことによって確立された。したがって彼によって初めて秩序は対象の側よりも主体の側に探求されるようになった。この点が思想史上きわめて重要な転換となった。実際、このことを考慮して初めて倫理思想の中核をなす「愛の秩序」の意義が明らかになる。この点を初めて明瞭に説いたのが完成期の大作『神の国』に展開する愛の秩序論なのである。

そこで、まず、「愛の秩序」の概念を『神の国』を中心にしてその全体的構造を解明し（第一節）、次に「神の愛」・「自己愛」・「隣人愛」の優先順序においてこの秩序の具体化を扱い（第二節）、さらにアウグスティヌスの青年時代の最大の問題であった「性愛」において愛の秩序を検討する（第三節）。さらに愛の秩序が「享受と使用」（frui et uti）という彼の倫理学の基本概念によって一般倫理においてどのように実現されるのかを解明したい（第四節）。

1 「愛の秩序」の概念規定

『神の国』第一五巻でノアの洪水以前に悪が世にはびこったことを述べた際、アウグスティヌスは、神の子たちが人間の娘の美しさに惹かれてこれを妻にした、という創世記第六章の記事に言及して「愛の秩序」の思想を述べ始める。この記述はウラノスから直接生まれた天上的エロースが徳に向かうのに反し、ゼウスがディオーネーと関係して生まれた世俗的エロースが肉体に向かうというギリシアにおける愛の神話を背景にして語られる。このような肉体の美に惹かれる愛の問題性について彼は次のように語る。

このように肉体の美というものは神に造られたものであるが、時間的で肉的な最低の善であって、神という永遠の、内なる、恒常的な善が後置されるなら、それは悪い仕方で愛される。ちょうど貪欲な人々によって正義が見捨てられ、金が愛される場合、罪は金にはなく、人間にあるのと同様である。すべて被造物はこのように振舞っている。つまり善であるが、良く愛されもするし悪く愛されもする、すなわち秩序が保たれている場合は良く愛され、秩序が乱されるなら悪く愛されるのである（一五・二二）。

このテキストによると秩序は神を最高善とし、肉体や物体を最低善と見なす存在者のあいだの関係にあると考えられている。しかし肉体の美も神の創造のゆえに肯定され、物質の象徴である金銭でさえもそれ自体では悪しきものではないと説かれる。だが、一見すると、神を最高善、物質を最低善とみるプラトン主義の存在論、もしくは新プラトン主義の存在段階説（一者・知性・魂・身体・物質）による存在の高低の秩序がここにあるように思われやすいが、実際には創造者と被造物との間の絶対的異質性に立つ「創造の秩序」が背景となっている。このことはこのテキストに続く文章に「もし創造者が真に愛されるなら、悪く愛されるということはあり得ない」と述べられていることからも明らかである。したがって最高善と最低善という高低による存在の価値づけも、この創造の秩序を表すために用いられた。彼はさらに続けて当時の讃美歌の一節を引用するが、そこにもこの秩序が創造の秩序であることが示される。彼は言う、「善なるあなたが造られたので、これらあなたのものは善であり、秩序を無視し、あなたの代わりにあなたによって造られたものを愛して、わたしたちが罪を犯すのほかには、何ら被造物の中でわたしたちの罪となるものはない」と（同）。

したがって罪は肉体や金銭などの被造物にあるのではなく、創造者なる最高善よりもそれらを選びとる愛が創造の秩序を転倒させている点にある。外的な事物はすべてこの秩序が保たれているなら善なのである。アウグスティヌスはプラトン主義のように外的事物を存在において劣化した悪しきものと考えないし、ストア主義のようにそれを悪として否定したり退けたりしないで、かえって秩序の下に肯定する。確かに感覚的事物もしくは財に囲まれた生活は、人間の出発点となっており[8]、財や健康また友愛の楽しみを願い求めてもよい。「神は人間を存在し生きるように創造された。それは健康（salus）のことを言っているのであるが、また人間がひとり（solus）であることのないように友愛（amicita）が求められた[9]」。ここにはマニ教の禁欲主義に対する批判が背景となっている[10]。

次にわたしたちが注目すべき点は、本節の初めに引用したテキストで「神という永遠の、内なる、恒常的な善が後置されるなら、それは悪い仕方で愛されている」という選択における「優先と後置」の問題である。そこには「神が後置されるなら」（postposito Deo）とあって、価値選択における優先と後置が、価値位階の秩序に従って決断されるならば誤りはあり得ないと考えられた。この場合の価値位階の秩序は創造者と被造物との関係に置かれているのであって、「より善いものを捨てることによって悪しき行為をする[11]」ことになる。またアウグスティヌスによると造られたすべてのものは「それ自身の限度と形象と秩序」とをもって存在し、善であるが、悪は「より善いものの廃棄である。したがってまた行為それ自身が悪なのであって、罪人が悪しく用いた本性が悪なのではない。なぜなら、悪とは善の悪用であるから[12]」。それゆえ善の悪用こそ悪であって、このことは先のテキストでは「秩序が保たれるなら良く愛され、秩序が乱されるなら悪く愛される」と語られていた。

アウグスティヌスは悪の根源を行為自体、したがって意志とそれを動かす愛に求め、外的対象から主体的意志へ、したがって神に対する主体の関係行為に求める。ここから愛そのものが神と人との根源的な関係に秩序づけられて初めて、善き行為を生み出す徳が形成されると主張し、「愛の秩序」をもって「徳の定義」を次のようにくだしている。

実際、愛そのもの――それによって愛されるべきものが善く愛される――もまた秩序正しく愛されなければならない。それは、そのことによって善く生きるための徳が、わたしたちに備えられるためである。ここからしてわたしには、簡潔で真実な徳の定義とは愛の秩序である、と思われる。そのため聖なる雅歌の中でキリストの花嫁である神の国は「わたしのうちで愛を秩序づけて下さい」と歌っている。それゆえ、この愛の秩序、すなわち愛好や愛情（dilectio et amor）の秩序が乱れてしまったため、神の子たちは神をないがしろにして人間の娘を愛したのであった（一五・二二）。

この愛の秩序の乱れは、アダムの原罪に続く第二の大いなる罪過として、神の子たちの間違った性愛に現れ、人類の全体にその混乱が波及して行った。それは意志の歪曲（preversitas voluntatis）を惹き起こし、諸々の罪の根源ともなっているが、それは神との正しい関係へと愛が回復されるまで続くことになる。そしてこの愛を癒し、神への正しい関係たる秩序へと導き入れる力こそ、神の愛にほかならない。『神の国』の歴史神学は、この神の愛による人類の救済計画が、神が創造の始源において与えていた「時間の秩序」（ordo temporum）によって実現していることを、詳論する。神の予知はその全能のゆえに人類の歴史の全過程をあらかじめその救済計画とともに自己の知恵の中に捉えていたので、神の管理と統治のわざは、生物の個体発生のみならず、人類の歴史をも、あたかも巻き物が広げられてゆくように、時間の中で秩序をもって発展させる[12]。そのため神の国の完成という究極目標を目指してあらゆる存在・社会・国家の関係が「和合・調和・平和」に向けて秩序づけられるという偉大な秩序思想が、身体の平和から始まって身体と魂の平和、人間と神の平和、人々・家庭・市民社会・国家間・天上の国の平和まで、つまり万物の平和にまで及んでいる（一九・一三[13]）。

そこでの平和をもたらす秩序は「配置」（dispositio）関係において成立しており、存在者の間の等・不等を適切な関係へと秩序づけており、対立しているものを適切な関係の中に入れて各々にその場所を配分する。これにより「秩序づけられた」（ordinata）身体の「調和＝調節」（temperatura）、欲求の「安静」（requies）、魂の「合意」（consensio）、身体の「生活と健康」（vita et salus）、神に対する人間の「従順」（obedientia）、人と人、家庭や国々また社会の「和合」（concordia）が成立する。これら一切の関係を貫く秩序の厳然たる支配を彼は洞察して、それを

「秩序の静謐」（tranquillitas ordinis）と呼ぶが、この静謐には騒乱の影もないため、それは悲惨を内に含んでいない平和そのものである。それでも現実の悲惨な人々に見られる悲惨さそのものは「罪の罰」という秩序の反照作用にほかならない。このような秩序の概念は、存在を高低の価値により観念的に秩序づけるプラトン主義よりもいっそう厳しく相対立する存在者の間に正しい関係を創造することによって、和解をもたらすのである。このことは実はキリスト教的愛の理解に基づいて説かれている。そこには神が「時間の秩序」によって人間をその救済と完成へと導き平和を実現させているという救済史的・歴史神学的理解が「秩序」の概念に加えられており、神の意志する秩序を人間は自己と社会において実現すべきであるとの要請が愛に対し求められる。こうして愛という主体的行為のうちに神の国の完成という究極目標に向かって一切の行為を機能的に関連づけるという秩序の新しい思想がここに表明されるようになった。

2　三つの愛の順序としての秩序

ここで言う「三つの愛」というのは「神への愛」（dilectio Dei）・「自己愛」（amor sui）・「隣人愛」（dilectio proximi）のことで、イエスが説いた「神を愛しなさい」、「自己と同じように隣人を愛しなさい」（マルコ一二・二九―三一）という二つの戒めから淵源している。この三つの愛の関係をめぐってアウグスティヌスにおける「愛の秩序」の思想は進展し、人間が神や他者に対していかに適切に関わるべきかという倫理問題として具体的に展開する。そして事実、彼の愛の秩序の学説は、大グレゴリウス、ベルナール、ロンバルドゥス、トマス、スコトゥスと後期スコラ神学者たちによって受け継がれ、愛の秩序はその後の歴史においては三つの愛の順序として盛んに論じられた。

では、神・自己・隣人に対する三つの愛の優先関係はいかなる順序（秩序）を保つべきかという問題を、そもそもアウグスティヌス自身は、どのように理解していたのであろうか。この三つの愛の関係は次のように最も簡潔に秩序づけられる。

しかし教師なる神は二つの主要な戒めを、つまり神への愛と隣人への愛とを教えており、人間はその戒めのうちに神と自己自身と隣人という三つの愛すべきものを見出し、そして神を愛する者は自己を愛することにおいて誤らないので、人間は自分自身のように愛することを命じられている隣人を、神を愛するために助けるということになる（一九・一四）。

神と人間とは創造者と被造物のように絶対的に異質な存在関係にあり、人間は一切を神に負うているがゆえに、神への愛が人間（自己と隣人）への愛に対し決定的に優位をもっている。だが自己自身と隣人とは同格の存在であるから、神への愛を優先させている限り、自己愛の中に誤りは入らないのみならず、自分が神を愛しているのと同様に、隣人も神を愛するように配慮し助けなければならない。つまり隣人愛とは、隣人が、自分が神を愛しているのと同じく、神を愛するように援助することにほかならない。これと同じ思想内容は次のようにも明瞭に説かれている。「それゆえ、自分を〔正しく〕愛する術をすでに心得ている者に、自分と同じように隣人を愛すべきことが命じられている場合、その命令の意味するところは、隣人に、力を尽くして神を愛するように勧めること以外の何ものでもない」（一〇・三）[14]。

ところでこの三つの愛の戒めは現実にはどのように守ってゆくべきであろうか。次にこのことを考えてみよう。アウグスティヌスによると神は「あらゆる本性の最も賢明な創始者であり、また最も正しい秩序の付与者」であって、人間にこの世でふさわしい時間的な善と平和を与え、これを正しく使用する者には、さらに豊かで善い永遠の平和を与えたもう。だが、不正にそれらを使用する者は永遠の平和を受けないだけでなく、現世的で一時的な平和さえも失う（同）。ところが現実においては、人間の精神は弱さのため間違った判断を下しやすく、ともすると誤謬に陥り、意志は転倒して創造の秩序から転落してしまう。そのため「神的な教師」や「神的な援助者」に対する信仰と服従が要請される。「それは人間が信仰において永遠の法によって秩序づけられた服従をなすためである」（一九・一四）。このように神の創造の秩序に従って人は生きるべく定められていても、実際はその弱さのゆえにそれを実現できないので、人は神への信仰によって神に服従して生きなければならない。ここから二つの領域が区別される。

第一に、創造の秩序といわれているものは一般倫理の領域であり、そこでは隣人との平和が「秩序づけられた和合」（ordinata concordia）として求められているので、「その秩序は第一に何人をも害しないこと、第二に助けることのできる人に役立つことである」（同）となる。この要請は「本性の秩序と人間社会の秩序から言って」まず自分の家族のために配慮し、家の平和を確立し、そこから国や国々の平和に寄与すべきである、と説かれる。

第二に信仰の領域が区別され、人は現実には天上の国から離れていながらも神を信じる寄留の民として生きているため、このような人の家では支配する人でも自分が支配している当の相手にさえ奉仕する。そこに働いているのは支配欲ではなく、憐れみからの配慮なのである（同）。

アウグスティヌスの視点は人間を創造の秩序からまず考察し、次に現実の状況から実存的に人間を把握するように導く。このことは「自己愛」の理解において端的に示される。すなわち、創造の秩序に従って神への愛によって誤ることのないように秩序を保っているのが「真の自己愛」である。それに対し、神への愛と信仰とを全く拒絶している「自己中心的な自己愛」が罪として対置される。ここから現実の世界は神への愛と自己愛とに分けられ、そこから神の国と地の国とが二元的に鋭く対立するようになる。この点について『神の国』の有名な箇所において「二つの愛が二つの国を造った。すなわち、神を軽蔑するに至る自己愛が地的な国を造り、他方、自分を軽蔑するに至る神への愛が天的な国を造ったのである」（一四・二八）と語られ、またそれに続けてこの自己愛は「自己の権能のうちにある自己の力を愛し」、支配欲にかられ、「この世を享受するために神をも使用する」（一五・七）と言われる。

さらにこの二つの愛（自己愛と神への愛）は「享受」（frui）と「使用」（uti）との関連から解明される。つまり両者の正しい関係が転倒すると、愛の秩序は混乱し、正しい自己愛は罪によって支配される自己愛に変質する。これが原罪としての自己愛である。「人間を最初に破滅させたのは自己愛であった。なぜなら、人間がもし自己を愛さず、自己に対し神を優先させているなら、つねに神に服従することを欲するであろうから。つまり神の意志を無視し、自己の意志を実行するようには向かわないであろう。自己の意志を行おうとすることこそ、実際自己愛なのである(15)」。このような自己愛は「転倒した仕方での神の模倣(16)」であり、それは「自己が自己の始原となる」（一四・一三・一）という意志の転倒から起こっている。

しかし、「自己愛」にはこのような二つの規定とは別のもう一つの本性上の規定がある。アウグスティヌスによると人間は本性上自己の幸福を愛する普遍的欲求をもち、ここから哲学と宗教のすべては出発する。キケロに由来する幸福を求める本性的な自己愛は、プラトンの説くエロースと同じ性質のものとして認められる(17)。この本性としての自己愛それ自体は動物と共通にもつ自己保存の本能であって善でも悪でもなく(18)、「本性的な所与」（naturaliter inditum）であって「すべての生物はできる限り自分を愛するように本性的な傾向をもっている(19)」。この自己愛が先に述べた創造の秩序に従って神を愛している場合には真の自己愛を保ち、秩序を転倒させ混乱させる場合には、罪に染まった自己愛に転落する。この二つの自己愛は愛の現実の状態を言い表しており、ここで言う本性上の自己愛とは別の視点から把握されている。したがってここでは本性的自己愛・真の自己愛・罪の自己愛という三つの自己愛が区別されることになる(20)。

この三つの自己愛の区別を明らかにして初めて、ルターが後年「秩序づけられた愛は自己自身から事を始める(21)」と言って批判した言葉がアウグスティヌスに対する誤解から生じていることが判明する。なぜなら罪に染まった自己愛から解放されなければ、総じて隣人愛は不可能だからである。確かにアウグスティヌスの言うカリタス（聖い愛）を「自己愛」（amor sui）に適用することは原理的に見て不自然である。なぜならカリタスはその本質において神から人に与えられたものだからである。ところが、まさにこのカリタスを受容して罪の自己愛から癒されなければ、人は神も隣人も愛することができない。したがってこのような救いを求める自己への愛がまず説かれなければならなかったのである。それに対しルターはいっそう現実的に考え、まず自己愛を否定しなければ、人は隣人愛を実現しないと考えた。それゆえアウグスティヌスもルターも決して別の事柄を考えていたのでも対立していたのでもなく、「自己愛」の概念がアウグスティヌスでは三種類の意味をもっていたのに、ルターは自己愛を罪としか考えていなかったのである。このことはちょうどカントが自己愛や幸福を義務と対立する傾向性と捉えたのと同じ事態である。

ところで神の愛が罪に染まった心に注がれて、どのようにそれが救いを完成させるかについてアウグスティヌスは具体的に説明していない。彼はパウロに従って神の愛が聖霊によって心の中に注がれる（ローマ五・五）と説いていても、恩恵（神の愛）を実体的には理解していないし、ましてや魔術的に捉えていたのでもなく、ただそれによって「神への愛」が内心に方向転換を起こさせると考えていた。[22] もしこの救われた自己の愛の状態を心理学的にか、あるいは存在論的にか説明していたならば、第四の自己愛の形態が見出されたであろう。そうすれば、そこに「神のために自己を」（se propter Deum）とベルナールが説いた自己愛の完成した姿が捉えられたかもしれない。[23] だが、アウグスティヌスは愛の方向転換という救いの出来事のうちにとどまっており、神の愛はキリストによって啓示され、わたしたちの内奥に働きかけて、神への愛を起こし、隣人愛を実践し、律法を実現し、完成すると説いた。ところが、その後に提起された問題、すなわち、この愛はわたしたちに働きかける聖霊自身なのか、それともわたしたちによって形成された魂の習性（habitus）なのか、という問題は、彼によって扱われなかった。この問題はロンバルドゥスの『命題集』によって提起され、ロンバルドゥス自身が前者を採用したのに対し、トマス・アクィナスは、愛が究極の根源において神的であるにしても、救済に役立つような神と人とに対する愛は人間の内なる習性によって形成された愛でなければならないと説いた。つまり、恩恵は神の愛としてわたしたちの心に注がれて習性となり、この習性に基づいて超自然的行為が生まれ、これが功績となって永遠の生命が報われると説いた。この学説に対し主意主義的な倫理の立場からオッカムが批判を加えたが、ルターは自己の神学の立場から反論を加えていくことになった(24)。

3　性愛における愛の秩序

次に、自己愛の三つの形態のうち罪に染まった自己愛について、とりわけベルナールが「神を自己のために」(Deum propter se) 愛する「貪りの愛」(amor concupiscentiae) と呼んだものに注目したい。アウグスティヌスにとり「貪り」は主として情欲を意味しており、とりわけそれは性愛において顕著に現れていると説かれた。彼は青年時代から性愛の虜となり、この事態は実存的に解決すべき最大の問題となっていた。そこでわたしたちは、性愛において彼がいかなる「愛の秩序」を考えていたか、を考察しなければならない。『告白録』第三巻の冒頭には早熟であった彼の姿が描かれており、情熱的なアフリカ人らしく恋愛から愛欲生活への移行が自然の成り行きのように述べられる。

青年時代の愛欲生活とその破綻が彼の弱点の最大のものとなり、回心における最大の障害は情欲からの解放であった。救済の体験がその中心において女性問題であったことを知って、わたしたちは彼の性愛に対する態度を初めて正しく理解できる。結婚と性について最もまとまった論述は『結婚の善』(De bono conjugali) の中に見出されるので、そこに展開している「結婚の三つの善」を手がかりにして、次に性愛についての秩序の思想を解明してみよう。

(1) 結婚の第一の善は子供である

彼はこのことをその人間学の基本姿勢から説いている。彼によると人間の本性は社会的であり、種族の類同性のみならず、血縁の絆によっても社会性を備えもっている。しかも人間社会の自然に基づく最初の結合形式は夫と妻という形式であり、子供が生まれることにより社会と人類は保たれる。だが、夫と妻との間における「愛の秩序」が結婚における「共同」(societas)を創造し、これが種族の維持のため子をもうけることに優るとの予想外の驚くべき主張が次のように展開する。

結婚が善であるのは、単に子を産むためばかりでなく、異なった性における本性的な共同そのもののためでもあるように思われる。そうでなければ、老人の場合には、特に子をなくしたり、あるいは子を産んだことがない場合には、もはや結婚とは言えなくなってしまうであろう。しかし今や、年を経た善き結婚においてはたとい男女の間での壮年の情熱は衰えても、夫と妻の間での愛の秩序が力強く生きている[25]。

彼はまず結婚の目的を子供を生むことに置き、種族が維持されることの意義を説き、「結婚による子を生むための性的関係は罪ではない」と言う。だが子供がなくとも、また性的関係がなくとも、全人格的共同の交わりが結婚により成立し、道徳的結実がもたらされる。

(2) 結婚の第二の善は信義である

結婚により共同が実現し、社会的共同の自覚がむら気な快楽と狂暴な情欲を抑え、愛の秩序を確立する。そこには自然的情念から解放された愛の徳性が見られる。それが「信義」(fides)である。実にこの信義によって身体的な価値が劣る人にも魂の善と結婚の善性とが成立する。しかも互いに他を顧みる共同性のゆえに欲情も抑制されている。

(3) 結婚の第三の善は神聖なサクラメントである

ここにキリスト者にとっての結婚の最高価値があると考えられる。したがって神の前で結婚の誓約をした人は、結婚の善として子供が生まれなくとも、このことのゆえに結婚を解消することは許されない。なぜならキリストの誕生以前と以後とでは結婚の意義は大きく変化しているから。その誕生以前は「肉において来たるべきキリストに役立つために、子をもうけることが信仰自体のわざであった。……しかし今は、聖にして清らかな交わりに入るため、至るところで、あらゆる民族からなる霊的結合の豊かさが満ちあふれていることから、ただ子をもうけるために結婚を望む者たちにも、むしろ節制といういっそう大きな善を使用するように、勧めなければならない」[26]。ここから前述のユダヤ教的性の倫理とは全く異質な結婚の理解が生じてくる。つまり結婚は神の恵みの表現たるサクラメント(聖礼典)として、男女を永遠に結びつけ、節制の善を勧め、欲情を征服し、「お互いに一致して聖性のより高い段階へ昇って行くのである」[27]。

このような結婚の三重の善も現実には情欲の支配下に置かれている場合が多く、情欲は理性の道理に従うことなく、人と人との信義を破壊し、倫理の基礎である愛の秩序を踏みにじってしまう。このような情欲の支配は原罪の結果生じているのであって、原罪の原因なのではない。確かに「情欲のうちに人間的不幸の全体験が現れ出ている」(グレートゥイゼン[28])と言われているように、性と愛の問題はアウグスティヌスの思想に決定的意義をもっていた。しかも原罪の結果、遺伝によってこの情欲が人類の全体に波及するようになったと説かれたため、ペラギウス派の批判を受けるようになった。ペラギウスは、原罪が遺伝するという思想を批判し、原罪というものはアダムが示し、多くの人たちが倣った悪しき先例にすぎず、アダムの堕罪以後も罪を犯さない生活は可能であると説いた。したがってアダムとの関連は「模倣」なのであって、生物学的感染や遺伝なのではない、と彼は説いた。これに対しアウグスティヌスは結婚の善を繰り返し主張し、子供を生むこと自体は罪ではないが、性欲なしに生殖が不可能であり、性欲（libido）は「身体の恥部を刺激する欲情」であり、「魂の欲性を肉の求めと結びつけ混合して人間全体を動かす」（『神の国』一四・一六）と言い、こういう欲情なしに、あたかも無性の超人のように、子を生むことを理想としたように思われる。確かに彼が『結婚の善』で積極的に評価したのは性愛における「共同」と「信義」という人間の間柄の基礎である人格関係の秩序であった。そこに愛の秩序は見出されるが、それでも本能として与えられている情欲は神よりも自己を求める「邪欲」となりやすく、性の領域で優勢となり、人間をその奴隷となし、「罪の娘」から「罪の母」にまでなっている。[29] こうして情欲は神が授けた創造の秩序を転倒し、無秩序となった貪欲であり、この貪欲は神を「使用」してまでも自己を「享受」しようとする。

4 「享受と使用」による愛の倫理

アウグスティヌスの愛の思想は「享受と使用」（frui et uti）によって一般の道徳や倫理において実践的に説かれた。まず注意すべきことは「享受する」（frui）の概念規定の二重性である。初期の著作では次のように「享受」が定義されている。「事実、わたしたちが享受すると言っていることばの意味は、愛するものを有益に所有することにほかならない」[30] と。さらに「愛するもの」は「最高善」と見なされ、最高善を享受している人が幸福であると説かれる。この定義では「享受」が「使用」をも含めてわたしのために単純に用いるという意味である。しかし『キリスト教の教え』以来よく用いられている定義では「享受」が或る対象に関与する情熱的で主体的な関わりを表している。

享受とはあるものにひたすらそれ自身のために愛をもってよりすがることである。ところが使用とは、役立つものを、愛するものを獲得するということに関わらせることである。この場合愛するものとは、それに値するものでなければならない[31]。

この定義では享受が目的自体に向かう愛として、しかも「愛をもってよりすがる」(amore inhaerere) 運動として規定される。享受が目的自体に向かう愛であって、単に目的に向かうだけではなく「よりすがる」というのは愛の情熱的な本性に由来する。なぜなら「愛とは、愛する人と愛されるものとの二つを一つとし、あるいは一つにしようとする生命でないなら何であろうか[32]」と語られている通りであるから。だが享受が「あるものにひたすらそれ自身のために」向かうのは、そのものが「他のものとの関係なしに、それ自体でわたしたちを喜ばせる」(『神の国』一一・二五) からである。それに対して「あるものを、そのもの以外の他の目的のために用いるとき、わたしたちはそれを〈使用する〉のである」(同)。したがってもしわたしたちが現代的な用語を使ってヴェーバーの社会的行動の類型をここにあてはめるならば、「享受」は「価値合理的」であるのに対し、「使用」は「目的合理的」な傾向をもっているといえよう[33]。しかしアウグスティヌスは享受と使用とを神と世界という二大対象に適用し、そこから善と悪との倫理的な一般規定を引き出す。その規定の中で最も簡潔なものを挙げると次のようである。

善人は神を享受するためにこの世を使用するが、悪人はそれとは逆に、この世を享受するために神を使用している (『神の国』一五・七・一)。

ここに善と悪との道徳的な一般的規定が確立される。こうして、この世界自体は神が創造されたもので善であるが、それに主体的に関与する人間の行動は、最高善なる神を享受するために、世界を使用することによってその善性を得ている。つまり神と世界とに関わる愛が「享受」と「使用」とからなる秩序を保っている場合が善であり、「享受」と「使用」の秩序が転倒するならば悪となる。したがって目的が享受において誤りでなく、手段が使用において適切であるならば善となり、目的の設定に誤り、手段が誤用されると悪となる。このような享受と使用との秩序を保ちながら愛が神と世界とに関わるとき、具体的行為の善悪は愛の秩序のもとに規定されている。

しかし、享受と使用との関連は単に目的と手段とに還元できない要素が含まれている。それは「神の享受」が究極目的もしくは目的自体であるため、個々の目的の全体を導いており、目的の体系を形成していることに示される。たとえば平和についての思想にそれがよく表れている。アウグスティヌスは愛の秩序を実現し平和を樹立した最高の形態、つまり「最も秩序があり、最も和合した社会」(ordinatissima et concordissima societas) を天上の平和として次のように述べている。

天上の平和こそ真の平和であって、厳密にはこれのみが理性的被造物の平和、つまり神を享受し、神において相互を享受する最も秩序があり、最も和合した社会であって、またそう呼ばれてしかるべきものである。……天の国の生は社会的であるがゆえに、このような天上の平和を、天の国は寄留している間は信仰においてもち、そして神と隣人のためになす良い行為のすべてを、天上の平和を得ることに関連づけるとき、その信仰によって正しく生きている(一九・一七)。

わたしたちの生命の最高形態はここに「神を享受し、神において相互に享受する社会」(societas fruendi Deo et invicem in Deo) であると規定される。ここでの「社会」は『結婚の善』では「共同」と訳されていた。共同は

「相互に享受する」相互性の中に実現していても、共同体や社会自身を享受するのではなく、あくまでも究極目的たる「神において」それらを享受して初めて正しく秩序が保たれる。アウグスティヌスはかつて隣人愛を用いて神の愛に至ると説いた、とニーグレンが批判したことがあった[34]。彼が人間の間の相互的愛を神の愛への一段階と考えていたことは確かであった。たとえば初期の著作『カトリック教会の道徳』では「人間相互間の愛ほど、神の愛に導く確かな段階というものは何もあり得ないと信じるほど、強い愛のきずなが人と人との間には存在しなければならない[35]」とある。だが、隣人愛はこの書物でも隣人が最高善である神を獲得するように導くと述べられているのであるから[36]、これを使用して神に向かうわけではない。また先のテキストにある「相互に享受する」が「神において」と限定されているのは、『告白録』第四巻の友人の死の体験によって友を「神において愛する」ことを学んだことからも明らかである[37]。実際、この「神における愛」こそ「聖い愛」(caritas)にほかならない。

さらに、先の引用文は「良い行為のすべてを、天上の平和を得ることに関連づけるとき」(cum ad illam pacem adipiscendam refert quiquid bonarum actionum)と述べ、この関連づける作用に信仰の正しい生き方が見出される。つまり、わたしたちの実践のすべては、特定の個別的な対象や実在に向かっていても、それ自体が究極目標とされるべきもの、したがって享受の対象とすべきではなく、神と神において隣人を享受するという究極目標たる天上の平和に至るように関連づけられる。この関連づける作用は、個々の良い行為をして、いっそう高次の目的に結びつけて自らを秩序づけしめる働きなのではなかろうか。アウグスティヌスが説くこのような目的への関連づける働きの中に、パスカルも精神の合理性を超えた心や愛の秩序を捉えている[38]。アウグスティヌスの説く愛が天上の平和を求めてすべての行為をそれに「関連づける」という秩序の働きを生みだしているように、パスカルにおいても愛の秩序は目標へ向けての行為の機能的関連づけに置かれている。確かに愛は神への愛という遠大な目標に向かいながら、同時に現実の隣人を目的と見なす「享受」を生み、すべての行為をこれへの「使用」において関連づけているといえよう。こうして秩序自体が人間の行動の連関の中に求められるようになり、ここに新しい倫理学の基礎が据えられたのである。

注

（1）アウグスティヌス『告白録』一三・九・一〇。
（2）アウグスティヌス、前掲書、一・一・一。
（3）アウグスティヌス、前掲書、一〇・二二・三二。
（4）金子晴勇『愛の思想史――愛の類型と秩序の思想史』知泉書館、二〇〇三年、第二部第二章「アウグスティヌスにおける愛の秩序」参照。
（5）金子晴勇『愛の思想史』の第二部においてこの思想の歴史的展開が詳論される。ここではその出発点が『神の国』において歴史上初めて提示されたことを力説しておきたい。
（6）アウグスティヌス『自由意志論』一・八・一八。
（7）アウグスティヌス『秩序』一・七・一八、一・八・二四、二・五・一四等を参照。
（8）アウグスティヌス『書簡集』一四〇・三。
（9）Morin, Sermones post Marurinos reperti, XVI, I. J. Burnaby, Amor dei, p.113 から引用。
（10）このような外的善に対する彼の一般的評価は次のテキストに最もよく示されている。「あなたがこの世の財から良いものを造り出し、悪くならないようにしてくださいます。というのは天と地の全権をもっておられるお方によってのみ財そのものが人々に授けられているのですから。しかし、このような財は悪いものと考えられないように、良い人たちに授けられています。だがそれが偉大な、もしくは最高の善と考えられないために、悪人どもにも与えられています」（アウグスティヌス「書簡」二二〇、『アウグスティヌス著作集　別巻Ⅱ　書簡集(2)』金子晴勇訳、教文館、三五五頁）。
（11）アウグスティヌス『善の本性』三四。

(12) アウグスティヌス、前掲書、三六。
(13) 本書第八章を参照。
(14) このような隣人愛の思想はハイデガーの「顧慮」(Fürsorge) やヤスパースの「愛しながらの闘争」(libender Kampf) と同じ内容となっている。つまり実存哲学では他者への愛は他者が自己自身となるようにと他者に関与することを意味する。このことを最初に明確に説いたのはアウグスティヌスであると言えよう。
(15) アウグスティヌス『説教』九六・二。
(16) アウグスティヌス『詩編講解説教』七〇・二・六。
(17) Cicero, Hortensius frag. 36, Tusc. V, 28.
(18) アウグスティヌス『キリスト教の教え』一・二六・二七。
(19) アウグスティヌス『三位一体論』一四・一八。
(20) ニーグレンが自己愛のこの三つの形態を初めて正しく把握している。『アガペーとエロース3』岸千年・大内弘助訳、新教出版社、一九六三年、九八―一一一頁。バーナビーとオドノーヴァンとはこれを継承しているが、アレントは二つの形態しか捉えていなかった。J. Burnaby, op. cit., p.117, Oliver O'Donovan, The Problem of Self-Love in St. Augustine, p.2, Hannah Arendt, Der Liebebegriff bei Augustin, S.25.
(21) Luther, WA. 56, 390, 23f. 金子晴勇『愛の思想史』一七四頁を参照。
(22) アウグスティヌスにおける恩恵が実体的で魔術的であるとヨナスは非難する (H. Jonas, Augustin und das paulinische Freiheitsproblem, S.74)。それに対する批判はバーナビーによってなされた (J. Burnaby, Amor Dei, pp.99, 313)。
(23) Bernardus, De diligendo Deo, 15, 39.
(24) 詳しくは金子晴勇『近代自由思想の源流』創文社、一九八七年、八三―八八頁を参照。
(25) アウグスティヌス『結婚の善』三・三。
(26) アウグスティヌス、前掲書、九・九、一七・一九。
(27) アウグスティヌス、前掲書、一三・一五。

(28) B. Groethuysen, Philosophische Anthropologie, S.85.

(29) アウグスティヌス『結婚と情欲』一・二四・二七。

(30) アウグスティヌス『カトリック教会の道徳』(De moribus eccelessiae Catholicae) 三・四。

(31) アウグスティヌス『キリスト教の教え』一・四・四。

(32) アウグスティヌス『三位一体論』八・一〇・一四。

(33) ヴェーバー『社会学の根本概念』清水幾太郎訳　岩波文庫、一九七二年、三九頁。

(34) ニーグレン『アガペーとエロース3』一一八頁。

(35) De mor. eccl. Cath., 26, 48.

(36) Ibid., 26, 49.

(37) 彼は親友の死を悲しんだ過去の経験を想起し、「神なるあなたを愛し、あなたにおいて友を、あなたのために敵をも愛する人は幸いである。まことに、失われることのない御者において、万人を愛する人だけが、親しい友を一人も失わないで済む。その失われることのない御者とは、われらの神でなくして誰であろう」(『告白録』四・九・一四、山田晶訳)と言っている。

(38) B. Pascal, Pensèe, L. 298, B. 283.「心には心の秩序がある。精神にも、精神の秩序があり、それは原理と証明とによる。心は、それとは別な秩序を持っている。……イエス・キリスト、聖パウロの持っているのは、愛の秩序であって、精神の秩序ではない。すなわち、かれらは熱を与えようとはしたが、教えようとはしなかった。聖アウグスティヌスも同じである。この秩序は、どちらかといえば、目標に関連のある個々の点にあれこれ目をくばりながら、しかもつねに目標をさし示して行くことを内容とする」(田辺保訳、角川文庫、一八一―一八二頁)。

第一〇章　人間学の三段階説

アウグスティヌスの哲学的な思索の特質は、それがもっぱら「神と魂」に向けられている点に求められる。[1] このことの意義はギリシア哲学の出発点と比較してみると明らかになる。ギリシア人は人間がコスモス（宇宙）によって庇護されていると感じ、そこに安住できると信じていた。このコスモスへの讃歌はカオス（混沌）を克服する神々の力への感謝の祈りであり、天と地は同じノモス（法）によって治められていると考えられた。したがってプラトンやアリストテレスは哲学の出発点を驚異の念に置いていても、驚異の対象は主としてこのコスモスに向かい、人間に向く場合にもコスモスの一部としての人間に向かっていた。たとえばアリストテレスは、「その初めは、ごく身近の不思議な事柄に驚異の念をいだき、それからしだいに少しずつ進んで、大きな事象についても疑念をいだくようになった。たとえば月の受ける諸相だの太陽や星の諸態だのについて、あるいはまた宇宙の生成について」[2] と語っている。ところがアウグスティヌスは驚異の念を世界よりも人間の内面に向けた。そこで彼は初めて矛盾と謎に満ちた人間の現実を直視し、次のように言う。「わたし自身がわたしにとって大きな謎になった」[3]、また「人間そのものが大きな深淵である」[4] と。彼は人間そのものの測りがたい深みを自覚して、そこから自己をそのように創造した神に問うていく。

1　人間の新しい次元の発見

だが彼は最初プラトン主義の影響を受けたので、初期の人間学は古代的な人間観に基づいていた。そのため「身体」の評価が消極的であり、身体が可死的であるのみならず、その感覚は誤謬を免れ得ないから、身体から離れ、精神だけになってこそ幸福に達することができると考えた。こうして身体は「牢獄」であると説き、明らかにプラトン主義的な古代的人間観の影響を受けていた。

だがキリスト教によれば身体とその感覚、また愛やその欲望も、それ自体としては誤謬でも罪でもない。とりわけ身体は神によって造られたものである限り、それ自体善である。ただ意志がそれを使用するとき、秩序を逸脱し、転倒し、神の戒めを犯すことによって誤謬や罪悪に陥る。アウグスティヌスは身体を悪の根源と見なす思想から次第に脱却し、キリスト教の創造説に立って身体の善性を認め、悪の根源を自由に選択する意志に求めるようになり、神に対し高ぶった傲慢こそ諸悪の根源であると説くようになった。また人格の「中核」を「心」(cor)の概念で把握するようになった。

このような「心」についてアウグスティヌスは『告白録』の冒頭で「不安な心」として表明するようになった(5)。人格の「中核」が聖書では「霊」によって表されていたが、それは彼では「心」でもって表されるようになった。そこでまず『告白録』冒頭の有名な言葉を引用してみよう。

人間は、あなたの被造物の小さな一断片でありながらも、あなたを讃えようと欲する。……喜びをもってあなたを讃えるように励ますのはあなた自身である。なぜなら、あなたはわたしたちをあなたに向けて造りたまい、あなたのうちに憩うまで、わたしたちの心は不安に駆られるから(6)。

終わりの一節が特に有名である。そこには「あなたはわたしたちをあなたに向けて（ad te）造りたもうた」とあるように、「神への対向性」が認められる。それは「あなたのうちに（in te）憩うまで不安に駆られる」とあるように、その目標とするところは神の内にある平安である。この平安に至るまでの「心」の状態は「不安」であると言われる。「不安」（inquietus）とは「平安」（quies）を失った状態であって、それを表す「心」は神に立ち帰る人間存在の全体的動態を言い表す。というのも「あなたに向けて」（ad te）と「あなたのうちに」（in te）という言葉は、それに先立つ神との断絶状態を前提しており、この状態を『告白録』で多く用いられる「あなたから離れて」（abs te）でもって言い表せば、三つの前置詞（ad, in, abs）によって神との関係の喪失と回復とが示されているから。この心の運動こそ聖書にある「霊」の働きであって、彼によるとわたしたちはそれを「神への対向性」として自己のうちに宿している。(7)

アウグスティヌスはこの「不安な心」がどのようにして救いに至ったかを『告白録』で詳しく論じているが、救済に至るプロセスを『神の国』はどのように理解しているのであろうか。

2　『神の国』の人間論

彼は第一二巻において「人間の起源」を問題にし、自然本性は善であるが、悪は悪い意志に由来することを天使と比較しながら追究する。次いで人間が時間の中で創造されたことを説き、神の永遠性と人間が時間的な被造物であることを詳論する。続いて第一三巻では人間の堕落について論じ、死の起源と本性やキリスト教的意味での死から説き起こして、堕落の結果生じる悲惨な状況に言及する。終わりに第一四巻は欲情について考察し、情念の道徳的価値・情念の起源・罪・肉的な情念を問題にする。

最初、彼は第一二巻で人間の創造について述べ、なぜ天使の二つの国と人間の二つの国からなる四つの国があるのではないのかという問題を取り上げる。それによると、この四者は別々でなく、また別々になるのでもない。二つの国が天使と人間とを分けている。すでに第一一巻の終わり近くでも述べられているように、何が善く何が悪いか、何を愛し何を憎むべきかが、四者をいわば二つに分けている。人間は天使の支配下にはなく、人間の善は天使の場合と同じく神に従うことであり、人間の悪も、天使の場合と同じく、神に従わないで自分を高くすることである。このことは、人間にとって時間と身体の中にあることが悪であるということから起こるのではない。時間は究極において神の与えたものであり、神が支配し、予知と予定をその中で働かせることのできるものである（一二・一三）。あらゆる時間の創造者は、時間においてではなく永遠性において時間に先立っており（同二六）、この先立つということは過去においても未来においても同じである。

天使の創造に続く自然界の創造は、オリゲネスが説いたように天使の堕落の結果生じたのではなく、神自身により、神の言葉によって成ったのである。アウグスティヌスは「初めに神が天と地を造った」と言われる時の「初め」を、哲学的伝統に従って「始源」や「根拠」と解釈していても、『神の国』では創造を形而上学的に論じるのではなく、むしろ三位一体の神が自然界をも支配して、自然界が神の活動と歴史の舞台となることを示そうとしたと考えられる。「自然」（ナトゥーラ）が創造のすべてではなく、それは「被造物」（クレアトゥーラ）の一部であり、被造世界の全体とその目的に従って理解される。アウグスティヌスはここで、自然を造った神の善性を讃えると共に、人間は自然とは区別される意志的存在であり、意志をもって神の戒めの下に置かれたものであることを明らかにする（一二・三—九）。被造物としての自然（自然本性）には悪はなく、どんな欠陥もそれが善であることを否定できず、その中に悪の原因は見出されないが、これに対して意志は神から与えられた善でありながら、自ら悪いものへと転倒しうる性質のものである。ここに人間を神との関係において人格的に捉えた理解が示される。

第一三巻は人間の堕落について論じる。これまでの創造論が意図することは、天使と人間という意志的で自発的な運動をもつ被造物においてのみ、つまり人格存在によってのみ、罪が自覚され、これによって創造と堕落との区別が明確になる。無から造られたものは神や神から生まれたものとは異なり、堕落の可能性をもつが、創造と救済の過程を新プラトン主義的に発出と還帰の過程として捉えることはできない。聖書的意味での創造は、神の自由な恵みの意志に発し、その意志は時間を貫いて自らの計画を実現する。それは時間の中にある人間のみならず、時間の外にある天使に対しても同じである。

第一三―一四巻は人間の堕罪と、その結果生じた死と欲情について論じる。これは創世記第二―三章に従って叙述される、楽園において起こったことであるから、神話的に理解することができる。しかしアウグスティヌスの関心は、最初の人間によって歴史が始まることにあるので、これを人間の一般的な時間的、かつ、歴史的存在から切り離して論じることはできない。むしろ堕罪とともに人間はその情欲に引き渡され、歴史が始まったと言えよう。こうして「根の腐った木のように、その初めから堕落してしまった人類は……ついには終わりのない第二の死の壊滅にまで至る」(一三・一四)[8]。したがってアウグスティヌスは罪を犯したために死と欲情に渡された人間が、それにもかかわらず現実に歴史をどのように始めえたかということを問題にする。こうして最初の人間における罪過は救済との連関から見られ、救済に至るまでの神の保持と、それに応ずる人間のあり方とが語られる。

さらに人間の死について考察が進められる。人間は神によって善いものとして造られたのであるから、もし罪を犯さなかったならば死を見ないだけでなく、永遠の不死と至福とが与えられたことであろう、と推測される(一三・一)。この大前提は実はプラトン自身の教えでもあったと言われ(同一六)、プラトンの権威を立てながら、プラトン主義者と称せられる人々、あるいはそう自称する人々の誤謬を論駁することがなされる。アウグスティヌスの考えでは、人間は現実に罪を犯した以上、死を免れることができない。そしてもし永久に神への服従を拒否し続けるならば、ついには第二の永遠の死を迎えることになる。したがって、神の国の市民として永遠の生命の報いを受けるか、それとも第二の死に至るかという終末論的な対立と分離が将来に待っており、地上の生活はこれが徐々に明らかになる機会であるとされる。人間が魂と身体との結合であるのに、死はそれの分離であるという、ギリシア哲学に由来する一般的な定義を前提しながらも、魂と身体の結合を罪の結果と見なし、その分離を救済と同一視するような、プラトン主義の思想を徹底的に排撃する。身体は蔑視すべきものではなく、それと魂との結合は創造によって与えられた善いものであり、その分離は自然過程ではなく、むしろ神の戒めに背いた罪の結果として受けるに至った罪の罰なのである。

このようにアウグスティヌスは身体からの解放をただちに救済と見なすあらゆる教説に反対して、むしろ死を罪の罰と規定したのであるが、さらに積極的には救済は復活であり、復活は身体の復活をともなうことを強調し、それを論証しようとした（一三・二〇以下）。

こうして人間の区別すなわち死の可能性をもった人間、そして神に従わないならば現実に死を免れない人間、つまり「魂的人間」と、救済された「霊的人間」との相違は、身体をもつかもたないかにあるのではなく、人間がその全体でもって神を信じるか、否かの関係の相違にあると考えねばならない。したがって神に対する人格的な信仰の関係が霊的人間の本質であることが示される。

さらに第一四巻が詳細に論じている「欲情」（リビドー）もまた、これと同じく人間の全体的存在に関わる問題である。アウグスティヌスはまず第一四巻第二―四章で、ストア派の禁欲主義とエピクロス派の快楽主義とはいずれも「人間に従って」生きるものであって、「神に従って」生きるものではないと述べ、次に第五―一〇章で情念の問題をくわしく扱っている。情念をただ卑しむべきものと見なす一部のプラトン主義者や、そもそも身体を本性上悪いものと見なすマニ教は問題外としても、情念論を哲学の主題にまで高めたストア派の議論は十分に検討され、批判される必要があった。

初期ストア派の学説をまとめたキケロの報告によると、情念とは自然の平衡からいちじるしくそれた、霊魂のはげしい運動である。生きるものはみな、自己保存のための一定の傾向性（affectus）をもち、それに従って選択を行うが、それが時として節度を欠いた狂乱を招くのである。クリュシッポスは七〇種の情念をあげたとのことであるが、一般に基本的な情念とされるのは、悲しみ、恐れ、欲情、快楽の四つであり、これらは身体の病気になぞらえて霊魂の病気であるとされる。これが昂じると身体にも影響を与え、病気や病弱の原因となる。ところで、ギリシア人は情念の生じるのを見えざる宿命の力に帰し（「エロスはなぜ動物ではなく人間をおそい、このわしをとらえたのか」とサッポーは歌っている）、プラトンは『パイドロス』で、霊魂が翼を失ってイデア界から墜落したというミュートスによってこれを物語っている。しかしストア派の関心は、情念の由来を明らかにするよりはむしろ、どのようにしてこれを抑えて、霊魂が自然の平衡を取り戻すのかという関心に縛られていた。彼らの考えによれば、情念とは思考や判断の誤りであり、それは自然に従って生き、宇宙のロゴスに一致しない霊魂の乱れなのであるから、判断力を増し、宇宙のロゴスに自己を調和させることによって情念を避けることができるとされる。「アパテイア」（心の平静）ということがストアの賢者の理想である。しかしこれは霊魂が一切の運動をもたない状態をいうのではない。自然学研究の目的が精神をしてロゴスの運動に共感させることにあるように、倫理学も自己と他者との調和の中にロゴスを共感させる目的をもっている。ストア派にとってロゴスは自然の生命であり運動であって、アパテイアはこれから離れてまったく無情念になることではなくて、むしろこれとのシンフォニー（共感）において成立するものである。この点で、自然学と倫理学とは一つの知恵を目指すものであった。

アウグスティヌスの情念論は、ストア派のそれが主知主義的であるのに比して主意主義的である、と一応言うことができよう（一四・六参照）。ただしその知恵とは、神に従うか人間に従うかの決断を伴なうものであり、この観点からして情念はすべて抑えられるのではなくて、むしろ質的に変えられるということが起こる。ストア派的な賢者の理想であったアパテイアは、ラテン語では「静謐」（tranquillitas）であるが、これは「秩序の静謐」という表現に見られるように、神が支配する終末論的な神の国の平和において実現されるものとなる。ここでは神と人間との質的差異は失われず、したがってアパテイアはストア派の考えるように、宇宙のロゴスと理性的精神との同調同化にあるのではなく、むしろ神への愛と喜びにおける平和であるとされ、情念はその対象との関わりにおいてかえって積極的に規定される。アウグスティヌスは、聖書、ことにパウロによって、ストア派の賢者とキリスト教徒、つまり信仰と敬虔に生きる人との相違を明らかにする。こうして神に従おうとする時の苦悩や恐れは避けるべきではなく、また神と人への愛はかえって増し加わるべきである。

情念に続いて、第一四巻第一一章からは欲情（リビドー）について論ぜられる。欲情とは、貪欲、名誉欲、征服欲など、さまざまの欲望を総称する言葉なのであるが（一四・一五・二）、特にここでは性欲が取り上げられ、最初に造られた人間は性欲なしに子を生みえたか、という問いが提出される。

アウグスティヌスは結婚の善を繰り返し主張して答えているが、そこで力説されているのは、子供を生むこと自体は罪ではないにしても、性欲に基づかなければ子供は生まれないから、肉欲なしに生殖行為が実現されないということである。性欲（リビドー）は「身体の恥部を刺激する欲情」を意味し、それは「魂の欲性を肉の求めと結びつけ混合させて人間全体を動かす」（一四・一六）。彼はこういう欲情なしに子を生むことを理想としている。あたかも無性の超人を志向しているように思われる。[9]

このような欲情は必然的に遺伝説を伴っていた。四肢の不服従と羞恥心とは罪の原因と結果である。こうして堕罪から性の中に一つの要素が侵入してきた。それが欲情もしくは恥部を刺激する性交の快楽である。この欲情が合法的な結婚の中にも存在するというのが理解できない困難さとなっている。なにゆえに快楽の中でも特殊な身体的な快楽だけが叱責されるのか。この点が次のように語られる。

このように多くのものについて欲情があるが、この語が単独で用いられ、何についてのそれと言われない場合、身体の恥部を刺激する欲情（性欲）を意味すると思わない人はほとんどいないであろう。この欲情は身体の全体に対して外側からも内側からも力を加え、魂の情念を肉の求めに結び付け混合させて人間全体を動かすのである。その結果、身体の快の中でもそれよりも強いもののない快が生じ、それが頂点に達した瞬間には、思考活動の尖端といわば番兵とは、ほとんどが隠れてしまうことになる。しかし結婚していても、使徒が勧めるように、「注意して自分の身体を聖く尊く保ち、神を知らない異邦人のように快楽の病に陥ることなく」（Iテサロニケ四・四―五）、もしできればこのような欲情なしに子を産もうとする者は、知恵と聖い喜びの友となるであろう。彼は子孫をもたらす義務をはたすにあたって、この目的のために造られた肢体を、他のそれぞれの目的のために配置された肢体と同様、燃えさかる欲情の刺激の下に放置せず、意志の指図の下に働かせて、自らの精神に仕えさせるのである。とはいえ、この快楽を追求する者でさえ、結婚の床においても不正な恥ずべき行為においても、意のままに自分を動かすことはできない。すなわち求めていない時に欲情が吹き出したり、渇望している者を見捨てたりして、心は燃えても身体は冷えるということになる。このようにして欲情は奇怪にも、子を得ようとする者だけでなく、勝手気ままに欲する者をも裏切るということになる。欲情はほとんどの場合心の抑制に逆らい、時には自ら分裂し争って、心が燃えても身体は燃えないということがある（一四・一六）。

アウグスティヌスは性欲が罪であると言っているのではない。たしかに彼において、欲情が特に性欲を指して言われている。わたしたちはアウグスティヌスにおいては「情欲のうちに人間的不幸の全体験が現れでている」（グレートゥイゼン）ことを認めざるを得ない[10]。しかし彼は罪ないし原罪をせまく性欲に限定していないのであって、罪とは高慢と不従順であり、死と欲情はそこから起こってくる現象なのである。罪の始原はもっぱら創世記

第二章と第三章の物語にそって理解され、それは明確に神の禁止命令への違反であるとされる。違反は高慢であり不従順である。そしてその不従順が同時に罪の罰であり、すべての人間の中に霊肉の葛藤と意志の分裂を引き起こしたのである。性欲の抑制のないふるまいは、根本的には意志の無力にほかならないのである。

3　人間学の三段階説

次に、アウグスティヌスがこのような人間観に従って『神の国』で強調した「人間学の三段階説」について述べてみたい[11]。この学説は人間学的に見てその後最も影響力をもった重要な学説である。一般的にいって人間は時間的な存在であっても、ある時期を区切って古い自己から新しい自己に転換することができる。それゆえ人間は、時間的であるため死に至る存在でありながらも、現在の状況を乗り越えて真の自己に到達しようと願っている[12]。そのことを簡潔に示す創造・堕罪・救済の三段階説は、①無垢の状態＝「罪を犯さないことができる」(posse non peccare)、②罪の奴隷状態＝「罪を犯さざるを得ない」(non posse non peccare)、③キリストによる新生＝「罪を犯すことができない」(non posse　peccare) から成り立っている。これらのことを『神の国』の叙述に従って述べてみよう。

人祖アダムのもとで神による人間の創造と罪による堕罪の出来事とが生じたので、アウグスティヌスはこの出来事を反省して、人間学的な考察を開始する。まず創造における人間の本来的存在と、罪による人間の堕落によって生じた非本来的存在とが対比的に論じられ、さらにキリストを第二のアダムとみて人間存在の回復が考察される。これこそキリスト教人間学にとって尽きない思索の源泉となった。なかでも罪による本性の破壊は、かえってその偉大さを証明する。彼は言う、「その欠陥自体は、自然本性がいかに偉大であり、いかに称賛に値するかの証明である」(一二・一・三)と[13]。

(1)アダム的人間と始原の状態

ところで始原における人間の特徴の第一は、神によって造られた被造物というあり方であって、それ自身は神ではないということである。確かに被造物は可変的であって、「不変的な善は、一にして至福な神のほかには存在しない。他方、造られたものは、この神によって造られた限りで善であるが、神からではなく無から生じた限りで可変的である」(同)。ところで、同じく被造物であるとはいえ、天使は純粋に霊的存在で不滅であるのに、人間は身体をもつ形態的な被造物であり、しかも時間とともに造られているがゆえに、天使と動物との中間的存在である。また人間が無から創造されたと言われるとき、そこには無に傾く可変性が含意されているので、罪を犯す可能性が人間には初めから潜んでいる。しかし「神の像」として人間が造られたのは、理性と知性とが人間に授けられているからであって、動物との種差は理性に求められる。また身体は魂の支配に服し、その支配に合致する限り、魂の重荷ではなかった。

アダム的人間の特質の中で最も多く論じられたのは意志の状態である。神は人間を正しい者、善い意志をもつものとして造った(一四・一二)。この意志には選択の自由が与えられていた。「意志の選択が悪徳と罪に仕えないときには、真に自由である」(同)。ここに選択の自由つまり「自由意志」と、自由の状態つまり「真の自由」とが明瞭に区別される。人間は生まれながらにして自由意志をもち、神の意志を守る限り、善にして自由であったが、戒めに背きうる可能性もあったことになる。しかも「神はアダムが恩恵なしに存在することを欲しないで、彼の自由意志に恩恵を残しておいた。なぜなら自由意志は悪をなすには十分であっても、善い全能者によって助けられないなら、善をなすには不十分であったから。あの人〔アダム〕がこの援助を自由意志によって捨てなかったならば、彼はつねに善にとどまったであろう。ところが彼はそれを捨てたのであり、〔恩恵によって〕捨てられたのである」(14)。このような自由意志の状態は、「罪を犯さないことができる」という特質を備えもっている。

(2) 堕罪と原罪の波及

アダムの堕罪とともに人間学の第二段階が始まる。始原の状態であった楽園の平和な生活は、神に背いて堕落した天使が人間に対して懐いた嫉妬から生まれた誘惑によって失われる。蛇が堕天使の代弁者となり、女を神の戒めに背かせ、女によって男も罪に落ちた。アウグスティヌスは堕罪の物語を通して、人間の罪の根源が「高慢」であることを次のように説いている。

最初の人間たちがあらわな不従順に陥る前に、すでに隠れたところで彼らの悪は始まっていた。すなわち悪い意志が先行しなければ、彼らは悪業に至りはしない。ところで悪い意志の始まりは高慢でないなら何であろうか。実際、「すべての罪の始まりは高慢である」（ベン・シラ一〇・一三）と言われている。この高慢とは、転倒した仕方で高くなることを求める以外の何であろうか。転倒した仕方で高くなるとは、魂が寄りすがるべき者を捨てて、いわば自分が始原となり、また始原であるということである。それは魂が自分をすっかり気に入るときに起こっている（一四・一三・一）。

高慢の罪によって人間は被造物としての分限にとどまらず、神の秩序に違反してしまう。そのため罪の結果である神の罰を身に負うことになった。それは罪の報いである。すなわち神から離れることによって、魂は生命の源から断たれ、死の性《さが》を身に負うことになった。「アダムが罪を犯したとき、生命の樹から遠ざけられ、時間に引き渡され、年老いて終わりを迎えるように定められた」（一三・二三・一）。こうして死は罪の罰として生じたのであるが、恩恵が取り去られると、人は身体が裸であるのに気づいて、心を乱し、恥部を覆った。なぜなら身体は恥かしいものではなかったのに、肉が不従順な動きを起こしたからである。

こうした罪の結果は人類の全体に波及し、原罪として伝わった（ロマ五・一二）。「最初に罪を犯した人間たちに罰として加わったものが、あとに生まれる者のうちで本性となって働くのである」（一三・三）。したがって死と本性の壊敗（たとえば知性の無知と意志の無力）とが、原罪としてアダムの子孫に重くのしかかっていく。その際、原罪を伝播する働きが情欲や邪欲にあると考えられ、情欲のうちに人間の不幸の全体が現象していると説かれた。この原罪の支配下にある人間の根本的あり方は、罪の奴隷状態（「罪を犯さざるを得ない」）として規定される。自由意志は存在していても、原罪によって拘束された状態にある。

(3) 神の恩恵により新生した本性

キリスト教人間学の第三段階は、罪と死によって破壊された自然本性が神の恩恵によって新生し、霊と肉との葛藤によって引き裂かれた内心の分裂が克服され、天上の平和たる「秩序の静謐」が与えられることによって成立する（一九・一三）。自然本性の回復は、意志が罪の拘束状態から救済者（キリスト）の恩恵によって解放されるときに生じる。「意志の選択は悪徳と罪に仕えないときに真に自由である。神によって意志はそのような存在を与えられる。それが自己の欠陥によって失われた場合、それを与えた神によるのでないなら回復されない。それゆえ真理である〈キリスト〉は言う、〈もし子があなた方を自由にするなら、あなた方は真に自由となるであろう〉（ヨハネ八・三六）と。キリストは自由を与える方であると同時に、救い主でもあるからである」（一四・一一・一）。

このようなキリストによって与えられる真の自由は、「罪を犯すことができない」状態として規定される。この新生は神による義認に始まり、聖化の過程を経て、義の完成に向かうが、その完成は現世においては不可能であっても、終末論的な希望のもとにある。

4　人間学的三段階説の発展

先に述べた人間学の三段階説は初期の著作から次第に生長して成熟してきたものであることを終わりに指摘しておきたい。

アウグスティヌスは人間の成長過程を初期の作品では「魂の七段階説」として説いた。たとえば初期の『魂の偉大』には神の観照に向かう七段階が述べられる。そこでは、①生命現象、②感覚、③学術、④徳、⑤静寂、⑥接近、⑦観照が区別され、魂が観照に向かって超越すべきことが説かれた[15]。

だが、人間の成長過程はやがて「三段階説」でもって説明されるようになった。これはたとえば中期の代表作『告白録』や『三位一体論』で始まるもので、そこには信仰の霊的な発展がはっきりと示されるようになった。まず先の七段階説はいっそう簡潔な構成となり、上昇的な超越の歩みは三段階説を取るようになった。たとえば『告白録』第七巻では、①魂の内面への転向がまず述べられ、次に②「魂の目」によって自己を超えたところに不変の光を見る体験が語られている。さらに③不変の光の照射を受け、突き放されるという経験が示される。ここまでは新プラトン主義と同じであるが、この認識の挫折は神の側からの声を啓示として聴く「心の耳」に向かわせる。ここにキリスト教に独自な霊的な御言葉を聴くことで成立する救済経験が入って来ている。ここで注目しなければならないのは、ミラノの経験のように「魂の目」による一瞬の直観のあとに神から突き放されないで、その至福な状態に留まるには理性的な知的直観が神自身の啓示の声に聞くことによって、つまり権威に対する信仰によって支えられなければならないという要請である。つまり神の御言葉を聴く「心の耳」の受容作用が要請される。見るという直観の作用は、なお、依然として、対象との間に主・客の距離と分裂を前提とする。これに反し啓示の声を聞く聴覚の作用は、元来、受動的であるのみならず、語られた言葉が、直接、心の肉碑に刻み込まれるため、確固たる態度をもって生の方向転換たる回心を引き起こすことになる(16)。

この意味でアウグスティヌスは『神の国』になると人間が霊的に誕生しなければならないことを強調するようになった。その最終巻ではこれを「霊的な誕生」として次のように語っている。

> 使徒は、人間が敬虔と義に従ってかたち造られる霊的誕生（institutio spiritualis）を、このような肉的誕生になぞらえて述べている。「たいせつなのは植える者でもなく、水を注ぐ者でもなくて、成長を与える神である（Ⅰコリント三・七）」（二二・二四・二）。

このような魂の新生こそキリスト教思想の核心をなすものであって、それは人間の自然本性の改造をもたらす。アウグスティヌスはこの観点に基づいて再度七つの段階説を述べる。しかし彼が強調したのは、真理の認識と善に向かって愛が段階的に昇ることであり、しかもそれが知恵と諸徳を身に付けて神の至高にして不変なる善を強く欲求することに基づいている点である。これを可能にしてくれるのが「霊的な誕生」に他ならない。この点を彼は先の七つの機能と段階によって次のように語った。

> こうして神は、〔一〕人間の魂（anima）に〔二〕精神（mens）を与えられた。精神を座とする理性と知性（ratio, intelligentia）とは、子どもにあってはまだ眠ったままで、いわばないに等しいのであるが、年齢が進むと目覚め、大きくなって知識と教えとを受け取ることができるようになり、〔三〕真理の認識（perceptio veritatis）と〔四〕善への愛（amoris boni）をもつようになる。精神はその能力によって〔五〕知恵（sapientia）を吸収し、〔六〕諸徳（virtutes）をそなえ、……ただ〔七〕神の至高にして不変なる善のみを希求すること（desiderio boni summi atque inmutabilis）によってのみ、悪徳に打ち克つのである（二二・二四・三）。

そのときの心や霊の状態を彼は次のように語っている。

もはやどんな悪にも染まらず、これに支配されず、これに屈することなく、戦いが誉れとなる相手も失せて、まったき平和に達した徳のうちに完成するとき（pacatissima virutute perfectus）、人間の霊はいかばかりのものとなろうか。神の知恵が最高の至福を伴ってその源から汲まれるとき（Dei sapientia de ipso suo fonte potabitur, cum summs felicitate）誤謬もなく労苦も伴わない万有の知識は、いかほど大きく、いかほどうるわしく、いかほど確かなことであろうか。身体（corpus）があらゆる点で霊（spiritus）に従い、これに十分養われて他の栄養を少しも必要としないとき、その身体はいかほど優れているであろうか。それは肉の実体をもちながらも肉的な壊敗はまったくなく、魂的ではなくて霊的になるであろう（non animale, sed spiritale erit）」（二二・二四・五）。

これがアウグスティヌスの人間の心や霊性に対する理解であって、彼は最晩年のペラギウス論争の諸著作でもペラギウスの人間の本性に立脚した自然主義的な道徳哲学と対決して、自然本性の「霊的な誕生」を説いてやまなかった。そこではキリスト教的な基盤に立った絶対的な恩恵が「活動的な恩恵」（gratia operans）や「先行的な恩恵」（gratia praeveniens）として説かれた(17)。

これまで考察したアウグスティヌスの「魂の七段階説」と「三段階説」は、中世に受け継がれて神秘主義を説くための方法として積極的に採用された。とはいえアウグスティヌスにおいては一般に神秘主義が説く観照と合一については、いつも終末論的保留がなされ、それは希望の下に置かれた。したがってプロティノスの影響によって叙述された神秘主義よりもキリスト教的な霊性の確立のほうに彼の関心は向けられていたといえよう。

注

(1) アウグスティヌスは『ソリロキア』一・二・七で次のような対話を交わしている。「理性〈では、あなたは何を知りたいのか〉。わたし〈わたしが祈ったこれらすべてのことである〉。理性〈もっと短く要約しなさい〉。わたし〈神と魂をわたしは知りたい〉。理性〈ほかに何もないかね〉。わたし〈まったく何もない〉」。

(2) アリストテレス『形而上学』九八二b一三。

(3) アウグスティヌス『告白録』四・四・九。

(4) アウグスティヌス、前掲書、四・一四・二二。

(5) この不安については、金子晴勇『アウグスティヌスとその時代』知泉書館、二〇〇四年、一一七―一三九頁参照。

(6) アウグスティヌス、前掲書、一・一・一。

(7) この神への対向性は「神の像」として造られた人間の本性の中に与えられている。この点を彼は『三位一体論』で詳しく解明する。この点に関して金子晴勇、前掲書、一五二―一六一頁参照。

(8) この意味でシェーラーは「この世界史の初めには一つの罪責が立っている」と言う。「人間における永遠なるもの」『シェーラー著作集6』小倉貞秀訳、白水社、一九七七年、八八頁。

(9) したがって性は人間の愛において重要な位置を占めている。アウグスティヌスは性愛においても神の定めた「愛の秩序」を樹立しようと格闘したのであった(一九・一四)。

(10) B. Groethuysen, Philosophische Anthropologie, 1969, S.85.

(11) 人間学の三段階説については金子晴勇『キリスト教人間学入門――歴史・課題・将来』教文館、二〇一六年、二一六頁以下を参照。

(12) キルケゴールはこの過程を「実存の三段階」として説いたことで有名であるが、実は彼の前にはアウグスティヌスの学説が先行しており、そこから彼は自ら述べているように全く新しい実存の三段階説を説くようになった。

詳しくはG・マランツク『キェルケゴール――その著作の構造』藤木正三訳、ヨルダン社、一九七六年、二一一―二一三頁を参照。

(13) この思想は後にパスカルの下で「人間の悲惨」がその偉大さを証明するという「否定を通しての証明」として使われた。

(14) アウグスティヌス『譴責と恩恵』一一・三一。

(15) 同じ初期の著作の中で霊的な発展の七段階は『マニ教を反駁して創世記を論じる』(三八八―三九〇年)で述べられている。ここでは七段階が比喩的に解釈されている。

(16) この点に関しては金子晴勇『アウグスティヌスの人間学』二八〇―二八三頁参照。なお、「聞く」作用の意義についてはU. Duchrow, Sprachverständnis und biblisches Hören bei Augustin, 1965, SS.73-89を参照。

(17) この恩恵概念の発展についてはJ. P. Burns, The Development of Augustine's Doctrine of Operative Grace, 1980の研究を参照。

第III部　結論的考察

第一一章　歴史の神学

はじめに

アウグスティヌスが司教として活躍した時代には、キリスト教は異教との厳しい対決の状況に置かれていた。コンスタンティヌス大帝によってキリスト教が容認されても、皇帝ユリアヌスの背教の実例を見ても分かるように、異教は依然として手強い力を保っていた。キリスト教に対する異教社会の反感はローマ帝国が国家的な災害に見舞われると、キリスト教批判となって火を噴き出した。こうした反感や批判はアウグスティヌスをして護教家としての自覚を呼び覚まし、大作『神の国』において「国」（キウィタス）の起源と経過と終末からなる大規模な歴史的考察へと導いた。この種の歴史的な思索はキリスト教の観点からなされたので、ここに「歴史の神学」が思想史上初めて創出されるようになった。

彼は自分が属する時代や国家の現実に深く関与しながらも、預言者的な眼光をもって現実をも高く超越し、人類の歩みの全体を鳥瞰しながら歴史を解釈し、なかでもキウィタスの全帰趨をも洞察し、混沌とした現実のさなかに神に対する信仰の眼をもって歴史の全体に統一と秩序を付与しようとした(1)。こうして神学的な歴史考察が開始したのである。その特質は『神の国』の全体的な構成にも明瞭に現れており、前半の第一巻から第一〇巻までは「現代の批判」がなされ、後半の第一一巻から第二二巻までは「歴史の神学」が展開する。

しかし『神の国』という護教の書が歴史的な考察によって考察されている点が重要である。というのはヤスパースも語っているように「いかなる実在もわたしたちの自己確認にとって歴史よりも重要なものはない。歴史はわたしたちに人類の最も広汎な地平圏を示し、わたしたちの生活の基礎となっている伝統の内容を示し、現在的なものに対する判断の基準を与え、自己が属する時代への無意識な拘束からわたしたちを解き放ち、人間をその最高の可能性とその不滅の創造性において見ることを教える(2)」からである。歴史はこのような意義をもっており、アウグスティヌスが古代ローマの思想体系を多くの資料を用いて(特にキケロやウェルギリウスを引用しながら)考察したことはキリスト教徒に役立ったのみならず、異教徒自身にも厳しく反省を迫るものであった。実際トレルチが言うように、彼の豊かな教養に基づく批判に対して異教徒は沈黙せざるをえなかった(3)。

この異教徒の中にはウォルシアヌスがいて、彼はゴート族によるローマ攻略を避けてアフリカに移住してきた貴族たちの一人であった。ブラウンの指摘によると、ウォルシアヌスの母はキリスト教徒のアルビナであり、この一家はアウグスティヌスと関係が深かった。しかし彼は異教の思想を復活させようと願い、アフリカで活躍したキケロ主義の思想家マクロビウスを愛好し、教養ある文体を修得した知識人であった。彼のサークルはキリスト教の拡大に対抗してローマの高級な伝統を強化し、キリスト教徒への批判を試みた。これに対しアウグスティヌスは「該博な知識と文学的な衒学趣味」をひっさげて『神の国』を書くに至ったと言われる(4)。

わたしたちはこれまでアウグスティヌスの『神の国』の全体的概要と基本思想を考察してきたのであるから、ここでは彼の歴史観を「歴史の神学」としてまとめてみたい。そこでまずアウグスティヌスが歴史をどのように理解していたかを考えてみよう。

1　歴史の意味

初期から中期にわたって書かれた『キリスト教の教え』では「歴史記述」(narratio historica)と「歴史自体」(ipsa historia)が区別され、歴史自体は時間の創造者にして管理者である神の知恵の中にある「時間の秩序」に基づいて考えられたが、歴史記述の方はもっぱら人間が起こした出来事を忠実に記述するものと見なされた。この点が次のように述べられる。

歴史記述(narratio historica)によって、人間が過去に定めた制度が物語られるが、歴史そのもの(ipsa historia)は人間の制度の中に数えられるべきではない。というのはそれ〔歴史そのもの〕は、すでに過ぎ去り、未完成であり得ないものであって、時間の秩序に属すると考えるべきであるから。時間の秩序を創造し導かれるのは神である。生起した出来事を語ることと、為すべきことを教えることとは別である。歴史学(historia)は出来事を忠実にかつ有益に叙述するのである[5]」。

ここには歴史叙述と歴史自体とが区別され、前者が人間の歩んだ歴史の叙述であり、後者が「時間の造り主で管理者である」神が「時間の秩序」において理念的に計画していたものを意味する。「歴史自体」は過去に起こったことであっても人間の歩みとして記述されたものではなく、これから起こることに関しても人間の理解を超えている。それゆえ「時間の秩序」に基づいて生起する「歴史自体」と生起した出来事の記録としての「記述」とが区別された[6]。この区別は神的理念と現実の出来事とのプラトン主義的な二元的な構成を示している。

しかし、アウグスティヌスの歴史に対する理解は初期から後期にかけて変化している。初期の『真の宗教』では「神の摂理の時間的配慮の預言」(prophetia)と歴史(historia)[7]」が扱われ、歴史と預言は区別され、歴史は過去の出来事に関わり、預言は将来の出来事に関わると説かれた[8]。その後に上記のテキストのように「歴史記述」(narratio historica)と「歴史自体」(ipsa historia)とが区別され、神の知恵の中にある「時間の秩序」と歴史記述とが区別された。この区別は神の内にある救済計画の理念と現実の歴史との区別であって、確かに歴史は依然として過去の出来事の記述であるが、それは神の救済計画である預言をも含んだ、「預言的歴史」(prophetica historia)として特別な有意義をもたされている。[9] こうして「歴史自体」と「歴史記述」のプラトン主義的な分離に基づきながら、その総合的な理解へと伸展する。そこに新しい観点からの歴史解釈が見られる。事実、『神の国』第一五巻から第一八巻では旧約聖書に記述されている「聖史」(sacra historia)を通して救済史が構成される。その際、救済の歴史記述が記述者の思想を通して解釈されており、聖書が行っている歴史的考察(historica diligentia)は「時の順序に従って」(per ordinem)過去の歴史的真理を述べており、その歴史も将来生じることの預言として捉えられる(一七・一・一)。したがって神の知恵の中にあった「時間の秩序」は歴史を超えた時間過程の究極にある理念であっても、その実現過程が聖史を通して考察されていることになる。

ところが、聖史以外の世俗史となると、ローマの歴史家サルスティウスの『カティリナ戦記』とかポンペイウス・トログスの『地中海世界史』といった当時の文献を検討する余裕がアウグスティヌスにはなかったと思われる。事実、『神の国』第一八巻には世俗史として年代記が含まれているとしても、歴史記述としては全く不完全である。そこで彼は『神の国』後半の叙述を開始する際に、オロシウスに『異教徒を論駁する歴史七巻』を著述するように要請した。このオロシウスはヴァンダル族に蹂躙されたスペインからアウグスティヌスの下に難を逃れて来た少壮の学者であった。[10] 彼は世界の創造から同時代に至るまで世俗的観点を含めて人類史的考察を行ったが、この人類史的な視点は初期のアウグスティヌスの著作にも見られる。そこでアウグスティヌスの人類史的な歴史理解の特質を明らかにしてみたい。

(1) 人類史の基本的特質

この人類史の観念は歴史の神学的解釈が展開する基盤をなしている。そこには次のような基礎的な観点が与えられる。
第一に、人類が一人の人アダムから発現し、彼の中に全人類は統一されている、と考えられた。これはパウロがアテナイのアレオパゴスで演説した言葉「神は、一人の人からすべての民族を造り出して、地上の至るところに住まわせた」（使徒言行録一七・二六）に基づいており、人類を生命的な統一体として「あたかも一個人の生涯であるように」（tamquam unius hominis vita）把握している。[11] そして「第一のアダムの中に人類の全体がすでに萌芽として含まれていたように、第二のアダムの中に（彼は神の創造的な言葉の具現であるから）新しい人類の全体が、すべての選ばれたものの統一がすでに萌芽として含まれている」と考えられた。[12] このように人類は肉によれば第一のアダムから出発し、霊によれば第二のアダムであるキリストから新たに開始するのである。
第二に、人類の歴史は社会という形式において展開しており、個人は国家に属することによってではなく、市民共同体であるキウィタスに、しかも肉の支配する「地の国」か霊の支配する「神の国」かに、属することによって歴史に参入する。それゆえ歴史は一般的な政治史といった普通の理解を超えたキウィタスの歴史となった。このことは人間の基本的な社交性に基づいている。「神は人間を個々に造ったが、それはむろん人間が社会をもたず独りでいるためではない。神の意図は、人間が本性の一致によってのみならず、親近さの感情によっても結ばれるならば、人間社会の統一と和合のきずなとがそれによってますます強くなるためであった」（一二・二二）。また「この天の国は地上を寄留している間に、あらゆる民族からその市民を召し出し、あらゆる言語の寄留者からなる社会を造っている。……これは神を享受し、神において相互を享受する、最も秩序があり、最も和合した社会である」（一九・一七）。この社会の形式でもって歩んでいる歴史は、ショルツによれば、アリストテレスよりもはるかに優れた世界史に対する価値高い貢献である。[13]
第三に、人類史は神の救済計画に基づいて進展していると考えられ、救済史という神学的な歴史理解が力説された。神の啓示による救済は啓示の最高峰であるキリストに集中しており、このキリストによって新しい社会である「神の国」が実現した。しかも、この国の歴史はキリスト以前においてはそれを予表する象徴的な仕方で、またそれを予告する預言的な仕方でキリストに向かっており、キリスト以後においてはキリストの身体なる教会に加わることによって悪の世界から救済されることに現れている。それゆえ人類の救済史の頂点に立つキリストは人類史の「中軸」(Achse)として彼の目に映じた。[14] こうして神の人類救済という理念は、二つのキウィタスの歩みとキリストによるその救済の実現という、二重の視点が融合されて語られた。

第四に、アウグスティヌスはエウセビオスの教会史と同じく救済史に立っている。『神の国』第一八巻に含まれる世俗史が同じく年代記を含んでいても、彼の歴史神学は歴史を起源・経過・終局という三段階に分けて考察するがゆえに、歴史の全体をキリスト教的な救済の完成という目的論的な見地から解釈し直している。それゆえ現在でも異教の世界を流浪している「神の国」は歴史の終末において完成されるという救済論的な図式の下に立っている。この図式は世界の創造から始まっているが、救済史となるためには、同時に歴史の起源にある罪過が重要な意味をもっている。[15] もちろん世界は神の意志によって創造された限り善であるが、「無からの創造」(creatio ex nihilo)によって悪に傾く「可変性」(mutabilitas)を必然的に備えている。[16] 人間の場合には本性における可変性という欠陥がアダムにおける原罪を引き起こし、人間を「死に至る存在」となしているが、それでも神の恩恵によって至福となり得るほどに偉大である(一二・一二・一三参照)。

第五に、このアダムの違反は原罪としてその子孫に伝わり、カインとアベルに発する二つの国の歴史を生み出した(一四・一)。この歴史は創造の六日になぞらえて六時代に分かれ、キリストの再臨と最後審判によって第七の安息の時代が到来することによって歴史はその終局に到達し、「死に至る存在」は「永遠の生命」にまで達する。[17]

(2) 歴史の区分法の問題点

アウグスティヌスの歴史に関する思想で本来的な歴史といえる部分は、起源・経過・終局という三段階の中で中間部をなす経過の部分である。この部分を彼は伝統的な六時代説を採用して説明した。しかし彼は聖書から任意に時代区分を引き出しただけであって、確たる根拠に基づいてそれを採用したのではない[18]。この聖書的な六時代説においてキリストが世界史の中心に据えられた結果、歴史はキリスト以前と以後とが異なった方法で歴史的に考察されることになった。つまり、先の「経過」の終わりが、キリスト以前と以後とに二分されたのである。このようになったのは第二段階の経過の部分の決定的な出来事であるキリストが第二段階の内にありながら第三段階を導き出したからである。こうして第三段階の「終局」(finis)が当然来るものと「定められた終局」(debitus finis)となりうる原因が先行段階において与えられることになる。このことは第一段階の起源の中にも次の段階に導く原因が「無からの創造」によって与えられていたのと同じである。

このようにあまりに議論が多岐にわたったために、肝心の歴史の解釈は誤解を招かざるを得なかった。たとえば「神の国」を歴史の起源にまで遡って考察したばかりか、創造以前の形而上学的な段階までを含めて考察したがゆえに、『神の国』の読者にとってキリストの歴史的意義が不明確になったと思われる。そのためアウグスティヌスの歴史解釈はショルツによって次のように批判された。

ショルツは『世界史における信仰と不信仰——アウグスティヌスの《神の国》の注釈』という著作の中でこの種の批判を二回にわたって行い、次のように語っている。「アウグスティヌスがキリスト教を世界史の転換点として評価するのを止めていることは、単に歴史哲学的視点からだけでなく、信仰の哲学的な観点から見ても一つの欠陥である[19]」と。だが、ここで言われているように歴史を哲学的に考察することはキリスト教にとって元来不可能なことであり、歴史認識の限界が一般的に支持されている[20]。したがってアウグスティヌスも歴史を哲学的に扱っているのではなく、むしろ歴史を神学的に解釈していると考えるべきである。次に彼の神学的な歴史解釈は、時間や時代の歩みがあらかじめ神の知恵のうちに「時間の秩序」(ordo temporum)としてあって、それが歴史において展開してきたという観点から行われている点が留意されなければならない。

2 「時間の秩序」の内容

そこで、わたしたちはこの「時間の秩序」という観点から彼の歴史解釈を明らかにしてみたい。このことはすでに第七章で述べたので繰り返さないが、その要点だけを提示しておきたい。ここでは次の四つの点を特に指摘しておきたい。

(1) 被造世界と時間との同時性

『創世記逐語注解』において「時間の秩序」は個体発生の形而上学的原理として用いられたが、「始源の創造」(prima conditio)には時間の契機は入っていなかった。それゆえ神は万物を同時に一瞬のうちに創造したことになる。つまり創造の六日も時間の順序を示しているのではなく、認識の順序の中にある原因性を示しており、始源の創造においては世界の質料因である四元素と形相因である種子的理念とが可能態として与えられていた。これに続いて生じた「時間の経過」によって人間の身体を含めた生命体は個体へと形成される。この生物の種子的理念と個体としての出現とのプロセスが、神の「管理」(administratio)により導かれ、時間を通しての創造のわざの継続であると言われる。この管理の働きは永遠の知恵の中に初めからあった「時間の秩序」に基づいている。つまり最初の創造の中に生体の発生が予定されていて、「時間の経過」においてそれが現実化したのである。こうして時間はその根源においてその展開の秩序をあらかじめ与えられていたことになる。[21]

(2) 永遠不変な神の計画

時間が被造物と同時に創造されたことは、創造の六日も太陽暦のような間隔をもたず、その発展の全体が「事物の中なる諸原因の連結」の中に「時間の秩序」としてすでに与えられていることを意味する。しかし、ここでの時間は自然の領域における物理的時間であって、人間の歴史における発展、つまり文化的時間からは区別される。ところで『三位一体論』では、時間の秩序は時間を超えた永遠者である神の知恵の内にあって、時満ちる「カイロス」(plenitudo temporis) において御子の受肉として実現したと説かれた。[22] このような時間の秩序は『神の国』で説かれている時間を世界とともに創造し、始まりを与え、歴史を導く「永遠不変な神の計画」(inmutabile aeternumque consillium) と思想内容が全く同じであると考えられる(一二・一五・一八)。それゆえ、『神の国』ではこの概念が歴史に適用され、世界の創造と同時に時間が開始したと説かれるようになった。

(3) 歴史の発展過程と時間の秩序

この「時間の秩序」は神の知恵の内にある歴史を導く理念であるが、それが歴史の中に実現するプロセスも「諸時代の発展過程」(volumiona saeculorum) として神の知恵の中にあらかじめ存在していたとも説かれた(『三位一体論』四・一七・二三)。この「発展過程」というのは元来「巻き物」(volumen) であって、一巻の歴史絵巻のように、すべては神に内に永遠者の計画として最初から存在していた。アウグスティヌスはそれを段階的な発展を含む秩序の理念として、したがって歴史を解明しうる形而上学的原理として確立した。こうして「時間の秩序」は御言葉の受肉を頂点とする歴史に適用され、この観点からの歴史解釈が『神の国』において大規模に展開した。

3 時間の秩序と救済史

『神の国』においては「あらゆる時間の創造者にして秩序者」なる永遠の神が「永遠不変な計画」をもって歴

史を導いていることが一貫して説かれている。このように「時間的なものを運動させているものは、時間的には動かされない」（『神の国』一〇・一二）とあるように、神は時間を超越しながら時間過程の全体を支配する。そしてこの支配の手段こそ「時間の秩序」にほかならない[23]。だが、この秩序は歴史とどのように関わっているのか。

(1)「世代の秩序」と「時代の分節」

この時間の秩序は神の言葉の受肉によって救済史を段階的に構成させている。そこには人類を救済するために「時代の分節」（articulus temporis）が与えられ、神の国の起源・経過・終局の三段階があるのみならず、中間の経過の部分が創造の六日に等しく六時代に分けられた。この時代区分も「時間の秩序」という神学的な理念から導き出されているがゆえに、「神の約束の実現の仕方は時間の秩序によって進展する神の国が示すであろう」（一七・一）と語られた。

こうして歴史記述は王たちの事績や出来事を系統的な秩序に従って確認しながら、霊的に解釈して将来の預言を取り出すと、王たちの順序が「世代の秩序」となり、これがエポックメイキングな「時代の分節」（articulus temporis）を通して展開することになり、この分節によってアダムから第二のアダムであるキリストまでの歴史がいくつかの時代に分けられ、それを経過することによってキリストの誕生に至って預言が実現する。こうして神の内にあった理念的な「時間の秩序」が歴史の内に実現されたことが認識されるようになった。それゆえ歴史を導く理念としての「時間の秩序」はいまや歴史の記述から確証されるようになった。

このようにして六時代説が歴史の区分として採用される。この説は中期の著作『教えの手ほどき』に取り上げられており[24]、エイレナイオスやキプリアヌス、さらにアンブロシウスに受け継がれてきた六〇〇〇年の時代区分を改作したものであって、アウグスティヌス自身もカテキズム教育で学んだものと推測される[25]。この観点から歴史の予型論的解釈（die typologische Auslegung）が生まれてくる[26]。

(2) 歴史の予型論的解釈

歴史の予型論的な解釈が展開するのは、歴史上の諸事実（人物・行動・出来事・組織など）が「神によって立てられたひな型的叙述として、つまり来たるべき、しかもより完全で、より偉大な事実の〈型〉として理解されている」（ゴッペルト）場合である。たとえばイスラエルのエジプト脱出という出来事が来たるべき救済のひな型となっている。それは単なる反復でも、循環でも、象徴でもなくて、理念が実現する形式である。それゆえパウロが「このアダムは来たるべきもの型である」（ローマ五・一四）と言うとき、死の支配を生じさせたアダムが生命の支配を築いたキリストと対置させられて、アダムは古い人間の原型をなすひな型と考えられた。この考えを聖書の歴史解釈に適用したのがアウグスティヌスの予型論的解釈であり、聖書の歴史的真理を捉える歴史的解釈や精神的意味を捉える象徴的解釈とならぶ第三の解釈方法となった。

アウグスティヌスは聖書の字義的解釈に対して象徴的な解釈をアンブロシウスから学んでいるが、聖書の史実性や象徴性だけを主張する一面的な解釈を退け、歴史の出来事がキリストとその教会を予表するという解釈の立場をとっている。これが予型論的な解釈となっている[27]。なかでもカインとアベルが人間の二つの系列、つまり「神の国」と「地の国」とのひな型をなしており（一五・五）、カインとロムルスが兄弟殺しによって国家を造ったひな型である（同）。ここに聖史のみならず、世俗史においてもカインとアベルの出来事がロムルスとレムスの物語と類似したものとして考察され、地上国家の創設者がともに兄弟殺しであって、カインが「最初の模範（exemplum）あるいはギリシア人が呼んでいる原型（archetypon）に、その種の類似像が一致していたとしても不思議ではない」（同）と主張される。また『神の国』第一八巻では聖史に見られる神の国の発展と並んでそれと対立しながら経過した地の国の歴史が、アッシリア・バビロン・ローマの世俗史と同時的に把握され、歴史神学の中に受容されている。その際、バビロンは第一のローマと、ローマは第二のバビロンと呼ばれる（一七・二・

二)。このようなアッシリアやバビロンからローマへの世俗史も同時にアブラハムからバビロン捕囚時代の預言者を経てキリストに至る発展段階をもつ聖史と共時的に把握され、二つの国の王たちの世代の秩序による発展から救済史が世界史的な射程をもって構築される。

しかし予型論の最大の試みは「時間の秩序」において行われていると思われる。これによって創造の六日が歴史の六時代として解釈される。つまり創造の六日の聖書記事が原型となって歴史の六時代が導き出されるのである。[28]

(3) 秩序の破壊と再建

人類救済の歴史は神の国の発展を客観的に述べたものであるが、このような歴史を通して個人が教育され、しかも「時代の分節」によって進歩し、永遠的なものの把握に至ると説かれた。[29] この進歩は個人の成長と対比させて論じられる。[30] しかし一般的には始原の無垢・堕罪・救済の三段階的な発展として人間学的に解明された。したがって歴史の発展は単に個人の救済を問題にするだけではなく、個人の経験を生ける内実として包含する「神の国」という「キリストの身体」である教会の預言・成就・完成が叙述された。こうして個人を含みながら原則的にこれを超越する世界秩序の完成を目指す壮大な規模をもった目標が設定されたのである。この究極目標が「万物の平和は秩序の静謐である」といわれる平和である(一九・一三)。この平和は人間的・社会的・宇宙的秩序の完成であって、無秩序の混乱を根底から鎮め、正常な関係に導く。したがって神の定めた「時間の秩序」はその発展の究極において罪と死が支配する時間から人間を解放し、人間の諸秩序を回復させ、秩序がもたらす平安としての平和を実現する。ここにも時間を媒介とした秩序の思想が展開している。

このようにアウグスティヌスの歴史解釈では「時間の秩序」という歴史の神学的な理念が前提されていても、それが歴史の現実との関連で常に説き明かされる。それゆえ、彼の歴史解釈は神の国と地の国との歴史における対立の現実をリアルな姿でとらえながらも、それを超えて神の秩序づける働きが力説されることになった。したがって「神の国」と「地の国」との対立は激突する闘争的な相貌をもって叙述され、ときには絶対に相容れない二元論に陥っているように見えても、「時間の秩序」と「秩序の平安」によって和解されるように導く。これはきわめてドラマチックな手法であって、秩序の思想は対立するものを和解させることによって、二つの国が対立している現実を克服するような理解へと導かれる。それゆえに歴史は神が首唱する偉大なドラマとして彼の目に映ったのである。

次に、このような歴史観の根底にある時間論の問題を取り上げてみよう。

4　『神の国』の時間論——円環的時間から直線的時間へ

アウグスティヌスの『神の国』で展開している時間論は『告白録』における心で測定する時間と相違しており、歴史における客観的な時間を問題にする。永遠にして、始まりをもたない神が、時間に始まりを授け、歴史に始源を与えたのは、被造物を時間とともに創造したからである。「世界が時間においてではなく、時間とともに造られたことに疑いの余地はない」(一一・六)。しかし、このような創造者の時間への関与は歴史の中にその永遠不変な計画が存在することを意味しており、そこには自然界の運動とともに時間を測定するという物理的な時間を超えた意味が当然与えられている。

これまでの思想史で「時間」と「秩序」は元来ヘブライ思想とギリシア思想においてそれぞれ分かたれて説かれて来たものであった。この二者を結合させているところにアウグスティヌス的思惟の特質と文化総合の展開が見出される。秩序は世界を支配している普遍的ロゴスであり、ギリシア人はこれをフュシスと呼んだ。だが「自然のみのある所では、あらゆる個体またあらゆる時間的変化は普遍的にして永遠なるものの繰り返しにすぎぬものとなるであろう。しかもこの永遠の繰り返しという思想ほど歴史の意義を無視したものはない[31]」と言えよう。したがって「時間の秩序」という思想によってギリシア人は時間が秩序をもって永劫回帰すると考えるが、アウグスティヌスはそのようには考えない。彼は神が時間自身を創始し、生物の個体を完成させ、永遠の計画に向けて支配し、管理していると考える。時間が事物の運動を測定する尺度であって、事物の可変性と可動性とともに成立していると説かれる限り、そこでは円環する時間しか考えられない。だが、もし事物も時間もともに神の被造物として永遠者の意志と計画に従っていると理解すれば、世界を創造した神との関係から時間は把握される。これが神学的な歴史理解である。この観点からは時間を永遠に回帰すると見なす観点は徹底的にしりぞけられる。ここでは「秩序」はギリシア人の聖なるコスモスをもはや意味しない。このコスモスは創造思想によって非神聖視されており、歴史は自然法則をも超えた神の計画に従って経過すると考えられた。

アウグスティヌスによると宇宙の自然運動と人類の歴史とは永劫回帰する無限のプロセスではなく、「開始」と「終末」をもった「経過」であり、一定の目標に向かう方向性が授けられている。そこでは時間を超えた意義が時間の中に刻み込まれてその意義を実現する歴史が探求される。こうして時間はその秩序によって神の知恵の中に引き入れられ、時間と永遠との矛盾的対立は止揚され、瞬間における永遠のアトム化（キルケゴール）を起こし、それが有意義性を担った時である歴史となる。

こういう時間の流れは四季の交替に伴われる円環的時間に対して直線的な時間とも言われてきた。円環的時間を歴史にあてはめると特定の周期をもって反復する運動となる[32]。この周期的循環説をポルフュリオスも愚かだと退けている（一二・二一・三）。そうすると実際に循環しているのはこのように教えている人たちの誤謬と偽りにすぎないのであって、事実、堕罪とともに始まる人類の歩みでは楽園（始源の幸福）が喪失し、悲惨と死とが循環する渦に巻き込まれることになる。実際、人間は生まれたときから死への道を歩んでいる[33]。この意味で人間は「死への存在」である。

アウグスティヌスの目にはこの世界は悲惨の連鎖の中にあり、神の国もこれに巻き込まれており（一二・二四）、悲惨が循環していると感じられた。だから円環的時間は何の意味ももたない空想の産物にすぎないと判断されるようになった。彼は次のように言う。

わたしたちは、主なる神の助けにより、空想が生んだこれらの堂々めぐりを、明瞭な理性をもって打ち砕くことができる。あの連中がこのように大きな誤ちを犯し、偽りの円環をさ迷って、真実で正しい道を歩もうと欲しないのは、どんな無限のものをも受け入れることができ、無数のものをすべて思考の変化なしに数えることのできる、まったく不変の神の心を、狭小で変わりやすい人間の心でもって測ろうとするからである」（一二・一八）。

円環を選ばせているのは神に従わず、自己の尺度で神をも考える知性の高慢のなせるわざである。しかし、その悲劇を超えて救済が神の手によって与えられ、この循環から脱出する道がキリストにおいて見出されると彼は言う。それゆえ詩編四五編七節で「諸時代の諸時代」（saecula saeculorum）といわれる場合、それは諸時代の繰返しという循環説の空想を言っているのではない[34]。神はこの諸時代に秩序を与え、この循環から脱出する道を用意し、永遠の生命を授けた。それはカイロスにおいて実現した[35]。つまり循環から脱出する道はキリストにおいて「真直ぐな道」として与えられた[36]。

それゆえ、わたしたちは、キリストがわたしたちのために備えた真直ぐな道を歩み、この王にして救い主なるかたによって信仰の道と心の思いとを、空しい偽りの、神を恐れぬ円環から引き離そうではないか（一二・二一・三）。

時間の創始者は、罪に染まって悲惨の循環する死の時間円環から人類を救い出すべく、この時間の中に受肉し、死せる時間から人間を解放して永遠の生命へと呼びいだす。「御言は時間の前にあり、時間は御言によって造られたのであるが、時間のうちに生まれたもうた。なぜなら、御言は永遠の生命であり、時間的なものたちに呼びかけたまい、永遠なるものとなしたもうから[37]」。このように御言の受肉によって生じる時間は、円環的時間に対立する直線的時間であると言われている[38]。

この神が導く時間のプロセスは、現実には歴史において起こっており、それによって時代の一大変化が生じたのである。ここに歴史的時間としての「世代」(saeculum)の意義がある。つまり歴史の偉大なる時であるカイロスは、罪が支配する世代から新しい命の世代への転換をキリストを通して実現した。

5　歴史の終末論的解釈

『神の国』の救済史的理解にとってヨハネの黙示録第二〇章一―六節に記されている「一〇〇〇年間の支配」という、いわゆる千年王国説を、アウグスティヌスがどのように考えていたかは重要である。千年王国は歴史の終わりに来ると彼は以前考えていたが、今や一〇〇〇年とはキリストの降誕と再臨との間の歴史の最終期を意味するようになった。このキリストの支配形態は黙示文学が説く未来に期待される破局の出来事を指すのではなく、キリストとともに信徒の間にすでに始まっている国が現実化していく過程である[39]。したがって、「終わりのもの」(エスカータ)はキリストとともにすでに始まっており、まだ実現はしていないが、それでも終末は歴史の彼岸ではなく、此岸においてすでに開始している。同様にキリスト教徒は霊においてすでに復活し、王なるキリストとともに歩んでいるが、その姿は人々の目には隠されている。恩恵によって再生した者らはキリストの神秘的な身体《からだ》として教会を形成している。そうはいっても神の国の最終的な完成は、もちろん最後の審判と身体の復活によって生じるがゆえに、今なお歴史の彼方にある。それゆえ神の国の完成は純粋に此岸的でも純粋に彼岸的でもない。そこには現実性と将来性との偉大な混合が見られる。(40)このことは教会の「霊的」(プネウマ的)性格に由来する。つまり信徒の霊的な復活によって神の国はすでに現在的であるが、同時にそれは部分的であって、全体に向かって成長しつつある。霊的復活はいわば種子であり、神の力によってそれは育って将来的に完成する。

このような千年王国説の解釈はドナティストであったティコニウスの説から採用したものであった。(41)世界史の終わりに一〇〇〇年間キリストの支配が到来するという考えは「古来より伝わってきている粗笨な非学問的な終末論」にすぎない。(42)むしろアウグスティヌスによって「千年王国は終末論的なものから教会史の一つの時期となった」。(43)彼によると世界の終わりに至るまで教会が混合体であらねばならないとすると、その終末はただ終末論的にのみ可能である。しかし教会員の数は量で示されるよりも、象徴的なものであるから、終末の到来を計算する根拠とはならない。こうして彼は黙示録の伝承を非終末論化することになったといえよう。その際、彼は再臨を歴史の端末から切り離して日々の生活の中に移している。こうして千年王国は終わりの時の出来事ではなく、現時における聖徒の支配を意味するものとなった。しかし、アウグスティヌスはドナティストたちが現時点で描いた教会の理想像、つまり「染みも傷もないキリストの清い花嫁」の姿を、遠くの将来に移している。(44)このようにアウグスティヌスは教会と「神の国」とを教会の霊的な性格において同一視したのであって、決して外的な状態で同一視したのではない。この点で彼はエウセビオスと根本的に相違していた。(45)

救済史的な歴史理解はキリストを中心として前後に時代が二分され、キリスト以前は象徴的に、かつ、預言的にキリストを指し示し、それ以後はその王的支配である教会に参加することによって歴史はその目的に達する。それゆえ、「歴史は来たろうとするものの象徴であり、すでに来ているものの現実化である」と規定することができる。歴史の転換点がすでに過去に属している見方は「絶対的な歴史哲学が革命によって保守に改造された形態である」（ティリッヒ）(46)。この場合「絶対的」とは超越的な神観に由来し、保守というのは神の摂理に由来している。それは超越神が摂理によって人類に働きかけ、その不変の救済計画を歴史で実現し、救済史を完成させたからである。こうして理念的な歴史そのものである救済計画が歴史の過程によって実証される。これが実現する日は「永遠の主の日」であって、「それは霊のみでなく身体の永遠の安息をも予表するキリストの復活によって聖別された日である」（二二・三〇・五）。さらに歴史を導く摂理の神は全能の神として悪をも用いて善となし、対立を通しての極美《ごくび》のうちに全歴史を完成させる（一一・八）。キウィタスは現実には全く対立した闘争場裏の状態にあった。この空間的な対立は時間へと視点を転換させ、現実の激突せるキウィタスは神の秩序によって平和を回復することが希望される。この神の秩序によって対立を統一する愛は、摂理の神への信仰によって歴史のさなかにその実現が始まっていることを洞察することができたのである。自然の中には美的な統一があるように（五・一一）、歴史においても二つの国の対立は統一へと導かれる(47)。しかしキリストの出現以後の歴史は、エウセビオスやオロシウスが説いたように教会を通して実現するとしても、教会がローマ帝国と同一視されることはできない。皇帝アウグストゥスによって樹立されたローマは、教会によってキリスト教化されたとしても、神の国となることはあり得ない。歴史の発展によって教会と国家とが漸次的に同一視されるようになるという学説は、オロシウスやフライジングのオットーに見られる楽観的な歴史解釈にすぎないと言えよう。救済史の完成は神の計画の中にあって、人間には測りがたいという、アウグスティヌスの歴史不可知論から彼らは何も学んでいないといえよう(48)。

注

（1）神の眼をもって歴史を解釈する神学的な理解はカトリックに共通する立場であり、現代ではカトリック時代のマックス・シェーラーがこれを継承したのに対し、マンハイムの歴史主義はこれと対決している。金子晴勇『マックス・シェーラーの人間学』創文社、一九九五年、三五八―三六四頁参照。
（2）Karl Jaspers, Einführung in die Philosophie, 2 Aufl., 1971, S.92.
（3）E. Troeltsch, Augutin, die christliche Antike und die Mittelalter, 1915.『アウグスティヌス――キリスト教的古代と中世』西村貞二訳、新教出版社、一九六五年、二八頁参照。
（4）P・ブラウン『アウグスティヌス伝　下』出村和彦訳、教文館、二〇〇四年、二六―三〇頁参照。
（5）アウグスティヌス『キリスト教の教え』二・二八・四四。
（6）時間の秩序に関しては本節⑶および第七章三節の叙述を参照。
（7）アウグスティヌス『真の宗教』七・一三。
（8）初期の著作『真の宗教』では「この宗教が追求している主眼点は、永遠の生命へと改革され回復されるべき人類の教育のため神の摂理が時間的に配慮する預言（prophetia）と歴史（historia）である」（七・一三）といわれる。この場合歴史は過去において起こったことがら（res gesta）に関わり、預言は将来の出来事（res gestura）に関わると考えられている。
（9）「もしすべての人々について記述するならば、そうした記述はきわめて長くなり、預言者的な予知というよりも、詳細な歴史という性格をもったものとなる。この聖書記者が、あるいは彼を通して神の霊がこうしたこと〔歴史記述〕を追求するのは、単に過去のことを語るためのみならず、未来のこと、しかも神の国に関することを予告するためである」（『神の国』一六・二・三）。
（10）オロシウスについては金子晴勇『アウグスティヌスの恩恵論』知泉書館、二〇〇六年、付論「オロシウスの恩恵論」、三二五―三三〇頁参照。
（11）アウグスティヌス『真の宗教』二七・五〇。
（12）K. Adam, Die geistige Entwicklung des hl.Augustins, 1931.『聖アウグスティヌスの精神的発展』服部英次郎訳、弘文堂、一九四二年、七七頁。
（13）H. Scholz, Glaube und Unglaube in der Weltgeschichte. Ein Kommentar zu Augustins 'De Civitate Dei', 1911,S.47.

（14）Cf. K. Jaspers, Vom Ursprung und Ziel der Geschichte, erst Teil, 1 Kapitel. ヤスパースは人類史の展開軸をギリシアの古典哲学とイスラエルの預言者において捉え、そこでは自然的な人間から本来的な人間へ導く「真理の突破」（Druchbruch der Wahrheit）が実現したと説いている。

（15）カントは「自然の歴史は、善をもって始まる。この歴史は神の業だからである。しかし、自由の歴史は悪をもって始まる。この歴史は人の業であるから」（『人類の歴史の憶測的起源』篠田英雄訳、『啓蒙とは何か』所収、岩波文庫、一九二五年、六五頁）と語っている。またマックス・シェーラーは「この世界史の初めには一つの罪過が立っている」（Am Beginn dieser Weltgeschichte steht eine Schuld）と言う（『シェーラー著作集6』（前出）八八頁）。

（16）「造られたものは、この神によって造られた限りで善いが、神からではなく無から生じた限りで可変的である。……しかしこの可変的な善も不変的な善に寄りすがって至福となりうるほどに偉大である」（『神の国』一二・一・三）。

（17）ここには歴史の予型論的解釈（Typologische Deutung）が見られる。A. Wachtel, Beiträge zur Geschichtstheologie des Aurelius Augustinus, 1960, S.33.

（18）この点に関しては続く三節の叙述を参照。

（19）H. Scholz, op. cit., S.174, vgl S.153.

（20）E. Brunner, Religionsphilosophie evangelischer Theologie, 2 Aufl., S.64. A. Ziegler, Die Grenzen Geschichtlichen Erkenntniss（in: Augustinus Magister II）参照。

（21）彼は言う、「地は生み出す力〔つまり種子的理念〕を受容していた。わたしをして言わしめれば、いわば諸時間の根元において（in radicibus temporum）、時間の経過によって将来生じてくるものが、すでに確かに地の中に造られていた」（『創世記逐語注解』五・四・一一）と。それゆえ「時間は創造された被造物の運動により回転し始めた」（同五・五・一二）と語られ、『神の国』でも「疑いなく世界は時間の中に造られたのではなく、むしろ時間と共に造られた」（『神の国』一一・六）と説かれて、被造世界と時間とが同時に存在を開始したことが主張されるに至った。

（22）「神の知恵自身において御子は時間なしにいましたもうたが、この時間において神の知恵は肉体をとって現れなければならなかった。したがって御言は時間の開始なしに始源から存在しており、御言は神のもとにあり、神であったから、御子は時間なしに御言自身の内にあったのに、その時間の内に御言が肉となり、わたしたちの間に宿りたもうた。……御言自身においては時間なしにあったお方が、こうした満ちた時に生れたのである。時間の秩序は確かに神の永遠の知恵の中に時間なしに存在している」（『三位一体論』二・五・九）。

（23）支配の方法として「時間の秩序」は次のように捉えられている。「神はわたしたちには隠されていてもご自身には全く明瞭な事物と時間の秩序に従ってそれをなしたもう。しかし神はそのような時間の秩序に奴隷として奉仕するのではなく、主人のようにそれを支配し、統治者としてそれを実現したもう」（『神の国』四・三三）。

（24）アウグスティヌス『教えの手ほどき』二二・三九。

（25）Scholz, op.cit., SS.158f. なお『神の国』一一・六を参照。

（26）予型論的な解釈とその文献についてはA. Wachtel, op. cit., SS.32f. 参照。

（27）「わたしたちはこれら聖書の隠された事柄を、各人に適した程度で可能な限り探求している。だが、わたしたちはそれらが起こったり書き記されたりしたのは来るべきことを予表するためであり、それらはまたキリストとその教会、すなわち神の国にのみ関わるべきであると、信仰において確信している。これの予告は、人類の始まり以来絶えたことなく、あらゆるものを通してわたしたちはそれが実現していることを見る」（『神の国』一六・二・三）。

（28）救済史はアダムの子らに生じた二つの国の対立から現実に展開し始め、創造の六日に当たる六時代を経て、七日目の神の安息に等しいわたしたちの安息日に到達する。しかし、この六時代説ではキリストの位置が救済の中心に据えられなくなってしまい、ショルツが批判したことが妥当してしまう。彼によると伝統的な六〇〇〇年の時代区分をアウグスティヌスが改良しても、キリストが歴史の転換点に立っていることが前景に出てこなくなって、アウグスティヌスの救済思想と一致しなくなる（Scholz, op.sit., S.162）。

（29）「人類の真正な教育は、神の民に関する限り、個人のそれとよく似ている。それは個人が年齢を加えて達するように、ある時代の分節によって進歩した。こうして一時的なものから永遠なものの把握へ、さらに見えるものから見えないものの把握へ昇った」（『神の国』一〇・一四）。

（30） たとえばストア哲学の影響の下、嬰児期・幼少期・青年前期・後期・壮年期・老年期の六段階に分けて考察される。

（31） 波多野精一『宗教哲学の本質及其根本問題』岩波書店、一九四八年、一九六頁。

（32） 「この説によると、例えば哲学者プラトンは紀元前四世紀にアテナイのアカデメイアと呼ばれる学園で弟子たちを教えたが、過去の無数の世紀にわたり、無限の広さと無限の長さの中で、同じプラトン、同じ国、同じ学園、同じ弟子が次々に現れ、未来の無数の世紀においても次々に現れるということになる」（『神の国』一二・一四・二）。

（33） 「人はだれでも、やがて死ぬべきこの身体の中に存在を始めた時より、一日として死の近づかない生を送ることはない。人はその可変性のゆえに、地上の生――それも生と呼ばれるとして――のあらゆる時に死に向かって近づいている」（同一三・一〇）。

（34） 「なぜなら〈諸時代の諸時代〉とは同じ諸時代の繰り返しではなくて、一つの時代から他の時代へ向かって移り行く諸時代の秩序正しい連結を意味し、悲惨から解放された魂はふたたびそこにもどることなく、至福の中にかたくとどまっていることであるか、あるいは、その下にある時間的な諸物を永遠に支配するものであるか――いずれにせよ、同じものを回転させる時間の循環はそこには場所をもたない。聖徒たちの永遠の生命は、このようなものを強くこばむ」（同一二・二〇）。

（35） このカイロスは人類に一つの体験として与えられている。「確かに神はこの永遠の時間に先立って存在しただけでなく、時満ちて明らかにする永遠の生命を約束したのであるが、それは神の言葉以外の何にふさわしいだろうか」（同一二・一七）。

（36） ブルンナーはこれを次のように巧みに表現している。「神はある時点で円環する時間に入り、彼の永遠性の全力をもってこの円環する時間（time-circle）を倒して線的時間（time-line）に始めと目標とを、したがって方向付けを授けた」（E. Brunner, Christianity and Civilization, vol. I, p.50）。

（37） アウグスティヌス『詩編注解』一〇一・一〇。

(38) ドーソンによるとこの時間についての変化は宗教的な経験においてすでに感得されていたが、アウグスティヌスによって初めて哲学的に分析されるに至った。彼は時間の意味を見出した世界における最初の人であった(C. Dawson, op. cit., p.69)。

(39) E. Kinder, Reich Gottes und Kirche bei Augustin, 1954, S.12.

(40) Kinder, op.cit., S.13.

(41) H. Scholz, op. cit., S.125. ティコニウスについては本書第三章二節参照。

(42) E・トレルチ『アウグスティヌス——キリスト教的古代と中世』西村貞二訳、新教出版社、一九六五年、二七頁。

(43) H. Reuter, Augustinische Studien, 1887, S.114.

(44) ところでティコニウス自身は教会は普遍的でなければならないが、その成員は混合体であると考えていた。これではドナティストの教会観を傷つけるとの理由で彼は三八〇年頃破門された。そこで彼は、アウグスティヌスの驚いたことには、ドナトゥス派からカトリックに加わるように傾いていった。

(45) A. Momigliano, Pagan and Christian Historiography in the Fourth Century A.D., in: The Conflict between Paganism and Christianity in the fourth Century, ed. by A. Momigliano, p.79ff., S. F. Copeleston, A History of Philosophy, vol. 2, p.85. コプルストンが強調するようにアウグスティヌスは「歴史的現象と出来事の霊的な、道徳的な意味を解明すること」を行っていたのである。

(46) P. Tillich, The Protestant Era, p.36.

(47) ゼーベルクは言う、「アウグスティヌスがかつて自然哲学を通して発見しようとした現存在の統一と調和とは今や歴史哲学によって彼に開示された」。R. Seeberg, Lehrbuch der Dogmengeschichte, Bd. III, 3 Aufl., 1923, S.472, Anmerkung, 3.

(48) R・A・マーカス『アウグスティヌス神学における歴史と社会』宮谷宣史・土井健司訳、教文館、一九九八年、一七四—一七七頁参照。

付論1　アウグスティヌスにおける時間と歴史性の問題

はじめに——時間と歴史性との関連について

時間の意義、あるいは歴史における時の意義は人間存在の歴史性を明らかにすることにより把捉される。それは時間のうちにある有限的人間の現存在が自己の歴史性を自覚することによって時間の有意義性（Bedeutsamkeit）を明らかにするからである。

このような歴史性の自覚に達するまで時間についての反省的思索を遂行したのはアウグスティヌスをもって嚆矢としているということができよう。有名な『告白録』第一一巻において彼は時間について徹底的な省察を行っているが、ここで展開されている時間論で把握されている時間は一般には心理学的時間、すなわち心のうちに存在し、心により測定される時間であると理解される。しかしこの心理学的時間把握をもって彼の時間論がすべて説明しつくされると見なすことはできない。なぜなら、そのように理解した場合には、『告白録』における時間論と『神の国』第一一巻（一一・四—六）と第一二巻（一二・一五—二二）で語られている時間論との内面的な繋がりはとうてい見出され得ないからである。時間の本質を問うことから出発する『告白録』の時間論がいわば時間の哲学的考察[1]を行っているということができるのに対して、超越的な神が時間に対していかなる働きをなしたのかを解明しようとする『神の国』の時間論は、時間の神学的考察を行っていると言えよう。このような相違にもかかわらず、両者の結びつきは時間と歴史性の関連を考察することによって見出されるであろう。また、そうして初めてアウグスティヌスの時間論のもつ、より深い意義と全体像とが把握されるであろう。

1　時間解明の方法について

「歴史性」（Geschichtlichkeit）という概念が用いられ始めたのは比較的最近のことであるが、すでにディルタイにより「生の歴史性」（Geschichtlichkeit des Lebens）が提唱されていた。この歴史性という概念は実存主義の哲学に受け継がれ、この立場からアウグスティヌス解釈が行われるようになった。たとえばヤスパースはアウグスティヌスにおける信仰の体験内容が、意識に対し人間の現存在を単に回帰する自然存在と見なすことに対立して、はじめて本質的に歴史的なものにし、超感性的に基礎づけられた人間存在の歴史性が自覚されるに至ったと語っている。(2) ヤスパースの影響のもとにカムラーは『キリスト教と歴史性』（Christentum und Geschichtlichkeit）という書物の後半で『神の国』を研究し、キウィタス（civitas）概念の終末論的性格を把え、「キリスト教的わたしたち」（das christliche Wir）という共同体の歴史的な姿のもとに歴史性を考察しようと試みた。(3) さらに『告白録』における時間論から歴史性を把握しようとする試みがなされている。ディンクラーは人間学の立場から出発し、時間への省察が人間存在を最もあらわな姿で開示するものと見なし、「自己の歴史性を自覚した人間存在の深奥な宗教的動態」をきわめようとする。(4) またベルリンガーは「時間の現象学」の立場からなされた従来の解釈を批判し、思惟する主体の主観性からではなく、人間の人格性の立場から時間の歴史性を解明した。(5)

わたしたちの課題はアウグスティヌスにおける時間と歴史性の関連を明らかにすることであるから、彼が時間を哲学的に省察していった『告白録』における時間論をとりあげ、時間に対する反省的思索から彼がいかにして人間存在の歴史性の自覚に達しているかを解明してみたい。その際、ディンクラーとベルリンガーの方法を検討し、『告白録』の時間論を解明する正しい研究方法をまず確定しなければならない。

ディンクラーは時間を「内的時間意識の現象学」の立場において解明しようとするが、それが「永遠性の体験を秘めている時間体験の分析[6]」であると規定する。それは単なる意識の現象学からは解釈できない問題が時間論に含まれているからである。しかし、わたしたちがまず注意しなければならないことは、神の助けを希求しながら時間という「錯綜をきわめた謎」(implicatissimum aenigma) を究明してゆくアウグスティヌスの思惟が冷静な哲学的思索からなされているということである。彼は時間を永遠からではなく、時間の意識、つまり時間性から理解しようと試みる。この点を看過し、ただちに時間の宗教的解釈をなそうとするのは明らかに誤りである。ディンクラーはこの誤りに陥っているように思われる。それに対しベルリンガーは時間の現象学の立場を批判し、これに代えて人格性の立場を主張する。アウグスティヌスが時間の謎に直面し、人間の心のうちに時間が存在する場を求めたことは「意識の現象学」ではなく、アウグスティヌス的内面性への命法、「外に出てゆくな、なんじ自身のうちに帰れ」(Noli foras ire, in te ipsum redi) の適用であり、この内面性への命法は有限的人間存在そのものをも越える「なんじ自身をも超越せよ」(transcende et teipsum) において完成し[7]、こうして時間を超えた永遠の理念から時間に意義を与える歴史性が把握される。このような内的人間 (homo interior) の超越性が人格的立場であるとされる[8]。この見解はアウグスティヌス解釈としては卓越したものであるが、『告白録』におけるアウグスティヌスの論述に従って把握されたものではなく、あくまでも一つの観点からの解釈である。それは『告白録』に展開される時間論の論旨が一見すると不明瞭であり、人格的立場を援用して解釈せざるを得なくさせているように思われる。

それではアウグスティヌスの論述に従いながら彼の時間論を正しく解釈するためにはいかなる方法が採られなければならないのか。それは彼が時間論において不完全な形で展開したにとどまる彼の思惟方法を、『三位一体論』後半で完全な形で展開されたものを考慮しながら[9]、取り出すという方法であろう。彼は『告白録』第一一巻で時間の三つの称態を心のもつ三つの作用でもって捉え、時間の三肢構造を見出す。この三肢を彼はまず外界の事物の運動に向け、さらに神に向けようとする。しかし永遠なる神と時間的人間との全き相違の認識は、外界の事物の運動を測る仕方においてすでに明瞭になる。それゆえ『告白録』の時間論は外界の事物に対する認識の後に、『三位一体論』におけるごとく、神への方向をとらず、ただちに時間的現存在がそれ自体でもって問題性をおびてきて、そこから宗教的自己省察となる。時間の問題がたちまち宗教の問題に急変する。だがこの宗教的な問いとまでなった現存在の苦境を契機としてその歴史性が開示されて来ると言えよう。

2　時間の三つの性格と人間の歴史性

アウグスティヌスが時間の反省的思索を通して歴史性の自覚に達する過程は、何よりもまず、彼によって見事に解明されている時間がもっている三つの性格を分析的に取り出すことにより、明らかになる。すなわちdistentio, intentio, extentioという時間の三つの性格から最もよく理解されるであろう。

(1) distentioとしての時間

アウグスティヌスの思想に従って解釈すると、それは「分散的に広がる時間」を意味する。時間とは彼にとって「心の広がり」(distentio animi) にほかならない (『告白録』一一・二六・三三。以下書名は省略する)。彼はまず「時間とは何か」(Quid est tempus?) と時間の本質 (quid; Wesen) を問う。しかし時間の本質は全く理解できないとされ、そのような問いは放棄される (一四・一七)。確かに時間の本質は不明であっても、過去・現在・未来という形態をとって現象している時間は日常熟知されている。だが、この現象する時間を存在的に把握することはできない。過去は「もはやない」(iam non est) し、未来は「まだない」(nondum est) し、現在といえども存在的に微分しても「非存在にむかうという理由をのぞいては」(nisi quia tendit ad non esse) 把握できない (ibid)。「それでは時間はどこに存在するのか」(Ubi est ergo tempus?) と彼は次に問う (一五・二〇)。時間は心において存在し、過去・現在・未来は心のもつ三つの働き、すなわち、記憶 (memoria)・直覚 (contuitus)・期待 (expectatio) において作用として働いている (二〇・二六)。したがって時間が存在すると言えるのは、心のうちに記憶・直覚・期待の三肢的構造が時間を成立せしめる時間性として存在しているからである。

次に、この時間性に基づいて形体の運動が測られる。その際、「形体の運動が時間である」(tempus est motum corporis) と説くアリストテレス的空間における形体のキネーシス (κίνησις) としての時間観は拒けられ (二四・三一)、心に広がる時間 (distentio animi) によって形体の運動は測られるとされる (二六・三三)。したがって心のうちに広がる時間は、時間性の三つの働き、記憶・直覚・期待の連続な作用として成立し、生成し消滅する形体の運動が測られる。すなわち非存在から存在への生成の運動は「期待」によって測られ、存在から非存在へと消滅する運動は「記憶」により測られる。このように形体の運動は時間によって測られ、時間は心の広がりの情態 (affectio) とされる。彼は言う、「時間を測るとき、わたしは心の情態性そのものを測るのである」(Affectionem ipsum metior, cum tempora metior) (二七・三六) と。だが形体の運動を測る時間 (distentio) は期待と記憶とに分向している。それゆえ distentio としての時間の性格は「分散的に広がる時間」なのである。

(2) intentio としての時間の作用

それでは現在の「直覚」(contuitus) という働きは、形体の運動を測るとき、いかなる働きをしているのか。この直覚の作用を明らかにすると時間の第二の性格をなす intentio の意義が判明する。直覚が形体の運動を測る場合、「注意作用」(attentio)、「志向作用」(intentio) という言葉で言いかえられる。それゆえ intentio とは時間の現在における志向的性格を示すと言うことができる。この attentio, intentio をアウグスティヌスはどのように理解しているのか。形体の運動は時間の働きである期待と記憶への分向によって測られ、未来の期待から過去の記憶へと経過するが、その間に現在の知覚である attentio, intentio は持続すると彼は言う（二八・三七）。時間は心の中で期待から記憶へと移行しながら過ぎ去る（peragere）。しかし現在の注意作用は、時間の消滅に耐えて存続する（perdurare）。期待と記憶へと分向して広がる distentio としての時間は過ぎ去る。しかし過ぎ去る distentio としての時間のただ中にあって意識を集中する注意作用、志向作用の直覚（intentio）としての時間は、時間の消滅に耐えて存続する。時間は心もしくは意識の分向において消滅するが、その志向において持続する。かかる時間の志向的性格をアウグスティヌスが指摘していることは注目に値する。なぜなら、このような事実が彼によって単に指摘されているにとどまっているとしても、時間の志向性は時間のうちにあって時間を越え、超時間的意味の次元でもって時間を把捉する人間存在の歴史性にいたる可能性を暗示しているからである。しかし、これはあくまでも可能性にすぎず、これをもって直ちに人間存在の歴史性を主張することはできない。この点にディンクラーが初めて着目した功績は高く評価しなければならないが、彼が「時間がわたしたちの心のうちに存続し（perdurae）、通過する（peragere）ことは個人に自己の歴史性を確証する」[10]と言うとき、可能性をしてただちに現実性とする誤りに陥っているように思われる。またベルリンガーも異なった観点からではあるが、同じ点をとらえ、「歴史的実在性は時間的 distentio と永遠的 intentio もしくは理念との弁証法的相互滲透である」[11]と述べている。この解釈はすぐれているが、『告白録』の叙述に基づいて立てられたものではない。『告白録』の叙述に忠実に従うならば、時間の歴史性は時間的に有限な人間存在の歴史性の自覚から導き出されている。しかも人間存在の歴史性は、永遠なる神と対比して、有限なる時間的現存在の実存的状況から導き出されてくる。こうしてこれまで看過されていた時間の伸張（extentio）という性格が把握される。

(3) extentio としての時間

この時間は脱自的に伸張する時間の性格を意味する。この時間性格をアウグスティヌスは時間的現存在そのものから導き出す。形体の運動を測る distentio としての時間は詩歌の一節を朗読する過程や、時間・空間によって一定の限られた形体の運動であるならば、その起源・経過・終局の全過程を支配し、測ることができる。しかし人間の一生とか、これさえその一部にすぎない人類の世全体とかを測り知ることはできないし、ましてやその全過程を一気に、すなわち一瞬間のうちに知ることはできない（三一・四〇、一一・三八）[12]。人間の時間意識は期待と記憶とに分向している。ところが神においては知識は変化なく、行為は分散していない。神は人間に全くかけはなれている（Longe tu, longe mirabilius longeque secretius）（三一・四一）。それゆえ全時間的に永遠な（sempiternus）神に対し、人間は時間の分節にとどまっている。人間が現に在る（da-sein）のは、彼が時間的で有限的であることによってであり、時間が存在するのはそれが人間において時を分かつからである。このように人間の存在と時間とが全く融け合い、人間の現存在が時間によって解釈されている。こうした時間に対する反省を媒介として解釈された現存在の状況は悲惨・労苦・呻き（miseria, labor, gemitus）であり（一・一、二二・二八、二九・三九）、思惟する魂の最奥までの分裂（dilangiare）であり（二九・三九）、本来的存在からの被投性（quam longe me proiecerunt consequentia）である（三一・四一）。しかし「このような生命にまさる神の慈悲」（misericordia tua super vitas）が神と人との仲保者により「わたしをとらえた」ことによって永遠への帰還の道が拓かれている（二九・三九）。この神の招きに対し「分散的にではなく、脱自的にわたしは追究する」（non distentus sed extentus . . . sequor）ことにより、「伸張」（extentio）としての時間の脱自的性格が示される[13]。この時間の脱自性とは時間的現存在がキリストの仲保の働きを介して脱自的に自己の分散的生を克服しようとすることから生じる。この現存在の脱自性こそ、有限的ではあるが、自由な人格の行為を予想するものであり、時間のうちにありながら時間を超えた超越者なる神との関係から生じる意味の次元で、すなわち歴史において自己を把捉し、確立しようとするがゆえに、現存在の歴史性を導き出して来るのである。

3　『告白録』の時間論と『神の国』の時間論との関係

わたしたちは distentio, intentio, extentio という時間の三つの性格を分析的に摘出し、そこから時間の歴史性を指摘した。時間の分散（dis-）から統合（in-）に至るためには現存在は自己を超越（ex-）しなければならない。したがって「脱自的に」（extentus）とは「志向に従って」（secundum intentionem）とも言われ、脱自的志向性は「前にあるものに向って追い求める」（in ea quae ante sunt sequor）のである（一一九・三九）。それゆえ将来的志向の対象（intentio の目的 in すなわち目的）は「わたしを形成すべき形である神の真理へ」（informa mea, veritate tua）であるる（三〇・四〇）。そして intentio が、永遠不変の真理に分有的に関与する限り、時間の消滅に耐えて存続するということが、すでに言及されたように単に可能性としてではなく、現実に生じるているのである。

それでは何ゆえに intentio が時間の消滅に耐えて存続することが現実に可能となるのであろうか。アウグスティヌスによれば、それが可能となるのは時間を越えた永遠の真理である知恵自身が時間に関係する「時間の秩序」（ordo temporum）をもち（『三位一体論』二・五・九）、万物をその時間に適合させ、働きながら、存続させるからである（『告白録』七・一五・二一）。そして実にこの「時間の秩序」という思想こそ『告白録』と『神の国』との時間論を内的に結びつけているものに他ならない。『告白録』で彼は時間的現存在の苦難のすべては「その秩序を知らない時間の中にわたしが飛散している」（in tempora dissilui, quorum ordinem nescio）ことに示されると言う（一一九・三九）。では、ここで言われている「時間の秩序」（ordo temporum）とは何を意味するのであろうか。彼は『三位一体論』でこれを説明し、それが神の、永遠の知恵において存在し、御子をこの世に派遣するカイロス（plenitudo temporis）を意味し（『三位一体論』二・五・九）、また人間の精神と身体とのより良い状態への転換と変化（conversio）をふくむ「時代の発展過程」（volumen saeculorum）であると説いている（同四・一七・二三）[14]。このようにしてみると「時間の秩序」とは、『神の国』で説かれている時間を世界とともに創造し、始まりを与え、これを導く「永遠不変な神の計画」(inmutabile aeternumque consilium)と思想内容が全く同じであることが理解される(『神の国』一二・一五・一八)。

さて、これまで解明されたアウグスティヌスの時間論から明らかになることは次の点である。すなわち、『告白録』における彼の哲学的な時間の反省的思索は時間的現存在の脱自性において歴史性を提示したのであるが、実は時間が「時間の創造者にして秩序者」(creator et ordinator temporum)(一一・六)によって永遠の知恵のうちにあらかじめ規定されていないならば、時間の歴史性について彼が語ることができなかったという点である。このことはまた時間の脱自性と言われたことも、結局キリストの仲保の働きなしには成立し得なかったことからみてもすでに明らかである。キリストの到来において神の配剤(dispensatio)はカイロス(plenitudo temporis)に達し、時間からの解放(liberare a tempore)が歴史の場において実現する。[15] それゆえに、一方において有限的人間が時間により限定されながらも、現在の志向性において時間を越えるという可能性がないならば、他方、永遠の知恵において時間が規定されていないならば、時間を意味の次元たる歴史の時として把握することは不可能となるであろう。

アウグスティヌスが行った時間の哲学的考察は結局人間存在の時間に基づく解釈であり、この解釈を通して時間的に有限な現存在と永遠不変な神との全き懸絶が自覚されるに至るが、この懸絶を克服する道は「神の摂理の時間的配剤の歴史」(historia dispensationis temporalis divinae providentiae)(『真の宗教』七・一三)において、すなわち時間の中にありながら時間を超える意味をもつ歴史の時において拓かれる。なぜなら歴史そのもの(ipsa historia)は神がその創造者にして支配者たる「時間の秩序」に属しているからである。[16] このようにして人間存在の歴史性が全き意味において自覚され、この歴史性を媒介にして、時間が時と永遠との間の関係という意義をもつに至る。[17] 歴史性が今や時間の有意義性(Bedeutsamkeit)を顕わならしめる。このようにして哲学的時間論は彼においては必然的に神学的時間論によって包摂されるに至るのである。それは両者を結ぶ「時間の秩序」がまた同時に、救済の秩序を意味すると言うことができるからである。

注

(1) 『告白録』第一一巻に叙述されている時間論が哲学的考察であるとの筆者の見解に対し、質疑の時、菅円吉教授と山本和教授から疑問が提出された。それについては『告白録』における時間論がそれ以前に語られた回心にいたる経歴と体験とに無関係なわけではなく、時間論を単独に論ずることは時代錯誤的体系化であると、すでにディンクラーも述べている(E. Dinkler, Die Anthropogie Augustins, S.220)。またコプルストンも強調するようにアウグスティヌスにおいては神学と哲学とのラディカルな二分法(the radical dichotomy)はなく、哲学は広義なキリスト教的知恵を意味するともいえよう(F. Copeleston, A History of Philosophy, II, p.85f.)。確かに『告白録』の時間論は宗教的問題の枠の中で展開されている。すなわち時間論はアウグスティヌスが創世記冒頭の言葉の告白的解釈学を行うための序説として始められ、特に「神は天地創造以前に何をなしたもうたか」というマニ教徒たちがよく口にする異論に対し、神にはそのときという時間がないことを明らかにするために時間論が展開されている。しかし、それにもかかわらず、彼は時間を時間性から理解しようと試みているのであって、『神の国』における理解方法とは異なる。それゆえ一応哲学的考察を行っていると言うことができると思う。

(2) Karl Jaspers, Drei Gründer des Philosophierens: Plato, Augustin, Kant, 1957, S.153.

(3) Wilhelm Kamlah, Christentum und Geschichtlichkeit: Untersuchungen zur Entstehung des Christentums und zu Augustins Bürgerschaft Gottes, 1951, S.137ff.

(4) Erich Dinkler, Die Anthropologie Augustins, 1934, S.239.

(5) Rudolph Berlinger, Augustins dialogische Metaphysik, 1962, SS.12, 57.

(6) E. Dinkler, op. cit., S. 234.

(7) De vera religione, 39, 72.

(8) R. Berlinger, op. cit., S. 46; 59ff.

(9) 金子晴勇『アウグスティヌスの人間学』創文社、一九八二年、一〇八頁以下参照。

(10) E. Dinkler, op. cit., S. 237.

(11) R. Berlinger, op. cit., S. 59.

(12) 『真の宗教』二〇・四〇、二二・四三をも参照。

(13) unum nos extendat, ne multa distendant et abrumpant ab uno.（『説教集』255, c.6）を参照。続いてここでは unum は追求の目的であることが付記されている（Gibb and Montgomery, The Confessions of Augustine, p. 362 参照）。また、Extendit se ipse: tetigit Christus, et sonavit dulcedo veritatis.（『詩編注解』一四九・九）をも参照。

(14) 『詩編注解』九九・五を参照。

(15) 『ヨハネ福音書講解説教』三一・五。

(16) 『キリスト教の教え』二・二八・四四。

(17) Quod ergo temporaliter dici incipit Deus quod antea non dicebatur, manifestum est relative dici（『三位一体論』五・一六・一七）を参照。

付論2　アウグスティヌスによる文化総合の試み

この四世紀末から五世紀初めにかけて古代末期の終末期はいわゆるキリスト教皇帝の時代であるが、ここに歴史的に最も注目すべきギリシア思想とキリスト教との文化総合が大規模なかたちで行われた。この文化総合を試みた思想家としてはミラノ司教のアンブロシウス、カエサレア司教バシレイオス、アンティオキアとコンスタンチノープル司教ヨアンネス・クリュソストモス、ヒッポ司教アウグスティヌスなどがあげられる。実際アンブロシウスやアウグスティヌスのような有能な司教の働きによって西ローマ帝国に正統的なカトリック教会の教義が普及するようになった。

ではこの時期の文化総合はいかなる内容をもっていたのであろうか。この点を明らかにするために再度コックレンの「状況の論理」を問題にしてみたい(1)。

コンスタンティヌスよりテオドシウスに至るキリスト教皇帝の時代にはキリスト教を採用してローマ文化を回復させる試みが行われたが、それは見事に失敗に帰した。その原因はコックレンによるとキリスト教が単に「形式的に適用」(formal adoption) されたことによる。彼らのキリスト教受容の性格は政治的であって、実質はそのままにしておいて形式的に社会を「修築」(Renovation) しようとする試みであった点が共通している。ここでのキリスト教の形式的な受容とは単なる外面的な受容にすぎず、内実は依然として古典主義に留まっていた。つまり内実はそのままにして頭だけをすげ替えたにすぎなかった。この根本的誤謬こそ政治における失敗の真の原因であった[2]。だがこのことはキリスト教の社会的意義とは何か、また「腐敗し堕落した世界に対する救済の教説」(アウグスティヌス)としてのキリスト教の価値は何か、という問題にわたしたちを直面させる。

それゆえ、ローマ文化の修築ではなく、真の改造はキリスト教皇帝の時代のさ中に起こっていた。なかでもニカイア公会議以後の教父の中でアンブロシウスは西方教会の代表的人物であり、その生い立ちにおいてローマ文化の古典的教育を受け、行政職にたずさわる間に突然強いられて司教になっており、キリスト教の政治倫理の代弁者となった。彼の弟子のアウグスティヌスはローマ文化を支えてきた哲学を人生の根底まで遡って新しくしている。ここで初めてローマ文化の徹底的な「新生」(Regeneration)が遂行されたのである。このアウグスティヌスの哲学の特徴は次のように解釈された。

(1)まず、アウグスティヌスが受容したキリスト教がアタナシオスやバシレイオスの系譜に繋がる三位一体的なキリスト教の線にそって解釈され、彼は古典文化の教育を受け、弁論術の教師としてこれに習熟していたがゆえに、古典文化とキリスト教との文化総合をキリスト教による古典文化の「新生」(Regeneration)という形で実現したと見なされた[3]。

(2)次に、「具現したロゴス」(the embodied logos)の重要性が指摘される。アウグスティヌスの哲学的思索の出発点は現実的な「ある、知っている、意志する」(esse, nosse, velle)という生の三一構造的な理解に見られる。これによって世界を感性的世界と超感性的世界とに二分する古典主義の誤謬とその仮説的性格が暴露される。それゆえロゴスといっても世界から遊離したロゴス(the disembodied logos)ではなく、歴史に具現した御言の意義が高く評価される。こうして救いもプラトン的超感性的世界への脱出にはなく、生の全体的な転換、意志の方向転換としての回心によって与えられた。これこそ「新生の根本原理」(the fundamental principle for regeneration)に他ならない。

(3)さらに「キリストのロゴス」(the logos of Christ)に基づく全く新しい論理である「発展の論理」(logic of progress）と「新生」を原理とする歴史理解が説かれている。キリストのロゴスは総じて古典主義のロゴス理解とは相違した具現したロゴスであって、これは「創造的動的原理としての三位一体」による歴史哲学を形成する原理である。(4)

したがってアウグスティヌスによる文化総合とはキリストのロゴスによるローマ文化の聖別と新生であったというのがコックレンの見解である。ローマ帝国が権力の合法的神化によって没落の危機にあったとき、権力の源泉を見分けるのに失敗したことこそ古典主義の誤謬に他ならなかった。この誤謬と虚偽に対しキリスト教徒は「すべての力は神に由来する」と主張したが、問題はアウグスティヌスが説くごとく「権力に対する愛」（the love of power）と「愛の力」（the power of love）との対立であり、愛の力こそ「天上の平和」と同時に「愛の秩序」を形成する。

コックレンは神化（deification）が生じる根拠を、人間の卓越性（アレテー）に基づくギリシア理想主義に見出している。しかしここでの神化はギリシアにおける異常な潜在的能力のゆえに生じるのではなく、社会に奉仕することから神化が行われる。この点はポリビウスやリウィウスのような歴史家には共和政治の腐敗から再建しようとする神のごとく優れた統治者への讃美・希望・期待が見られることからも明らかである。次には法律の外面的な形式主義によって権力が合法的に神化の手段となっている。これはヘレニズムの秩序の思想に基づいて事物を形相（form）と質料（matter）とに二分して考える思考法に由来する。これこそ事態の本質を見誤る古典主義の根本的誤謬であって、そのような二世界説は単なる仮説にすぎず、人間的思惟の産物にすぎない。こうした皇帝の神化のゆえに、テルトゥリアヌスはアウグストゥスの平和に疑念をもち、「皇帝の国は悪魔の国である」（regnum caesaris regnum Diaboli）と宣告した。

ところで、先のアウグスティヌスが説く愛の秩序は、神秘的であっても、神話的でも、仮説的でもない。この秩序のもと神に依存することに個人の新生と社会改革との根本原理があって、ここに人間関係の新しい出発点があり、自然的人間が次第に変えられていって霊的な人間と社会が形成され、キリスト教的知恵（sapientia）の理想が達成される。このことはいわゆる超越ではなく、自然の成就であり、アウグストゥスが求めた「再建」（Reconstruction）ではなく、「新生」（Regeneration）と「更新」（Renewal）である。

このように文化総合がこの時代には古典文化とキリスト教において実現されたのであるが、総合される二者を原理として捉えた上で、歴史的な発展の相において三つの場面を捉えたところに、コックレンの方法論的に優れた視点が表明されている。この点を彼は政治史の出来事から次のように説明している。

(1)まず、政治史上の出来事という客観的事実によって明瞭に枠取られた古代ローマの最盛期からその没落に至るまでの時代が限定されており、解釈を行うために客観的な枠づけがなされている。

(2)政治史の背後にはその精神的支柱としてイデオロギーが存在している。このイデオロギーは文字により保存されているがゆえに、原典研究によって解明される。それゆえ、ここでも客観化された素材が土台になっている。問題はイデオロギーの解釈にある。

(3)しかしイデオロギーの解釈は再び政治史上の出来事とその体験から遂行される。それは「状況の論理」から

(4)解釈の操作が繰り返されていって原理的なるものの摘出が行われる。すなわち外的政治史とイデオロギーとの連関、および歴史の流れの中で繰り返す類似現象、否その蓄積により破局に至る共通的なるもの、あるいは共通の前提が、または根源を同じくしているその根源が、原理的なるものとして把握される。

(5)その際、(a)原理的なものが自らの土台（原理自体）に立ち帰り、自らの力で立たんとする場合、(b)原理的なものが自己の土台に立ちながらも、他の優秀な原理を借りてきて再び立たんとする場合、(c)原理的なものが自己の土台から徹底的に変革されて、他の原理の土台のもとに立てられる場合——以上三つの場合もしくは場面が分析されて考察される。原理的なるものとは「ローマ文化」（Romanitas）であり、原理自体もしくは土台とは古典

主義（Classicism）であり、他の原理とはキリスト教である。

このような方法に従って彼の構想である「再建」（Reconstruction）「修築」（Renovation）「新生」（Regeneration）という三区分が提起されている。この区分は歴史に質的な変化を正確に刻んでいるというのではなく、これまで説いてきたような複雑な歴史のプロセスを解釈する優れた視点を提供しているといえよう。

コックレンは歴史の根底にあるダイナミックスをロマニタス（Romanitas）つまりローマ的精神、特質、教養、習俗によって捉えている。これが歴史において政治的、文化的、宗教的内容と色彩とを帯びてきて、歴史の変化と転換の指標となった。アウグストゥスの治世は社会の安寧と秩序とを法的に確立し、新しい共和制を復興した試みであったが、その際のロマニタスの本質は古典的文化の理想を実現するように努める永遠の都ローマの歴史と運命に結びつくことによって、その姿が明らかになってくる。

ロマニタスはアウグストゥスによって体現され、詩人ウェルギリウスによって古典的理想のローマ的実現様式として明瞭な表現を与えられ、ヘレニズム的な休息や観照よりも活動と行為に強調点が移された。このウェルギリウス主義的な世界観は「この世の宗教」という特質をもち、「人間の都」の精神的基盤ともなっている。ここでロマニタスは純粋に政治的になり、民族の拘束をも超越し、万民法を制定し、ローマ的秩序を普遍的なものとして要求している。(5) だが、政治権力が皇帝に集中し、皇帝の神格化が進み、政治の腐敗を招いてしまった。そこでキリスト教徒はパウロではこの世の権力は神から与えられたものとして肯定されていたが、黙示録に至ると皇帝を敵視し、テルトゥリアヌスのような人たちはアウグストゥスの平和に疑問をもち、「皇帝の国は悪魔の国である」と宣言するに至った。こうしたロマニタス概念の変遷と推移とがローマ史の真の内実をなすと見なされ、古代末期の歴史のダイナミックスはギリシア古典文化とキリスト教の出会いによって説明され、それが次の三つの基本的形式によって解明されている。

(1) 文化の復興　ローマはキリスト教に依らず、自己の文化的土台であるギリシア文化の基礎原理に立ち返って文化の復興（Reconstruction）を試みた。これはアウグストゥス皇帝の治世を模範として多くの皇帝たちが見習った試みであった。

⑵ **文化の修築** ローマは他の優秀な原理を借りてきて文化の修築（Renovation）を行った。これはコンスタンティヌス以降のキリスト教皇帝の時代に当たる。しかし、これは単に首をすげ替えた試みにすぎなかった。

⑶ **文化の改造** ローマが根底からキリスト教によって生まれ変わる文化改造（Regeneration）の出来事である。これはアウグスティヌスの宗教と哲学によって生じ、中世に入ってトマス・アクィナスのキリスト教と文化との大規模な文化的統一が完成するに至った。しかし、近世に入るとこの統一文化は解体していく運命にあった。

さて、最大の問題はロマニタスの根底的な改造と新生とはどのようにして行われたかという点である。コックレンによるとアウグスティヌスはロマニタスの教育を受け、弁論術の教師として活躍していたが、三位一体を信仰するキリスト教へと転換することによって古典文化の新生をもたらした。[6] ここに彼の回心の意義がある。この回心はプラトン主義の回心とは本質的に相違する。古典文化では世界を思想界と感性界とに二分し、「世界から遊離したロゴス」への超越が救いとして説かれた。それに対し神の言葉の受肉に見られるロゴスは、超感性界への脱出を目指すものではなく、生活の全面的な方向転換を生み出した。ここに「更新の根本原理」があると説かれ、この観点から「理解するために信じる」（Credo ut intelligam）の基本主張が説かれただけでなく、全く新しい論理として「発展の論理」が生じて、「新生」を原理とする歴史観が生まれた。[7]

このようにアウグスティヌスの哲学はキリストの受肉によるロマニタスの「新生」と「聖化」であると見なされている。ロマニタスが権力の合法的神化によって没落の危機にあったとき、権力の源泉を見極めるのに失敗したことこそ古典主義の誤謬であった。これに対しキリスト教徒は「すべての力は神に由来する」と主張したのであるが、アウグスティヌスは「権力への愛」と「愛の権力」の対立を捉え、愛の権力こそ「天上の平和」のみならず「愛の秩序」を創出すると考えた。この秩序によってこそ個人の新生と社会の改革とは実現し、自然のままなる人間が次第に変えられ、霊的な人間と社会とが形成され、キリスト教的知恵の理想が達成される。ここに文化の「新生」が実現した。これがアウグスティヌスによる文化総合の偉大な試みであった。

注

（1）「状況の論理」というのは、歴史の状況が変化するに応じて歴史の歩みを捉える思考が論理的に変わることを言う。

（2）ここに失敗する論理的必然性があるとコックレンは強調している。C・N・コックレン『キリスト教と古典文化――アウグストゥスからアウグスティヌスに至る思想と活動の研究』金子晴勇訳、知泉書館、二〇一八年、八七四、八七九頁。

（3）この見解は自明の感はあるが、やはり独自の洞察をもっている。たとえばディンクラーのごとき学者でもアウグスティヌスに流入したキリスト教は使徒パウロのそれと全く変わらないと見なし、彼に影響を与えたプラトン主義こそ時代とともに変貌したものと見ている（E. Dinkler, Die Anthropologie Augustins, S.9）。これはハルナックがアウグスティヌスをパウロ復興の代表者となした見方に支配されているからであろう。この観点からして初めて Credo ut intelligam の思想的背景とその意義とが見事に把握されている。

（4）なぜならこのロゴスが時間、空間、物質という実存の諸条件を受け入れることにより、この諸条件は神の支配下に置かれ、歴史は単に回帰するのではなく、一定の目的に向かって進展するがゆえに、ここに発展の論理が成立するからである。またキリストのロゴスにより「人間の生と歴史に対する統一と分割の新しい原理」が与えられ、「神の国」と「地の国」との真の概念的意義と対立の意味が明らかに説かれる。

（5）Cf. C. M. Bowra, From Virgil to Milton, 1963, 33ff.

（6）コックレン、前掲書、六五四―六六〇頁を参照。

（7）詳しくはコックレン、前掲書、八七六―八七九頁を参照。

あとがき

わたしは最近まで本書を執筆する計画をもっていなかったが、四年ほど前にヨーロッパ史の研究家である佐藤眞一氏から『神の国』についての研究をまとめるようにとの要請を受けた。同氏はわたしの国立音楽大学時代にはかつての同僚であったが、その労作『ヨーロッパ史学史』（知泉書館、二〇〇九年）によって知られるように、日本では少ない史学史の研究家であって、この著作でアウグスティヌスの『神の国』についてすぐれた理解を提示された。そこには参考文献としてわたしの著作二冊と編著一冊が挙げられていたが、それらはすべて間接的に『神の国』について述べたもので、いずれも断片的であって、『神の国』の研究書とは言えなかった。そこで「はしがき」にも言及したように分散的に書かれたものを蒐集し、足りない部分を補って『神の国』という大作の研究にふさわしい論文類を一書にまとめることにした。この作品の研究はわたしの研究生活では最初に手がけたもの、つまり青年時代に求めたものであって、晩年になってそれを完成させるというのは、老年にふさわしい仕事であった。このことに気づかせてくださった同氏には心から感謝したい。

そのようなわけで、ここでは各章の「初出」について簡略に記しておきたい。そのいずれも今回加筆して修正したり、短縮したりして編集されている。

第一章「時代背景」は、『アウグスティヌスとその時代』（知泉書館、二〇〇四年）の第一章「古代末期の世界」の改作である。

第五章「創造と歴史の意義」は、「アウグスティヌスと古代キリスト教の自然観」と題して聖学院大学総合研究所編『自然の概念についての学際的研究』（二〇〇二年）に発表したものである。

第六章「キウィタス概念」は、金子晴勇編『アウグスティヌスを学ぶ人のために』（世界思想社、一九九三年）にある「社会思想」の最初の部分である「キウィタス学説」に加筆したものである。

第七章「〈時間の秩序〉と歴史の解釈」は、一九八二年、聖心女子大学で開催された中世哲学会での発表原稿である。

第八章「国家の秩序と平和」は、『アウグスティヌスとその時代』（前出）の第七章第三節「国家の秩序と平和」に加筆したものである。

第九章「愛の秩序と倫理思想」は、『愛の秩序の思想史的研究』（岡山大学文学部研究叢書、第五号、一九九〇年）の第二章「アウグスティヌスにおける愛の秩序」を短縮したものである。

第一〇章「人間学の三段階説」は、『キリスト教人間学入門』（教文館、二〇一六年）の第三章第一節「アウグスティヌスの人間学」を増補改作したものである。

第一一章「歴史の神学」は、『アウグスティヌスとその時代』（前出）の第八章「歴史の神学」を縮小改作したものである。

付論１「アウグスティヌスにおける時間と歴史性の問題」は、『日本の神学』日本基督教学会編、第三号（一九六四年）に発表したものである。昭和三八（一九六三）年度の日本基督教学会において発表したものである。

付論２「アウグスティヌスによる文化総合の試み」は、コックレン『キリスト教と古典文化』（金子晴勇訳、知泉書館、二〇一八年）の「解説」から抜粋したものである。

この著作を完成するにあたって、先に挙げた佐藤眞一氏と北海学園大学の佐藤貴史さんに原稿を読んでもらい、出版する価値があるかどうかを検討してもらった。その際、それぞれ貴重なご意見をいただいたことに感謝したい。

出版に際しては教文館出版部の髙木誠一氏と石澤麻希子氏にお世話になった。出版事情がきわめて厳しい折、このような研究書を出版していただき、深く感謝している次第である。

二〇一九年七月二七日

金子晴勇

参考文献表

（本書で参照したアウグスティヌスの著作と研究論文のみ収載）

I　原典の全集と翻訳

Sancti Aurelii Augustini Opera Omnia (Benedictus) Paris 1838.

『アウグスティヌス著作集』教文館，1949年―。

アウグスティヌス『神の国』上下巻，キリスト教古典叢書，金子晴勇・泉治典ほか訳，教文館，2014年。

※本書におけるアウグスティヌスの訳文は上記の著作集とキリスト教古典叢書の訳文を参照したが，自由に変更が加えられている。

II　研究論文

(A) 洋書文献

Adam, K., Die geistige Entwicklung des hl. Augustins, 1931.『聖アウグスティヌスの精神的発展』服部英次郎訳，創元社，1942年。

Arendt, Hannah, Der Liebesbegriff bei Augustin, 1929.

Baynes, N. H., Constantine the Great and the Christian Church, 2nd ed. 1972.

Bourke, V. J., Augustine's Quest of Wisdom: Life and Philosophy of the Bishop of Hippo, 1947.

Brunner, E., Christianity and Civilization, vol. I, 1947.

Brunner, E., Religionsphilosophie evangelischer Theologie, 2. Aufl., 1948.

Burnaby, J., Amor dei: A Study of St. Augustine's Doctrine of Operative Grace, 1960.

Copeleston, S. F., A History of Philosophy, vol. 2.『中世哲学史』箕輪秀二・柏木英彦訳，創文社，1970年。

Cullman, O., Königsherrschaft Christi und Kirche in NT. Theologische Studien, Heft 10, 1941.

Dawson, C., St. Augustine and his Age, in: A Monument to Saint Augustine, 1945.

Duchrow, U., Christenheit und Weltverantwortung, Traditionsgeschichte und Systematische Struktur der Zweireichelehre, 1970.『神の支配とその世の権力の思想史』泉典治他訳，新地書房，1980年。

Figgis, J. N., The Political Aspects of St. Augustine's City of God, 1921.

Fox, R. Lane, Pagan and Christians, 1987.

Groethuysen, B., Philosophische Anthropologie, 1969.

Harnack, A. von, Lehrbuch der Dogmengeschichte, Bd. III. 1954.

Jaspers, K., Einführung in die Philosophie, 2 Aufl., 1949.
Jaspers, K., Vom Ursprung und Ziel der Geschichte, 1957.
Jonas, H., Augustin und das paulinische Freiheitsproblem, 1965（1930）.
Journet, C., L'Eglise du Verbe incarne, in: Augustinus Magister（以下 AM に省略）II, 1954.
Kamlah,W., Christentum und Geschichtlichkeit. Untersuchungen zur Entstehung des Christentums und zu Augustins "Bürgerschaft Gottes", 1951.
Kinder, E., Reich Gottes und Kirche bei Augustin, 1954.
Leisegang, H., Der Ursprung der Lehre Augustins von der civitate Dei, in: Archiv für Kulturgeschichte, XIV, 1925.
Lot, Ferdinand, The End of the Ancient World and the Beginnings of the Middle Ages, 1961.
Maier, F. G., Augustin und das antike Rom, 1955.
Marru, H. I., La theologie de l'histoire, in: AM III, 1954.
Martin, A., Die Religion Jacob Burckhardts, 1947.
Momigliano, A., Pagan and Christian Historiography in the Fourth Century A.D., in: The Conflict between Paganism and Christianity in the fourth Century, ed. by A. Momigliano, 1963.
Nygren, A., Commentary on Romans, Englisch Translation by C. C. Rasmussen, 1952.
O'Donovan, Oliver, The Problem of Self-Love in St. Augustine, 1980.
Portalié, E., A Guide to the Thought of Saint Augustine, 1960.
Ratzinger, Herkunft und Sinn der Civitas-Lehre Augustins, in: AM II, 1954.
Reuter, H., Augustinische Studien, 1967（1887）.
Ruokanen, M., Theology of Social Life in Augustine's De civitate Dei, 1993.
Salin, E., Civitas Dei, 1926.
Scheler, M., Vom Ewigen im Menschen, GW. Bd. 7, 1973.「人間における永遠なるもの」『シェーラー著作集 7』白水社，1977年。
Scholz, H., Glaube und Unglaube in der Weltgeschichte, Ein Kommentar zu Augustins 'De Civitate Dei', 1911.
Seeberg, R., Lehrbuch der Dogmengeschichte, Bd. III, 3 Aufl., 1923.
Seifert, F., Psychologie. Metaphysik der Seele, 1928.
Theiler, Willy, Porphyrios und Augustin, in: Forschungen zum Neuplatonismus, 1966.
Tillich, P., Historical and nonhistrical Interpretation of History, in: The Protestannt Era, English translation by J. L. Adams, 1937.
Troeltsch, E., Augutin, die christliche Antike und die Mittelalter, 1915.『アウグスティヌス』西村貞二訳，新教出版社，1965年。
Von Rad, G., Genesis, ATD, 1967.『創世記』山我哲雄訳，ATD・NTD 聖書注解刊行会，1993年。
Wachtel, A., Beiträge zur Geschichtstheologie des Aurelius Augustinus, 1960.
Ziegler, A., Die Grenzen Geschichtlichen Erkenntnis, in: AM II, 1954.

（B）**邦訳文献**

ウィルケン，R. L.『ローマ人の見たキリスト教』三小田敏雄・松本宣郎訳，ヨルダン社，1987年。

ヴェーバー，M.『古代ユダヤ教』内田芳明訳，みすず書房，1967年。

ヴェーバー，M.『社会学の根本概念』清水幾太郎訳，岩波文庫，1972年。

ギボン，エドワード『ギボン自叙伝――わが生涯と著作との思ひ出』村上至孝訳，岩波文庫，1997年。

ギールケ，オットー『中世の政治理論』坂本仁作訳，ミネルヴァ書房，1985年。

クラーク，ジュリアン『古代末期のローマ帝国――多文化の織りなす世界』足立広明訳，白水社，2015年。

クーランジュ，フュステル・ド『古代都市』田辺貞之助訳，白水社，1961年。

クルマン，O.『キリストと時――原始キリスト教の時間観及び歴史観』前田護郎訳，岩波書店，1954年。

コックレン，C. N.『キリスト教と古典文化――アウグストゥスからアウグスティヌスに至る思想と行動の研究』金子晴勇訳，知泉書館，2018年。

シュルツ，W.『変貌した世界の哲学 4』藤田健治監訳，二玄社，1978年。

ジルソン，E.『「神の国」論――アウグスティヌス，平和と秩序』藤本雄三訳，行路社，1995年。

スターク，ヴェアナ『宗教社会学』杉山忠平，杉田泰一訳，未来社，1979年。

ダントレーヴ，A. P.『自然法』久保正幡訳，岩波書店，1967年。

チャドウィック，H.『アウグスティヌス』金子晴勇訳，教文館，2004年

テンニエス，F.『ゲマインシャフトとゲゼルシャフト』杉乃原寿一訳，岩波文庫，1983年。

ドーソン，C. 他『アウグスティヌス――その時代と思想』服部英次郎訳，筑摩書房，1969年。

ドプシュ，アルフォンス『ヨーロッパ文化発展の経済的社会的基礎――カエサルからカール大帝にいたる時代の』野崎直治・石川操・中村宏訳，創文社，1980年。

トレルチ，E.『アウグスティヌス――キリスト教古代と中世』西村貞二訳，新教出版社，1965年。

トレルチ，E.『キリスト教社会哲学の諸時代・諸類型』住谷一彦他訳（『トレルチ著作集 7』ヨルダン社，1981年）。

トレルチ，E.『古代キリスト教の社会教説』高野晃兆・帆苅猛訳，教文館，1999年。

ニーグレン，A.『アガペーとエロース』第 3 巻，岸千年・大内弘助訳，新教出版社，2007年。

ブーバー，M.『人間とは何か』児島洋訳，理想社，1968年。

ブラウン，P.『アウグスティヌス伝』上下巻，出村和彦訳，教文館，2004年。

ブルクハルト，ヤーコプ『コンスタンティヌス大帝の時代――衰微する古典世界からキリスト教中世へ』新井靖一訳，筑摩書房，2003年

ベインズ，N. H.「聖アウグスティヌス『神の国』の政治思想」（モラル『中世の政治思想』柴田平三郎訳，未来社，1975年，所収）。

ヘーゲル，G. W. F.『歴史哲学講義　上』武市健人訳，岩波文庫，1971年。

ベルグソン，アンリ『道徳と宗教の二源泉』平山高次訳，岩波文庫，1953年。

ポシディウス『聖アウグスチヌスの生涯』熊谷賢二訳，創文社，1963年。

マーカス，R. A.『アウグスティヌス神学における歴史と社会』宮谷宣史・土井健司訳，教文館，1998年。

マレー，ギルバート『ギリシア宗教発展の五段階』藤田健治訳，岩波文庫，1971年。

モンタネッリ，I.『ローマの歴史』藤沢道郎訳，中公文庫，1979年。

（C）邦語文献

有賀鉄太郎『キリスト教思想における存在論の問題』創文社，1969年。

伊東俊太郎『近代科学の源流』中央公論社，2007年。

石原謙『中世キリスト教研究』岩波書店，1952年。

出隆『ギリシアの哲学と政治』，岩波書店，1943年。

岩下壮一『聖アウグスチヌス「神国論」』，『中世哲学思想研究』岩波書店，1942年。

内田芳明『アウグスティヌスと古代の終末』弘文堂，1961年。

金森賢諒『プラトンの神学と宇宙論』法蔵館，1976年。

標宣男『科学史の中のキリスト教』教文館，2004年。

仲手川良雄『ブルクハルト史学と現代』創文社，1977年。

南雲泰輔『ローマ帝国の東西分裂』岩波書店，2016年。

新田一郎『キリスト教とローマ皇帝』教育社，1980年。

波多野精一『宗教哲学の本質及びその根本問題』岩波書店，1920年。

増田四郎『西洋中世世界の成立』岩波書店，1950年。

弓削達『ローマ皇帝礼拝とキリスト教徒迫害』日本基督教団出版局，1984年。

（D）著者の研究書

『アウグスティヌスの人間学』創文社，1982年。

『近代的自由思想の源流』創文社，1987年。

『マックス・シェーラーの人間学』創文社，1995年。

『ヨーロッパの人間像』知泉書館，2002年。

『愛の思想史――愛の類型と秩序の思想史』知泉書館，2003年。

『アウグスティヌスとその時代』知泉書館，2004年。

『アウグスティヌスの恩恵論』付論「オロシウスの恩恵論」，知泉書館，2006年。

『キリスト教人間学入門』教文館，2016年。

『霊性の証言――ヨーロッパのプネウマ物語』ぷねうま舎，2018年。

（編著）『アウグスティヌスを学ぶ人のために』世界思想社，1993年。

アウグスティヌス年譜

西暦	齢	事績と歴史的出来事
354年	0歳	11月13日，アウレリウス・アウグスティヌス誕生。北アフリカの海岸に近い，ローマの属州ヌミディアにあるタガステの町（昔のカルタゴ，今のチュニジアの西）に，父パトリキウス，母モニカの長男として。
361年	7歳	このころ，タガステの小学校に入学。
367年	13歳	タガステから20マイル南の町マダウラで文法学と文学を学び始める。
369年	15歳	家の都合で学業を中止，タガステにもどる。怠惰な生活を送る。
370年	16歳	カルタゴに遊学し修辞学の勉強を始める。ある女性と同棲する。このころ父死去。
372–373年	18–19歳	息子のアデオダトゥス誕生。この頃マニ教に傾き，その聴聞者となる。キケロの『ホルテンシウス』を読み，真理への激しい愛に目覚め，真の幸福に達するために知恵の探求を開始する。聖書を読み，その文体の幼稚さに失望し，通俗カトリシズムの生活に反発する。
374年	20歳	勉学を終えてタガステに戻り，文法学を教える。同棲する女性やマニ教の問題をめぐって母と不和になる。このころアリストテレスの『範疇論』を独力で読破。
376年	22歳	カルタゴに行き，修辞学の教師となる。マニ教に傾倒，占星術に熱中する。
377年	23歳	カルタゴで詩の競技に参加し，入賞する。
380年	26歳	処女作『美と適合について』を書くが散逸。テオドシウス帝が正統派キリスト教の信仰を命ずる勅令を発布し，ローマ教皇を正統信仰の守護者とする。
381年	27歳	テオドシウス帝によりコンスタンティノポリスで第２回公会議が開催される。「ニカイア・コンスタンティノポリス信条」が制定され，三位一体およびキリストの神性に関する教理が確立される。
383年	29歳	マニ教に対して疑いをもち始め，ローマから来たマニ教の司教ファウストゥスに失望。カルタゴの学生にも失望し，ローマへ行く。重い病に罹る。マニ教を棄て一時的にアカデミア派の懐疑論に惹かれる。
384年	30歳	ローマ市の長官シュンマクスの推薦により，ミラノの国立学校の修辞学の教授となる。アンブロシウスに会って初めてキリスト教への理解を求める。

385年	31歳	母モニカがミラノに来る。アデオダトゥスの母との14年に及ぶ生活を断ち，離別。母の勧める少女と婚約する。
386年	32歳	新プラトン主義（プロティノス）の哲学を通して，叡知的世界と真理の認識に到達する。アンブロシウスの説教から影響を受け，使徒パウロの手紙を読み理解する。アンブロシウスの師シンプリキアヌスを訪れ，ウィクトリヌスの回心の話を聞く。8月，同郷の知人ポンティキアヌスの話を聞く。苦悶の末，ミラノの庭園で「取りて読め」の声を聞いてついに回心し，カトリック教会の洗礼志願者となる決意をする。10月，学校を辞職。11月，ミラノ近郊カシキアクムの友人の別荘に移り，弟子や友人との討論，また自己との対話をまとめて『アカデミア派批判』『至福の生』『秩序』『ソリロキア（独白）』を書く。
387年	33歳	3月，カシキアクムからミラノに戻る。4月24日の復活祭の夜から翌日の未明にかけて，息子アデオダトゥス，友人アリピウスと三人でアンブロシウスから受洗。帰国のためオスティアで船を待つ間に母モニカが死去。帰国を延ばしてローマに滞在する。その間に『魂の不滅』『魂の偉大』を著し，『音楽論』『カトリック教会の道徳とマニ教の道徳』を書き始める。
388年	34歳	『マニ教徒に対する創世記注解』『自由意志』を書き始める。タガステの父の家に帰り，息子や友人たちと共同生活を始める。
389年	35歳	息子との対話編『教師』を書く。
390年	36歳	息子死去。『真の宗教』を書く。
391年	37歳	ヒッポ・レギウスの信徒たちに「捕らえられて」，司祭就任を強いられる。『信の効用』を書く。『詩編注解』を書き始める。テオドシウス帝がキリスト教を国教とする。
392年	38歳	8月，マニ教徒フォルトゥナトゥスと討論し，『マニ教徒フォルトゥナトゥス駁論』『二つの魂』を書く。
393年	39歳	10月8日，ヒッポ・レギウスの宗教会議で『信仰と信条』を講演。『未完の創世記逐語注解』『主の山上の教え』を書く。
394年	40歳	ドナティスト論争に参加する。『ドナティスト駁論の詩編』を書く。
395年	41歳	副司教となる。『自由意志』を書き終える。『節制』『ローマの信徒への手紙選釈』を書く。テオドシウス帝死去。帝国分裂。
396年	42歳	ヒッポ・レギウスの司教となる。『83の問題集』を書き終え，『基本書と呼ばれるマニの書簡への駁論』を書く。
397年	43歳	アンブロシウス死去。シンプリキアヌスがミラノの司教となる。『シンプリキアヌスに答えた書』『キリスト教の教え』（第4巻は426年）を書き，『告白録』を書き始める。

399年	45歳	『善の本性』を書く。
400年	46歳	『告白録』13巻を書き終える（401年説あり）。『ファウストゥス駁論』『教えの手ほどき』『福音書記者の一致』『洗礼――ドナティストに対して』『パルメニアヌス駁論』を書く。『三位一体論』を書き始める。
401年	47歳	『結婚の善』『聖なる処女性』を書く。『創世記逐語注解』を書き始める。
404年	50歳	第９回カルタゴ司教会議で，皇帝にドナティストの略奪行為をやめさせるようにとの要請がなされる。
405年	51歳	反ドナティストの『ペティリアヌス駁論』『教会の一致』を書く。ドナティストに対する厳しい法令が皇帝より公布される。
410年	56歳	アラリックの率いる西ゴート族がローマに侵入し略奪を行う。ペラギウスは北アフリカへ逃れる。
411年	57歳	カトリックとドナティストとの会合である有名なカルタゴ協議会が，ローマの護民官マルケリヌスの司会によって開催される。アウグスティヌスが指導的役割を演じる。
412年	58歳	皇帝の勅令により「ドナティスト鎮圧法」が布告される。ペラギウスとの論争が開始される。『罪の報いと赦し』『霊と文字』を書く。
413年	59歳	『自然と恩恵』『信仰と行為』を書く。マルケリヌスおよびフォルシアヌスと文通し，ローマ帝国の衰亡にキリスト教が影響しているか否かについて語り，キリスト教を弁護して『神の国』を書き始める。
414年	60歳	『寡婦の善』を書き，『創世記逐語注解』を完成。スペインの司教オロシウスがヒッポに来て，アウグスティヌスのもとで学ぶ。
416年	62歳	アフリカの69名の司教による司教会議が開かれ，ペラギウス主義の異端に対して警戒するよう，教皇イノケンティウス１世に求める。
417年	63歳	このころ，『ヨハネ福音書講解』と『ヨハネの手紙講解』を書き終える。
418年	64歳	５月10日，200名の司教の参加のもとに名高いカルタゴ教会会議が開催され，ペラギウス主義を邪説として決定する。これを受けて教皇ゾシムスは回勅によりペラギウスとカエレスティウスに異端を宣告する。アウグスティヌスは指導的役割を演じ，自説をまとめて『キリストの恩恵と原罪』を書く。『詩編注解』を書き終える（または420年）。
419年	65歳	『魂とその起源』『結婚と情欲』『不品行者の結婚』を書く。『三位一体論』を書き終える。
420年	66歳	『虚言駁論』『ペラギウス派の二書簡駁論』を書く。
421年	67歳	ペラギウス主義の擁護者であったエクラヌムの司教ユリアヌスとの論争が始まる。『ユリアヌス駁論』『信仰・希望・愛（エンキリディオン）』を書く。

426–427年	72–73歳	『神の国』22巻が完成。ハドルメートムの修道士たちのセミ・ペラギウス主義を問題にして，『恩恵と自由意志』および『譴責と恩恵』を書く。『再考録』により，既発表の232巻93の書物の注記と訂正を行う。
429年	75歳	南フランスのセミ・ペラギウス主義を問題にして予定について論じ，『聖徒の予定』『堅忍の賜物』を書く。ヴァンダル族が北アフリカに侵攻し，国々を荒廃させる。多くの司教はその管轄区から追放されたが，アウグスティヌスはヒッポにとどまる。大作『未完のユリアヌス駁論』を書き始める（翌年の死により中断）。
430年	76歳	アフリカ総督ボニファキウスの率いるローマ軍はヴァンダル族に敗れ，ヒッポの町もヴァンダル族に包囲される。アウグスティヌスは3か月目に病に倒れ，8月28日に死去。「彼は何も遺言を残さなかった。彼は神の貧者として，残すものを何ももたなかったのである」（ポシディウス『聖アウグスティヌスの生涯』）。

《著者紹介》

金子晴勇（かねこ・はるお）

1932年生まれ。1962年京都大学大学院文学研究科博士課程修了。文学博士（京都大学）。現在、岡山大学名誉教授、聖学院大学総合研究所名誉教授。

著書　『キリスト教倫理入門』『ヨーロッパの思想文化』『ルターの霊性思想』『心で感じる神』『人間学から見た霊性』『教育改革者ルター』『キリスト教霊性思想史』（以上、教文館）、『ルターの人間学』『アウグスティヌスの人間学』『近代自由思想の源流』（以上、創文社）、『ヨーロッパ人間学の歴史』『現代ヨーロッパの人間学』『ルターの知的遺産』『知恵の探求とは何か』『アウグスティヌスの知恵』『エラスムスの人間学』（以上、知泉書館）、『近代人の宿命とキリスト教』『エラスムスとルター』（以上、聖学院大学出版会）、『宗教改革の精神』（講談社学術文庫）ほか多数。

訳書　アウグスティヌス『神の国』（上下）『アウグスティヌス神学著作集』、ルター『主よ、あわれみたまえ』『心からわき出た美しい言葉』『生と死の講話』『ルター神学討論集』ほか多数。

アウグスティヌス『神の国』を読む――その構想と神学

2019年12月30日　初版発行

著　者　金子晴勇

発行者　渡部　満

発行所　株式会社　教文館

〒104-0061 東京都中央区銀座4-5-1 電話03(3561)5549 FAX 03(5250)5107

URL　http://www.kyobunkwan.co.jp/publishing/

印刷所　モリモト印刷株式会社

配給元　日キ販　〒162-0814　東京都新宿区新小川町9-1

電話03(3260)5670　FAX 03(3260)5637

ISBN978-4-7642-7440-2　Printed in Japan

©2019　落丁・乱丁本はお取り替えいたします。

教文館の本

アウグスティヌス　金子晴勇／泉 治典ほか訳 キリスト教古典叢書 **神の国** (上)A5判 792頁 6,200円 (下)A5判 750頁 6,200円	西欧の国家論・歴史哲学理論の形成に寄与した記念碑的大著の全訳。上巻では異教徒に対するキリスト教弁証論を中心に「地の国」の歴史を論じる。下巻では聖書における人類の歩みを鳥瞰し、歴史を導く神の救済のわざを説く。
アウグスティヌス　宮谷宣史訳 キリスト教古典叢書 **告白録** A5判 670頁 4,800円	「最初の近代人」「西洋の教師」と評される偉大な思想家アウグスティヌスが、自らの半生を克明に綴った魂の遍歴。人間存在に深く潜む神へのあこがれを探求した名著が、最新の研究成果に基づく原典からの翻訳で現代に甦る!
アウグスティヌス　金子晴勇／小池三郎訳 キリスト教古典叢書 **アウグスティヌス神学著作集** A5判 746頁 6,800円	西洋思想に広く影響を与えたアウグスティヌス。彼の神学思想は、異端を論駁することで形成されていった。その論点ともなった恩恵論とサクラメント論をめぐる著作を中心に収録。アウグスティヌスの思想を理解する上で不可欠の書。
H. チャドウィック　金子晴勇訳 **アウグスティヌス** B6判 222頁 1,700円	現代英国における古代キリスト教研究の最高権威H. チャドウィックが、一般の読者に向けて書いたアウグスティヌス入門書の決定版。深遠な学識にささえられた明快な語り口によって、大思想家の輪郭が明らかにされる。
P. ブラウン　出村和彦訳 **アウグスティヌス伝** (上)A5判 336頁 3,000円 (下)A5判 326頁 3,000円	古代ローマ研究の重鎮ブラウンの処女作であり、現代の古典とも言うべきアウグスティヌス伝。英米圏で『告白録』に次いで読まれているとまで評される。古代最大の思想家の生涯を、その歴史的・地理的環境との関連の中で生き生きと描く。
R. A. マーカス　宮谷宣史／土井健司訳 **アウグスティヌス神学における歴史と社会** A5判 330頁 5,000円	激動する古代末期、キリスト教が国教化される一方、民族の大移動が引き起こす大混乱の中で、アウグスティヌスは教会と社会、国家や歴史についてどのように思索していたか。『神の国』を中心にその思想の形成過程を明らかにした名著。
宮谷宣史 **アウグスティヌスの神学** A5判 356頁 3,200円	「西洋の教師」と呼ばれた大思想家の神学の方法とはどのようなものだったのか。初期の作品から『告白録』『三位一体論』『神の国』など代表的著作の分析をとおして、アウグスティヌスの精髄に迫る、著者積年の研究成果。

上記価格は本体価格(税抜)です。